beck'sche reihe

bsr

Während eine Krankheit in der Frühzeit als göttliches Zeichen und in der Antike im kosmologischen Zusammenhang interpretiert wurde, wird sie heute oft nur als Störung oder Defekt des Organismus gesehen. An die Stelle der Diätetik im Sinne einer Lebenskunst, die einen ganzheitlichen Umgang mit Gesundheit und Krankheit anstrebt, tritt daher die medizinische „Reparatur". Krankheit, Schmerz und Diätetik werden in diesem Buch nicht nur als Begriffe der Medizin, sondern auch als zentrale Themen der Künste und Literatur, der Philosophie und Theologie behandelt. Der Autor richtet sich – ohne die Erfolge der Schulmedizin abzustreiten – gegen ihre einseitig naturwissenschaftliche Entwicklung und stellt die Körpererfahrung des Menschen in den Zusammenhang mit der Wahrnehmung der Natur.

Dietrich von Engelhardt, Medizinhistoriker und Medizinethiker, ist Direktor des Instituts für Medizin- und Wissenschaftsgeschichte der Medizinischen Universität Lübeck. Bei C.H. Beck hat er – gemeinsam mit Professor Dr. Fritz Hartmann – die „Klassiker der Medizin" (1991) herausgegeben.

Dietrich von Engelhardt

Krankheit, Schmerz und Lebenskunst

Eine Kulturgeschichte der Körpererfahrung

Verlag C.H. Beck

Mit 18 Abbildungen im Text

Dieses Buch ist im Rahmen des Forschungsprojekts „Kulturgeschichte der Natur“ entstanden. Das Projekt wurde von Klaus Michael Meyer-Abich am Kulturwissenschaftlichen Institut im Wissenschaftszentrum Nordrhein-Westfalen geleitet und von der Schweisfurth-Stiftung gefördert.

Die Deutsche Bibliothek – CIP-Einheitsaufnahme

Engelhardt, Dietrich von:
Krankheit, Schmerz und Lebenskunst : Eine Kulturgeschichte der Körpererfahrung / Dietrich von Engelhardt – Orig.-Ausg. – München : Beck, 1999
(Beck'sche Reihe ; 1298)
ISBN 3 406 42098 2

ISBN 3 406 42098 2

Umschlagentwurf: Groothuis + Malsy, Bremen
Umschlagabbildung: Ilse Haider, „Venus von Neapel“, 1995.
Silverprint-Emulsion auf Holz. Foto: Horst Ziegenfusz.

Gesamtherstellung: C. H. Beck'sche Buchdruckerei, Nördlingen
Gedruckt auf säurefreiem, alterungsbeständigem Papier
(hergestellt aus chlorfrei gebleichtem Zellstoff)
Printed in Germany

Inhalt

I.

Einführung

Die Verbindung von Natur und Kultur läßt sich am menschlichen Leib an verschiedenen Phänomenen erfahren. Zentrale Beispiele für diesen Zusammenhang von Bewußtsein und Körper, von Erlebnis und Handeln, von Mensch und Umwelt sind Gesundheit, Krankheit und Schmerz. Sie gehören zu den elementaren Naturerfahrungen des Menschen. Ihre Wahrnehmung und der Umgang mit ihnen sind zugleich weitgehend kulturell geprägt.

In Gesundheit und Krankheit stoßen Natur und Kultur aufeinander und durchdringen sich. Tiefgreifend sind die Auswirkungen der unterschiedlichen Vorstellungen und Konzepte von Gesundheit und Krankheit auf Diagnostik und Therapie, auf Einstellung und Verhalten des Arztes, auf den Umgang des Kranken mit seinem Kranksein, auf die Reaktionen der sozialen Umwelt, der Gesellschaft und des Staates. Gesundheit und Krankheit sind nicht nur Begriffe des Lebens oder der Medizin, sondern auch zentrale Themen von Kunst und Literatur, von Philosophie und Theologie; neben der Subjektivität des Kranken erinnern gerade diese Disziplinen die Medizin immer wieder an ihren geisteswissenschaftlichen oder anthropologischen Charakter. Medizin ist Naturgeschichte und Kulturgeschichte, sie kann nicht auf Biologie oder Physik begrenzt werden. Gesundheit und Krankheit sind stets deskriptive und zugleich normative Begriffe, sind Seins- und Werturteile – für den einzelnen Menschen wie für die Gesellschaft.

Auch der Schmerz ist Natur und Kultur zugleich. Er wird körperlich empfunden und seelisch erlitten, er wird beurteilt und ist ein Appell an die Mitmenschen. Wie die Phänomene Gesundheit und Krankheit hat der Schmerz in den Künsten und der Literatur, in Philosophie und Religion zahlreiche Darstellungen und Deutungen hervorgebracht. Vielfältig und stimulierend sind die überlieferten biographischen Zeugnisse. Antike, Mittelalter und Neuzeit setzen jeweils epochenspezifische Akzente in der Wiedergabe und Interpretation des Schmerzes; im 19. und 20. Jahrhundert kommt es in den Naturwissenschaften und der Medizin zu einer Fülle neuer und erfolgreicher Möglichkeiten der Schmerzüberwindung, welche die Suche nach einer Sinngebung aber nicht überflüssig machen.

Krankheit und Schmerz werden aber nicht nur erlebt, auf sie wird mit bestimmten Verhaltensweisen oder Handlungen auch reagiert. Leben heißt Lebenskunst oder mit einem Ausdruck der Antike ‚Diätetik'. Medizinische Therapie besteht neben der Einnahme von Medikamenten und chirurgischen Eingriffen aus Diätetik als Gesundheitsbewahrung oder in Form von Vorschlägen zur gesunden Lebensweise in einem differenziert-ganzheitlichen Spektrum von Leib und Seele. Verständnis und Umfang der Diätetik unterliegen in der historischen Entwicklung gravierenden Veränderungen: Eine bedeutende Tradition der europäischen Kultur- und Medizingeschichte, die auch in anderen Kulturen ihre Entsprechung hat, erfährt im 19. Jahrhundert einen Abbruch oder eine Reduktion auf das Physische und insbesondere auf die Dimensionen des Essens und Trinkens. Auch für den Bereich der Diätetik erinnern Theologie, Philosophie, Künste und Literatur mit ihren Ideen, Vorstellungen und Beschreibungen an Aspekte und Zusammenhänge von bleibender Bedeutung.

II.

Gesundheit und Krankheit

Die Entwicklung der Medizin im Verlauf der Neuzeit geht auf verschiedene Ursachen zurück: Neben der immanenten Dynamik des naturwissenschaftlich-technischen Fortschrittes und der zunehmenden Befriedigung säkularer Lebensbedürfnisse durch die auf diesem Wege erzielten Verbesserungen in Diagnostik und Therapie kommt der tiefgreifenden Trennung der Natur- und Geisteswissenschaften und dem damit einhergehenden Desinteresse der Geisteswissenschaften an den Phänomenen von Gesundheit und Krankheit wie insgesamt an der Natur eine entscheidende Bedeutung zu.

Kulturgeschichte der Natur heißt auch Wechsel und Konkurrenz der verschiedenen Wissenschaften im theoretischen und praktischen Umgang mit der Natur. Eine Folge der geisteswissenschaftlichen Vernachlässigung der Natur einerseits und der naturwissenschaftlich-technischen Dominanz andererseits ist das verbreitete mechanistische und technisch-praktische Naturverständnis, das sich auf die Vorstellungen und Konzepte von Gesundheit und Krankheit nicht nur in der Medizin, sondern auch in der Bevölkerung und beim einzelnen Menschen verkürzend ausgewirkt hat.

Die Medizin des ausgehenden 20. Jahrhunderts sieht sich verstärkt wieder vor die Aufgabe gestellt, nicht nur Krankheiten zu überwinden, sondern ebenso Gesundheit zu erhalten; Prävention und Rehabilitation sollen die kurative Therapie begleiten und ergänzen. Die Begriffe Gesundheit und Krankheit verlangen vor diesem Hintergrund nach neuen Definitionen. Als allzu begrenzt erweist sich für die Medizin der schroffe Gegensatz von Naturwissenschaften und Geisteswissenschaften; Natur und Kultur sind miteinander verbunden, Natur ist ebenso Geist wie Geist auch Natur.

Die Zusammenhänge sind vielfältig. Der Mensch ist Körper und Geist, ist Natur und Geschichte. Der Körper zeigt an sich selbst Kultur und ist kulturellen Einflüssen ausgesetzt. Kultur ist ihrerseits vom Körper abhängig, die sozialen Beziehungen des Menschen werden vom Körper geprägt. Die Wissenschaften, Künste, Philosophie und Religion haben dem Körper unterschiedlichen und reichen Sinn verliehen. Der Körper entzieht sich aber auch der Kultur, wie die Kultur ihrerseits den Körper transzendiert. Körper und Kultur haben neben aller Verbundenheit auch ihr eigenes Sein und ihre eigene Logik, ihre eigene Tradition und ihre eigene Dynamik. Naturphilosophie und Anthropologie der Natur sind nicht identisch.

Die Verbindung von Natur und Kultur ist ein Charakteristikum des Menschen. Vorformen dieser Verbindung kommen aber bereits in der Welt der Tiere und Pflanzen vor; im Kunsttrieb der Tiere und in der Ästhetik der Landschaft zeigt Natur ihre Anlage zur Kultur. Die Schönheit der Tierwelt geht in der Logik der Evolution nicht auf, kann nicht nur auf Darwins (1809–1882) *Kampf ums Dasein* (1859) zurückgeführt werden. Das Interesse des Menschen an der Natur hat als zentrale Voraussetzung seine körperliche Verbundenheit mit den Tieren, den Pflanzen und den Steinen sowie seine unmittelbare Freude an den Formen und Farben wie der Mannigfaltigkeit und dem Wandel der Naturerscheinungen. Die Beziehung des Menschen zur Natur ist immer Biologie oder vorkulturelle Natur und zugleich Gesellschaft und Geist.

Der Mensch ist Körper und hat einen Körper. Die deutsche Sprache macht einen Unterschied zwischen dem biologischen Körper und dem beseelten Leib, während die romanischen Sprachen diesen Unterschied nur mit einer adjektivischen Ergänzung zum Ausdruck bringen können (‚corpo umano', ‚corps humain' im Gegensatz zum bloßen ‚corpo' oder ‚corps'). Das Tier hat keinen Leib, es tritt in Gesundheit und Krankheit nicht in Distanz zu seinem Körper, es weiß nicht um seinen Tod. Nur der Mensch macht aus seinem Körper einen Leib.

Mit seinem Körper, mit seinen Sinnen und seinen Organen erschließt sich der Mensch die Welt. Jedes Organ prägt auf je spezifische Weise das Verhältnis zur Wirklichkeit; jeder Sinn hat seinen Sinn. Nach Thomas von Aquin (1225–1274) denkt und begreift der Mensch mit den Händen. Durch „Reflexion und Übung" wird nach Hegel (1770–1831) der Körper zum „Eigentum der

Seele", zu ihrem Werkzeug, mit dem sie sich ihre Realität aufbaut und sich gegenüber der Umwelt behauptet. Die von dem Physiologen Johannes Müller (1801–1848) erkannte „spezifische Sinnesenergie" besitzt ihr Analogon in einer besonderen Wirkungsweise der verschiedenen Organe, die auch den jeweiligen Modus der Umweltbeziehung prägt. Der Einsatz des Körpers als Werkzeug ist, wie von Karl Marx (1818–1883) betont wird, dem geschichtlichen Wandel unterworfen; mit seinem Kopf, seinen Händen und seinen Füßen habe sich der Mensch die Natur angeeignet und auf diesem Wege auch die ursprüngliche Verfassung seines Körpers verändert.

Mit den Sinnen nimmt der Mensch die Wirklichkeit wahr, gibt seinen Empfindungen und Gedanken einen äußerlich erkennbaren Ausdruck und beeinflußt seine Beziehung zu den Mitmenschen. Geruch, Gehör, Geschmack, Gefühl und Gesicht sind die klassischen fünf Sinne – in jeweils charakteristischer Verbindung zu räumlicher Nähe und Ferne, zu Leib und Seele. Die Haut ist das umfassende Kontaktorgan zwischen Außen und Innen, sie schließt den Körper ab und gibt ihn zugleich der Umwelt preis, sie verbindet und trennt, sie ist Gefühlssinn und Instrument der Seele. Der Mund ist das Organ des Geschmacks, der Nahrungsaufnahme und ebenso der geistigen Entäußerung oder sprachlichen Mitteilung. Der Geruch als dritter Nahsinn ist von besonderer Zartheit und Sensibilität. Auge und Ohr sind die beiden Fernsinne. Das Auge ist ebenso geistig wie intensiv oder auch aggressiv im Unterschied zur Passivität des Ohrs, das seinerseits zum Medium der Zuwendung, Gleichgültigkeit oder Ablehnung werden kann; zuhören, überhören und weghören bezeichnen diese Reaktionsmöglichkeiten. Mit dem Blick löst sich der Mensch am stärksten von seinem Körper, überwindet die räumliche Distanz, stellt eine Verbindung mit unterschiedlicher Signalwirkung zu anderen Menschen her; im Blick spricht Geist zu Geist, Seele zu Seele.

Sinne und Organe des Körpers sind dem Menschen nicht nur gegeben, sie müssen trainiert und entwickelt, sie können aber auch vernachlässigt werden und verkümmern. In ihrer kulturellen Bedeutung oder Wichtigkeit für das Leben weichen die Sinne voneinander ab; der Geruch steht unter den Sinnen in dieser Hinsicht an letzter Stelle, überragend ist die Rolle des Auges und des

Ohrs. Die Funktionen der Sinne und Organe können mit den sozialen Aufgaben und geistigen Aktivitäten des Menschen in einem ausgewogenen und sinnvollen Zusammenhang stehen, ebenso möglich sind einseitige Betonungen und Konflikte. Körperkultur und Lebenskunst haben ihre Harmonie zum Ziel, die jedoch keineswegs immer erreicht wird.

Der menschliche Körper ist auf Schutz und Pflege angewiesen; er kann zu einem Kunstwerk gemacht aber auch zerstört werden. Übermäßige Kälte und übermäßige Wärme müssen wie andere schädliche Einwirkungen abgewehrt werden; zu geringe Beanspruchung ist ebenso vom Übel wie zu starke Belastung; Alter, Beruf und Konstitution individualisieren oder konkretisieren allgemeine Rezepte und Regeln. Der Instinktverlust des Menschen hat die Kultur entstehen lassen und den Menschen in seiner Körperlichkeit damit auch von der Kultur abhängig gemacht. Im antiken Schema der Diätetik hat dieser pflegende Umgang mit dem Körper eine klassische Ordnung und umfassende Gliederung gefunden.

Körperhygiene, Gymnastik und Sport sind aus diesen Traditionen ebenso entstanden wie Prävention und Rehabilitation oder allgemein Gesundheitsbildung und Lebenskunst; die kulturelle Natur dieser Umgangsweisen mit dem Körper ist offensichtlich. Immer mehr begreift der moderne Mensch, wie wichtig die Pflege des Körpers für sein Wohlbefinden, seine Gesundheit und seine sozialen Beziehungen ist. Immer wieder kommt es zu Übertreibungen; Körperkultur kann in einer säkularisierten Welt auch zu Körperkult ausarten.

Die Kultur des Körpers geht über Diätetik oder eine gesunde Lebensweise noch hinaus. Mit Tätowierungen haben sich Menschen bereits in der Frühzeit geschmückt und ihrer Haut bedeutungsvolle Zeichen unauslöschlich eingeritzt. Überaus vielseitig sind die Möglichkeiten, den Körper und seine Außenseite zu kultivieren. Körperstilistik kann auch zu Deformationen führen. Chinesischer Schuh, afrikanische Eingriffe an Ohren, Lippen und Nase, europäische Schnürbrust manifestieren die weltweite Verbreitung unnatürlicher Ideale und Verhaltensweisen; die zu Beginn des 20. Jahrhunderts aufgekommene Freikörperkultur versteht sich als engagierte Gegenbewegung. Die Stilisierung des Körpers hat aber einen tiefen Sinn: Der Mensch will innere Bedeutung auf dem Körper äußerlich sichtbar machen – als Dokument für sich selbst, als Signal für die Mitmenschen, als Zeichen gegenüber Gott.

Krankheiten verleihen der Beziehung von Körper und Kultur neue Dimensionen. Im Kranksein wird dem Menschen sein Körper oft erst bewußt. Gesundheit konnte deshalb auch als „Schweigen der Organe“, der Schmerz umgekehrt als „Wachhund der Gesundheit“ bezeichnet werden. Das durch Krankheit veränderte Körpergefühl verändert das Raum- und Zeitgefühl wie die sozialen Kontakte und das Selbstbild des Kranken. Die anthropologische Medizin des 20. Jahrhunderts hat wesentliche Einsichten über das In-der-Welt-Sein des Kranken gewonnen und in die ärztliche Diagnostik und Therapie einzuführen versucht. Kulturelle Werte und nicht allein biologische Faktoren prägen die Reaktionen des Patienten und seiner Umwelt auf den kranken Körper, wirken sich gleichermaßen auf die medizinische Praxis und das Arzt-Patienten-Verhältnis aus.

Die Medizin hat sich in ihren kausalen Erklärungen und therapeutischen Ansätzen sowohl am Körper als auch am Geist orientiert oder nach Verbindungen der physischen, seelischen, sozialen und geistigen Ebenen gesucht. Plato (427–347 v. Chr.) kritisiert bereits die einseitige Haltung der Ärzte seiner Zeit, entweder nur den Körper oder allein die Seele zu behandeln, die doch gleichermaßen in der Therapie zu berücksichtigen seien. Die Psychosomatik der Gegenwart setzt sich ihrerseits für eine anthropologische Integration oder Ganzheitlichkeit ein, berücksichtigt sozialkulturelle Faktoren in der Entstehung wie Überwindung von Krankheiten. Die Suche nach Sinn kann aber auch übertrieben werden und zur Unterschätzung der Biologie in Gesundheit und Krankheit führen. Nicht jede Krankheit hat seelische oder soziale Ursachen, auch wenn sie stets mit seelischen oder soziale Folgen verbunden ist. In Physiologie und Pathologie, in der harmonischen oder mißglückten Entwicklung des Körpers drücken sich Gesetzlichkeiten und Dynamismen aus, die auf keine oder nur in geringem Maße kulturelle Bedingungen zurückgehen, auf die vom Patienten und vom Arzt aber kulturelle Antworten gegeben werden können oder müssen. Medizin steht zwischen den Naturwissenschaften (‚sciences‘) und den Geisteswissenschaften (‚humanities‘), der Körper gehört zur Natur wie zur Kultur.

Sexualität und Liebe werden körperlich und seelisch erlebt. Die sinnliche Anziehung kann zur Vereinigung der Körper und Geburt eines neuen Menschen führen. Biologie und Kultur üben auf diese Empfindungen und Ereignisse gleichermaßen einen Einfluß aus. Bereits auf der biologischen Ebene spricht der Körper in zwei Sprachen; Sinnlichkeit hängt von der Physiologie wie vom Geist ab, Sexualität entsteht aus dem Körper, ist der biologischen Entwicklung des Individuums unterworfen, wird aber zugleich von emotionalen und geistigen Kräften begleitet und gesteuert. Der körperlich-seelische Dialog im Körper erhält durch die Abhängigkeit von sozialen, ethischen und religiösen Normen weitere wichtige Aspekte. Sinnlichkeit kann und muß gelenkt werden. Mit der Befreiung vom jahreszeitlichen Rhythmus der Tiere ist menschliche Sexualität auf Beherrschung und Stilisierung angewiesen. Gefühle und Verhalten in Sexualität und Liebe werden vom Zusammenspiel körperlicher und kultureller Faktoren geprägt. Scham manifestiert auf unmittelbare Weise die Synthese der physiologischen, psychischen und sozialen Dimensionen.

Der Körper verbindet den Menschen mit seinem Mitmenschen. Das soziale Leben ist durchgängig auf die körperliche Berührung und die Sprache des Körpers angewiesen. Der Mensch wird im körperlichen Kontakt geboren, in der Krankheit und im Sterben wird ebenfalls wieder körperliche Nähe gesucht. Bei der Arbeit, im täglichen Zusammenleben, in Krieg und Frieden spielt der Körper stets eine wesentliche Rolle, sind Sinne und Organe von substantieller Bedeutung. Der Körper dient der nonverbalen Kommunikation. Durch Gestik und Mimik, mit Lachen und Weinen, in Schmerz, Trauer und Freude wird mit dem Körper gesprochen; hier sind sich Körper und Seele besonders nahe. Der Philosoph Max Scheler (1874–1924) hat deshalb von „Leibbewußtsein" gesprochen. Fremd- und Selbsttäuschung sind auch in der Körpersprache möglich; auch der Körper kennt Lüge und Wahrheit.

Die Zusammenhänge von Körper und Kultur wurden in den Künsten, der Philosophie und Religion wiederholt wiedergegeben. Ihre Beispiele, Bilder und Deutungen beeinflussen das öffentliche und individuelle Bewußtsein, verleihen dem Denken und Verhalten des einzelnen Menschen Halt und Orientierung, wirken sich auch auf die Naturwissenschaften und vor allem die Medizin aus. Metaphern, Symbole und Allegorien der Künste und der Literatur werden von der Alltagssprache aufgenommen, haben aber ebenso in Erfahrungen und Wahrnehmungen des Alltags ihren Ursprung. Auge und Mund sind häufige Motive in der Literatur und der Malerei, das Herz ist ein zentraler Gegenstand der Lyrik aller Epochen. Die Darstellung der fünf Sinne durchzieht die Malerei der Renaissance und des Barock. Im 16. Jahrhundert werden die Sinne meist als allegorische Figuren (Frauen und Tiere) wiedergegeben, die niederländische Malerei des 17. Jahrhunderts bevorzugt Szenen aus dem Alltagsleben.

Der Körper bleibt auch in der Folgezeit ein wichtiges Thema der Kunst. Goethe (1749–1832) versteht Kunst als „würdigste Auslegerin der Natur". Physiologische Sensibilität erweist sich bei dem französischen Schriftsteller Marcel Proust (1871–1922) als zentrale Voraussetzung gesteigerter Erinnerungsfähigkeit (*Auf der Suche nach der verlorenen Zeit*, 1913–27). Die Kapitel des Romans *Ulysses* (1922) werden von James Joyce (1882–1941) jeweils unter ein spezifisches Organ gestellt, den neun Monaten der Schwangerschaft sollen die verschiedenen Phasen der englischen Sprachentwicklung entsprechen. Die unterschiedlichen Richtungen der Kunsttherapie – Malerei, Musik, Tanz, Literatur – nutzen auf jeweils spezifische Weise diese ‚Psychosomatik' der ästhetischen Erfahrung. Gesundheit und Krankheit, Schmerz und Tod sind nicht allein Gegenstände künstlerisch-literarischer Produktion, ihre Wiedergabe im Kunstwerk kann Diagnostik und Therapie unterstützen, kann zur individuellen Bewältigung beitragen – zur Kunst des Lebens wie des Sterbens.

Einfluß auf die ästhetisch-geistigen Dimensionen des Körpers haben auch Philosophie und Religion oder Theologie. Die philosophischen Auffassungen vom menschlichen Körper und von seiner Verbindung mit dem Bewußtsein wie von seiner Stellung im Kosmos, in der Gesellschaft und Kultur haben sich ebenso auf den Umgang des Menschen mit seinem Körper, auf seine Pflege oder Vernachlässigung, auf die sinnliche Freude oder den asketischen Verzicht ausgewirkt wie entsprechende Gebote und Verbote der Religionen. Bei aller Unterordnung des Körpers unter die Seele setzt sich auch Plato für ihre harmonische Verbindung ein. Wenn die Stoiker den Körper zwar zu den unwichtigen oder „gleichgültigen" Dingen rechnen, soll er ihnen zufolge doch auch nicht mißachtet oder vernachlässigt werden; die Pflege des Körpers muß aber mit Maß erfolgen, um die Seele nicht zu sehr auf den Körper zu fixieren, um sie von ihm nicht allzu sehr abhängig werden zu lassen. Ästhetik wird mit Ethik verbunden (‚Kalokagathia'), erstrebt wird ein gesunder Geist in einem gesunden Körper („mens sana in corpore sano sit"). Leiden kann aber auch einen positiven Sinn erhalten – als Möglichkeit, die Seele aus ihrer sinnlichen Gebundenheit zu befreien. Die Trennung von Körper (‚res extensa') und Bewußtsein (‚res cogitans') in der Philosophie von Descartes (1596–1650) legt ein mechanisches Verständnis des Körpers nahe; der Organismus wird als Maschine verstanden. Kant (1724–1804) läßt den Menschen mit seinem Körper und seinem Geist Bürger zweier Welten werden: der Natur und der Sittlichkeit. Nietzsche (1844–1900) plädiert für den Geist als „Zeichensprache des Körpers". Im 20. Jahrhundert orientieren sich Phänomenologen, Anthropologen und Existenzphilosophen in ihren Körperanalysen an der Subjektivität des Menschen und zugleich an seinem Weltverhältnis.

Alle Religionen haben Dimensionen des Körpers jenseits von Biologie, Psychologie und Soziologie erschlossen und für wesentlich erklärt. Geburt, Krankheit und Tod manifestieren sich am Körper und gewinnen in der Perspektive des Glaubens einen transzendenten Sinn. Hygienevorschriften des Altertums und des Mittelalters wohnt immer auch eine rituelle Bedeutung inne, diese Vorschriften richten sich nicht allein auf die Erhaltung der physischen Gesundheit. Das Christentum geht keineswegs zwangsläufig mit einer Unterdrückung des Körpers einher; es gibt eine positive Theologie der Sexualität. Auch das Mittelalter ist nicht nur von Leibfeindlichkeit geprägt; ohne Zweifel hat jene Zeit aber zu Askese und extremen Formen der Unterdrückung und Züchtigung des Körpers geführt. Zugleich wird in christlicher Sicht die Pflege des Körpers als göttliches Gefäß der Seele gefordert. Die Sorge für die Kranken ist eine zentrale Regel der benediktinischen Mönche. Mit der Vertreibung aus dem Paradies wurden dem Menschen in christlicher Sicht körperliche Leiden aufgebürdet; Krankheit und Tod bedeuten andererseits Verheißung auf Auferstehung; das Wort ist Fleisch geworden, das Fleisch wird auferstehen. Jesus selbst hat die Leiden des Körpers auf sich genommen. Der Körper ist Entferntsein von Gott und zugleich Durchgang zu ihm („solange wir im Leibe wohnen, weilen wir fern von dem Herrn", 2. Kor. 5,6).

Im Verständnis des Schmerzes stoßen extreme Werturteile aufeinander. Der Körper gilt als wesentlich und unwesentlich zugleich. Die Verbindung von Körper und Seele ist stets gefährdet, auch die Materie hat nach Thomas von Aquin ihre Notwendigkeit („necessitas materiae"). Der Körper darf nicht verherrlicht, aber auch nicht verdammt werden; der Mensch ist nach Blaise Pascal (1623–1662) weder Engel noch Tier. Umgekehrt wird der Körper auch zu einer Metapher für die Religion; Christus ist das Haupt („caput") der christlichen Gemeinde, die Kirche ist sein Körper („corpus Christi"); im Begriff der ‚Körperschaft' als Person im juristischen Sinn hat diese Wendung Eingang in das profane Denken gefunden. Der Körper besitzt als Kultur verschiedene Dimensionen, er ist als Kultur immer auch Geschichte. Körperwahrnehmung und Körperstilistik sind dem historischen Wandel ebenso unterworfen wie dem Wechsel der Mode. Die Macht der Historie bezieht sich auch auf die Sinne und Organe des Körpers. Im „Prozeß der Zivilisation" (Elias 1939) oder mit der Verwissenschaftlichung und Technisierung des Lebens im Verlaufe der Neuzeit nimmt die Unmittelbarkeit der Sinne insgesamt ab, wird der Gebrauch der Körperorgane eingeschränkt und ersetzt. Ebenso kommt es zu einem kulturell bedingten Panoramawechsel der Krankheiten, verliert auch der diätetische Umgang mit dem Körper die konzeptionelle Weite der Antike und des Mittelalters.

Biologie, Psychologie und Soziologie haben sich als Wissenschaften in den vergangenen Jahrhunderten von der Philosophie und Theologie emanzipiert und ihre eigenen Auffassungen vom Körper und seinem Zusammenhang mit dem Geist, der Gesellschaft und der Kultur entwickelt. Der Staat wird als Organismus verstanden, Gesellschaften werden als gesund oder krank angesehen, die Rede ist auch vom Kulturkörper. Unabhängig von der Frage, ob Anatomie, Physiologie und Biochemie den Zusammenhang von Materie und Bewußtsein werden erklären können oder hier an ihre unüberschreitbaren Grenzen stoßen – wovon im 19. Jahrhundert bei aller Fortschrittsbegeisterung der Physiologe Emil Du Bois-Reymond (1818–1896) überzeugt war –, wird der Körper immer zugleich Kultur sein und in den Beschreibungen und Analysen auf dieser Ebene auch nach einer eigenen Sprache und nach eigenen Begriffen verlangen. Angst und Freude in der Sicht des Physiologen unterscheiden sich von Angst und Freude in der Sicht des Psychologen, Soziologen oder Philosophen. Die Wechselbeziehungen von Kultur und Körper sind unbezweifelbar. Einseitige Auffassungen lassen sich aber offensichtlich nicht vermeiden. Die Emanzipation der Einzelwissenschaften von der Theologie und der Philosophie führte häufig zu Verabsolutierungen der Soziologie und Psychologie wie der Physik und Biologie. Durchgängig haben sich aber Künste, Philosophie und Theologie als Instanzen und Medien übergreifender Beschreibung und Deutung halten können. In der Gegenwart läßt sich wieder ein neues Interesse an der kulturellen Seite des Körpers wie der Natur allgemein beobachten.

Der Körper ist für alle psychischen, sozialen und geistigen Akte notwendig, er ist Ausdruckmittel und Instrument der Kommunikation, er dient auch der Täuschung und dem Verrat vor sich selbst wie vor den Mitmenschen. Der Körper verbindet, kann aber ebenso entfremden und isolieren; die Einheit von Leib und Seele ist stets gefährdet und findet mit dem Tode ihr irdisches Ende. Der Körper des Menschen ist auf Kultur hin angelegt; Kultur muß aber ihrerseits für den Körper offen sein, das heißt für die Natur auf der Ebene des menschlichen Organismus. Körper und Kultur müssen in ihrer Eigenart und Unabhängigkeit wie in ihrem Zusammenspiel begriffen und anerkannt werden; biologistische Reduktionen des Geistes können ebensowenig überzeugen wie psychologistische Reduktionen der Natur. Texte sind nicht Natur, Natur ist auch kein Text. In seiner Position zwischen Natur und Kultur oder in der Perspektive einer Kulturgeschichte der Natur stellt der Körper eine fundamentale Aufgabe für die Gegenwart wie die Zukunft dar. An Gesundheit und Krankheit, Schmerz und Diätetik läßt sich diese Aufgabe verdeutlichen, können Erfolg und Mißerfolg ihrer Bewältigung im Detail beschrieben und beurteilt werden.

Das Verständnis von Gesundheit und Krankheit ist in der Kultur- und Medizingeschichte großen Wandlungen unterworfen gewesen (Diepgen u.a. 1969, v. Engelhardt 1986, Hahn u. Platz 1997, Jütte 1991, Riese 1953, Rothschuh 1975, Schipperges u.a. 1978, Schott 1996, Temkin 1973). Zugleich haben sich Auffassungen der Vergangenheit in den Künsten und Wissenschaften sowie in Dokumenten der Alltagskultur bis heute erhalten. Die historischen Erfahrungen und Einsichten können auch dem Menschen der Gegenwart noch Anregung sein – in seiner Beziehung zur äußeren Natur, zum eigenen Körper und zur sozialkulturellen Umwelt, in seinem Verhältnis zu den diagnostisch-therapeutischen Möglichkeiten der Medizin.

Frühzeit und archaische Hochkulturen

In der Frühzeit der Menschheitsgeschichte herrscht die Auffassung, daß hinter den Krankheitsphänomenen Geister, Götter und Zauberei stehen. Medizin besitzt einen magisch-mystischen, dämonisch-religiösen Charakter. Krankheit stellt in jener Zeit nicht nur ein individuelles, sondern stets auch ein soziales Geschehen dar; was dem Einzelnen widerfährt, geschieht zugleich der Familie, der Gruppe, dem Stamm. Krankheit wird in einen unmittelbaren Zusammenhang mit Sünde und Verbrechen gebracht. Die Ursachen von Gesundheit und Krankheit sind nicht nur natürliche Ereignisse, sie werden vielmehr personalisiert, sind lebendige Wesen: Geister besetzen den gesunden Körper, entführen die Seele des Menschen aus seinem Körper oder lassen fremde Stoffe in diesen Körper eindringen. Nicht nur lebende, auch tote Geister können auf diese Weise einen krankmachenden und verhängnisvollen Einfluß ausüben, aus Rache oder zur Vergeltung übertretener Tabuvorschriften. Übersinnlich müssen daher auch die diagnostischen und therapeutischen Kräfte des Medizinmannes oder Priesterarztes sein. Mit Hilfe der Sterndeutung, der Auslegung von Mineralien, Pflanzen und Tieren werden die gefahrbringenden Kräfte erkannt. Orakel, Beschwörung, Zauberspruch, Amulett, Aderlaß, Trepanation, Buße und Reinigungsopfer dienen der Vorsorge und der Heilung. Die soziale Gemeinschaft wird an diesen Handlungen beteiligt, selbst Haustiere können in den Heilakt einbezogen werden. In der Bewahrung der Gesundheit wird auf Reinlichkeit großen Wert gelegt, streng wird auf die Einhaltung der Tabuvorschriften geachtet.

Den Gesundheits- und Krankheitsauffassungen jener Frühzeit kann man noch heute begegnen; Infektion, Hexenschuß, Epilepsie (‚epilambano' = ergriffen werden) erinnern sprachlich noch an diese Vorstellungen. Wie sehr sie bei Naturvölkern heute noch lebendig sind, läßt sich allerdings schwer entscheiden; zum einen haben sich moderne Zivilisation und Medizin weltweit ausgebreitet, zum anderen besitzen auch Naturvölker ‚Geschichte‘, werden früher gültige Überzeugungen von ihnen ebenfalls aufgegeben und neue Einstellungen und Verhaltensweisen entwickelt.

Zu Ansätzen medizinischer Systeme und umfassender Krankheitslehren kommt es in den archaischen Kulturen – in Babylonien, Ägypten, Indien, China und Tibet. Religiöse Überzeugungen, allgemeine Naturbegriffe, kosmologische Parallelisierungen von Natur und Mensch prägen die Auffassungen von Gesundheit und Krankheit. Übereinstimmungen vor allem indischer Anschauungen mit griechischen Konzepten weisen auf gemeinsame Quellen und direkte Abhängigkeiten hin. Es finden sich sogar Ähnlichkeiten mit Krankheitsvorstellungen in altamerikanischen Kulturen. Gesundheit und Krankheit gelten als körperliche und geistige oder religiöse Ereignisse, Krankheit wird außerdem mit Sünde in Verbindung gebracht, doch zugleich breitet sich empirisch-rationales Denken aus. Krankheiten werden – wie zum Beispiel in ägyptischen Papyri – in ihrem äußeren Verlauf beschrieben und den verschiedenen Körperregionen zugeordnet. Ursachen werden genannt, auf zukünftige Entwicklungen wird hingewiesen, empirische Eingriffe werden empfohlen. Krankheiten können über Fäulnis im Körper durch einen verdorbenen Stoff (‚materia peccans‘ = sündige Materie) entstehen, der zur Heilung wieder aus dem Körper entfernt werden muß.

In seinen *Historien* berichtet der Grieche Herodot (um 490–um 430 v. Chr.) von den monatlichen Reinigungen der Ägypter und dem guten Gesundheitszustand der ägyptischen Bevölkerung, der nach ihm auf das konstante Klima des Landes zurückgeht: „Jeden Monat nehmen sie drei Tage nacheinander Abführmittel ein und erhalten sich durch Brechmittel und Klystiere ihre Gesundheit; denn sie meinen, alle Krankheiten rühren von den eingenommenen Speisen her. Im allgemeinen ist nämlich, abgesehen von den Libyern, kein Volk so gesund wie das ägyptische. Das liegt wohl an dem Klima, daß nämlich der Jahreszeitenwechsel fehlt. Veränderungen bringen ja dem Menschen die meisten Krankheiten, zumal die Veränderungen der Jahreszeiten“ (Herodot, n. 1971, S. 132).

Die Grunddimensionen der Medizin wie Symptomatik, Krankheitsgliederung (Nosologie), Ursachenlehre (Ätiologie), Diagno-

se, Prognose, Therapie und Prävention beginnen sich in den archaischen Hochkulturen bereits in Ansätzen herauszubilden. Diätetische, medikamentöse wie chirurgische Therapieformen sind gleichermaßen gebräuchlich, öffentliche Hygiene gewinnt an Bedeutung. Der Medizinmann wandelt sich zum professionellen Arzt, es kommt zur Spezialisierung des Arztberufes. Charakteristisch ist ein Nebeneinander vom Empirie, Rationalität, Magie und Glauben. Die medizinische Profession ist in jenen Zeiten aber keineswegs allgemein etabliert oder allen Menschen zugänglich. Rat und Beistand erhalten Kranke und Leidende nicht nur von Ärzten, sondern auch von Angehörigen, Freunden und ihrer Umwelt. Körperliche Zuwendung heißt zugleich geistig-seelischer wie sozialer Beistand – in Situationen der Geburt, des Krankseins wie des Sterbens. In den Armen einer anderen Frau bringen Frauen ihre Kinder zur Welt.

In Kunst und Literatur haben sich Erfahrungen, Haltungen und Stile der Vergangenheit bewahrt, denen als Wunsch und Hoffnung auch heute bei vielen Menschen zu begegnen ist. Thomas Mann (1875–1955) stellt die Schoßgeburt im Zyklus der Josephsromane mehrfach dar (*Joseph und seine Brüder*, 1933–42). Rahel, der viele Jahre die Schwangerschaft versagt bleibt und die ihrem Mann Jaakob deshalb die Magd Bilha zuführt, hält diese in ihren Armen und erlebt auf diese Weise die Geburt nahezu körperlich mit. So erfüllt sie einen verbreiteten Ritus und fühlt sich selbst zugleich seelisch-geistig befriedigt: „Sie leistete übrigens freudig und fromm alles, was zu leisten ihr vergönnt und vorgeschrieben war. Sie ließ Bilha auf ihren Knien gebären – das Zeremoniell verlangte es. Sie umschlang sie von hinten mit den Armen und beteiligte sich viele Stunden lang an ihrem Arbeiten, Stöhnen und Schreien, Wehmutter und Kreißende in einer Person. Es kam die kleine Bilha hart an, einen vierundzwanzigstündigen Tag dauerte die Niederkunft, und am Ende war Rahel fast ebenso erschöpft wie die fleischliche Mutter, aber das war ihrer Seele eben recht".

Hilfreiche Ratschläge und unmittelbare Anteilnahme erhalten Kranke in Babylonien, denen keine Ärzte zur Verfügung stehen, von ihren Mitmenschen, wie Herodot in seinen Reisebeschreibungen beeindruckt berichtet: „Kranke werden auf den Markt getragen; denn sie haben keine Ärzte. Vorübergehende geben dem Kranken gute Ratschläge, Leute, die an derselben Krankheit

Abb. 1: Achill verbindet seinen Freund Patroklos. Innenbemalung einer Schale aus der Schule des Sosias, 5. Jh. v. Chr., Berlin, Antikenmuseum

gelitten haben oder einen anderen an ihr haben leiden sehen. Danach geben sie dem Kranken Ratschläge und erklären ihm, auf welche Weise sie von einer ähnlichen Krankheit geheilt worden seien oder andere hätten geheilt werden sehen. Schweigend an dem Kranken vorüberzugehen, ist nicht erlaubt. Jeder muß fragen, was für eine Krankheit er hat" (Herodot, n. 1971, S. 90). Beispiele mitmenschlicher Zuwendung und Unterstützung sind aus jener Frühzeit wiederholt überliefert. Der im Trojanischen Krieg verwundete Patroklos wird von seinem bei Cheiron, dem Stammvater der Chirurgie, unterrichteten Freund Achill verbunden. Der *Ilias* zufolge steht Patroklos, selbst wiederum von Achill unterwiesen, dem in der Lende von einem Pfeil getroffenen Eurypylos in Wort und Tat bei: „Tröstete diesen mit Reden und legte ihm heilende Kräuter über die brennende Wunde, die dunklen Schmerzen zu stillen" (Homer, n. 1961, S. 515). Derartige Hilfestellung ist damals wie heute kein Privileg der Helden oder Mitglieder der Oberschicht. Auf der Trajanssäule in Rom, die den Drakerfeldzug aus dem Jahre 106 n. Chr. darstellt, versorgen sich verwundete Soldaten gegenseitig.

Aus diesen Formen der unmittelbaren, vor- oder nichtprofessionellen, aber zugleich kulturgeprägten Anteilnahme und Unterstützung hat sich die Medizin entwickelt; die sich in ihrer technisch hochentwickelten Form an diese Ursprünge immer wieder erinnern und an sie weiterhin gebunden fühlen sollte. Wissenschaft und Humanität schließen sich nicht aus, Medizin verbindet als anthropologische Disziplin Naturwissenschaften und Geisteswissenschaften. Diesen ursprünglichen Traditionen im Umgang mit Krankheit und Schmerz sind auch die Selbsthilfegruppen der Gegenwart verpflichtet.

Antike: Kosmologie – Anthropologie

Gesundheit und Krankheit werden in der griechisch-römischen Antike im Unterschied zu heutigen Auffassungen kosmologisch und anthropologisch verstanden oder mit anderen Worten auf die Natur und den Menschen in ganzheitlicher Weise bezogen. Diese Sichtweise prägt auch die Medizin, die nicht nur Krankheiten heilen, sondern ebenso für die Erhaltung der Gesundheit zuständig sein soll; Therapie hat in jener Epoche die Natur insgesamt im Blick und beschränkt sich nicht nur auf den einzelnen Menschen und seinen Körper.

Die Vorsokratiker, die Philosophen und Mediziner der Antike entwickeln ein universales kosmologisch-anthropologisches Schema – in Ansätzen bereits im *Corpus Hippocraticum* vorhanden, ausgeführt dann bei dem Mediziner Galen (130–199) – von Elementen, Qualitäten, Säften, Organen, Temperamenten, Tages- und Jahreszeiten sowie Lebensphasen. Nach diesem Schema stehen Gesundheit und Krankheit immer zugleich mit der allgemeinen Natur und der Natur des Menschen in einem Zusammenhang, haben für den einzelnen Menschen auch in den naturhaften Dimensionen seines Daseins Bedeutung und beeinflussen seine individuelle Lebensführung. Die Parallelisierung von Natur als Makrokosmos und Mensch als Mikrokosmos bleibt während der folgenden Jahrhunderte in der Medizin und in anderen Wissenschaften, in der Philosophie und den Künsten wie auch im unmittelbaren Denken und Handeln vieler Menschen bei aller Spezialisierung, Individualisierung und Objektivierung lebendig.

Gesundheit wird in der Antike als Zustand der Harmonie oder Balance dieser Dimensionen von Elementen, Qualitäten und Säften verstanden (‚isonomia'), Krankheit als Zustand ihrer Disharmonie oder der unangemessenen Dominanz einer der Dimensionen (‚monarchia'). Im Blick auf die Säfte wird Gesundheit als gute Mischung (‚eukrasia') und Krankheit als schlechte Mischung (‚dyskrasia') bezeichnet. Abweichend von modernen Auffassungen wird in der Antike zwischen Gesundheit (‚sanitas') und Krankheit (‚aegritudo') noch ein mittlerer Zustand (‚neutralitas') unterschieden, der für das normale Leben die Regel ausmachen soll; der Mensch ist im allgemeinen weder vollkommen krank noch vollkommen gesund, er befindet sich vielmehr meist in einer Balance zwischen diesen beiden Zuständen oder in der sogenannten Neutralität, einem Zustand des weder vollkommenen Gesundseins noch vollkommenen Krankseins („ne utrum" = keins von beiden). Der Mensch muß sich um die Erhaltung des Gleichgewichts bemühen, was auch das zentrale Ziel der ärztlichen Aufgabe ist. Galen versteht deshalb unter Medizin die Lehre von der Gesundheit (‚salubrium'), der Krankheit (‚insalubrium') und der Neutralität (‚neutrorum').

Gesundheit und Krankheit werden in einen Zusammenhang mit der Natur, mit den Jahreszeiten, mit dem Klima und der Landschaft gebracht. In dem Buch ‚Die Epidemien' der antiken medizinischen Schriftensammlung *Corpus Hippocraticum* finden sich für diese Auffassung zahlreiche Beispiele; Krankheitsgeschichte erscheint in diesen Texten immer zugleich als Naturgeschichte. Der Arzt soll zunächst vor allem auf die äußeren Verhältnisse und die Lebensweise der Menschen sein Augenmerk richten: „So oft daher ein Arzt in eine ihm unbekannte Stadt kommt, muß er ihre Lage erwägen: wie sie zur Richtung der Winde und zum Aufgang der Sonne liegt. Denn es kommt nicht auf dasselbe hinaus, ob sie gegen Norden offen liegt oder gegen Süden, gegen Osten oder gegen Westen. Dies muß man auf das sorgfältigste überdenken, ebenso die Wasserversorgung, ob die Einwohner sumpfiges, weiches Wasser trinken oder hartes aus felsigen Höhen oder salziges und herbes. Ferner ob der Boden dürr und wasserarm oder dicht bewachsen und durchwässert ist, ob der Ort von Höhen umschlossen und drückender Hitze ausgesetzt oder, auf der Höhe liegend, kalt ist. Ebenso, welcher

Lebensweise die Einwohner den Vorzug geben: ob sie den Trunk lieben, doppelte Mahlzeit am Tage und Müßiggang, oder Leibesübungen, Anstrengung und Essen ohne übermäßiges Trinken" (n. Mühri [3]1967, S. 91).

Die Orientierung an der Natur gewinnt in der hippokratischen Medizin entscheidende Bedeutung, der naturwissenschaftlich gebildete oder empirische vorgehende Arzt verdrängt den Priesterarzt. Die Götter werden, wie noch in den Tragödien von Aischylos (ca. 525–456), Sophokles (um 496–405) und Euripides (um 485–um 406) dargestellt, nicht mehr für die Krankheiten verantwortlich gemacht. Zugleich wird Philosophie weiter für wichtig gehalten; der Arzt, der zugleich Philosoph ist, soll einem Gott gleichkommen, heißt es in einem hippokratischen Text („iatrós filósofos isótheos"). In ausdrücklicher Ablehnung vergangener Auffassungen setzt sich die berühmte Schrift „Über die heilige Krankheit" des *Corpus Hippocraticum* für ein natürliches Verständnis der Epilepsie oder der „göttlichen Krankheit" (‚morbus sacer') ein: „Mit der sogenannten heiligen Krankheit verhält es sich folgendermaßen: Um nichts halte ich sie für göttlicher als die anderen Krankheiten oder für heiliger, sondern sie hat eine natürliche Ursache wie die übrigen Krankheiten, aus der sie entsteht. Die Menschen sind zu der Ansicht, daß sie göttlich sei, infolge ihrer Ratlosigkeit und Verwunderung gelangt; denn in nichts gleiche sie den anderen Krankheiten. Und infolge ihrer Ratlosigkeit, die Krankheit zu erkennen, bleibt ihr göttlicher Charakter gewahrt; aber infolge der Leichtigkeit des Verfahrens, mit dem sie die Heilung versuchen, geht er verloren. Denn sie heilen mit Sühnungen und Besprechungen. Wenn sie aber wegen ihrer wunderbaren Art für göttlich gehalten wird, so wird es, wenn es danach ginge, viele heilige Krankheiten geben; denn ich werde zeigen, daß es noch andere gibt, die nicht weniger wunderbar und erstaunlich sind, die niemand für heilig hält" (n. Grensemann 1968, S. 61).

Das antike Konzept der Therapie entspricht dem kosmologisch-anthropologischen Verständnis von Gesundheit und Krankheit. An oberster Stelle steht Diätetik in Form einer naturverbundenen Führung oder ganzheitlichen Ordnung des Lebens, an zweiter Stelle folgt das Medikament, als letzte Möglichkeit (‚ultima ratio') wird der operative Eingriff durchgeführt. Im hippokratischen Eid aus dem 5.–4. vorchristlichen Jahrhundert wird

Abb. 2: Hippokrates (um 460–377 v. Chr.), ca. 1. Jh. v. Chr., Ephesos

nach dieser Rangordnung bei den Göttinnen Hygieia (Diätetik) und Panakeia (medikamentöse Therapie) und nicht bei Cheiron (Chirurgie) geschworen: „Ich schwöre bei Apollon dem Arzt und bei Asklepios und Hygieia und Panakeia und allen Göttern und auch allen Göttinnen, sie zu Zeugen anrufend, daß ich nach meinem Vermögen und Urteil erfüllen werde diesen Eid und diesen (Lehr)vertrag" (n. Lichtenthäler 1984, S. 19). Zugleich fühlt sich der hippokratische Arzt nicht allein für den Körper, sondern auch für die soziale und rechtliche Situation seines Patienten verantwortlich, will ihm nicht nur nutzen, sondern ihn auch vor Schaden und Unrecht bewahren.

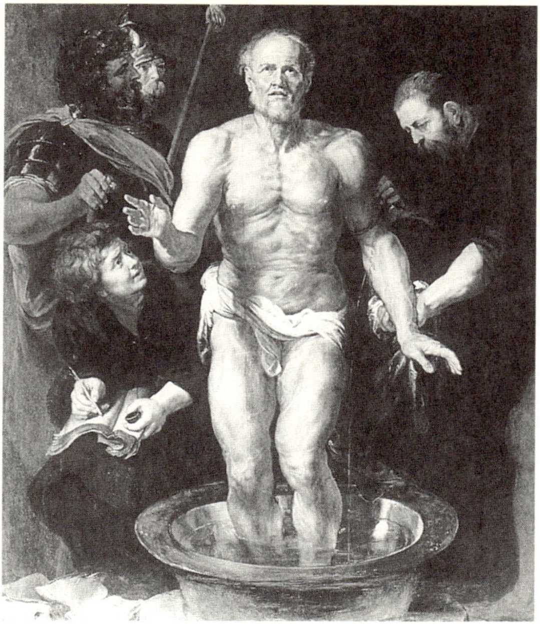

Abb. 3: Der Tod des Seneca, um 1611, Peter Paul Rubens. Museo del Prado, Madrid

Die Normen für die Abgrenzung von gesund und krank entsprechen dieser kosmologisch-anthropologischen Perspektive. Von Plato wird die Medizin als Gesundheitslehre (‚hygieinou episteme') bezeichnet und nicht nur als kurative Disziplin, als Behandlung oder Heilung; auch Aristoteles (384–322) versteht unter Medizin die Wissenschaft (‚logos') von der Gesundheit. Medizin besitzt philosophische Dimensionen – im Krankheitsbegriff, im Ursachenverständnis, im Therapieziel, in der Arzt-Patienten-Beziehung. Plato wie Aristoteles sehen in Hippokrates (um 460–um 370) ein Vorbild des Denkens überhaupt. „So sieh nun zu, was über die Natur Hippokrates sagt und die richtige Vernunft", rät Sokrates (um 470–399) im platonischen Dialog *Phaidros* (270 c).

Gesundheits- und Krankheitsbegriff, Therapieziel und Arzt-Patienten-Beziehung stehen in einem Zusammenhang; das gilt für die Vergangenheit wie die Gegenwart. Medizin und Ethik sind unmittelbar miteinander verbunden. Die Ärztetypologie, die von Plato und Aristoteles entworfen wird, spiegelt die Sozialstruktur ihrer Zeit wider und ist zugleich von überzeitlicher Gültigkeit; an den Ärztetypen verdeutlichen die Philosophen zugleich grundsätzliche Formen menschlicher Beziehung und Kommunikation. Plato unterscheidet den Sklavenarzt von dem Arzt für Freie: „Da die Kranken in den Städten teils Sklaven, teils Freie sind, so werden die Sklaven in der Regel zumeist von Sklaven behandelt, die ihre Rundgänge machen oder sie in den Arztstuben erwarten; und kein einziger von solchen Ärzten pflegt auch nur irgendeine Begründung für die jeweilige Krankheit eines Sklaven zu geben oder sich geben zu lassen, sondern verordnet ihm das, was ihm aufgrund seiner Erfahrung gut scheint, als wüßte er genau Bescheid, eigenmächtig wie ein Tyrann; dann springt er auf und begibt sich zu einem andern erkrankten Sklaven und erleichtert so seinem Herrn die Sorge für die Kranken. Der freie Arzt dagegen behandelt meistens die Krankheiten der Freien und beobachtet sie; und indem er sie von ihrem Entstehen an und ihrem Wesen nach erforscht, wobei er sich mit dem Kranken selbst und mit dessen Freunden bespricht, lernt er teils selbst manches von den Kranken, teils belehrt er auch, soweit er es vermag, den Patienten selbst und verordnet ihm nicht eher etwas, bis er ihn irgendwie davon überzeugt hat; dann erst versucht er, indem er durch Überredung den Kranken immer wieder beschwichtigt, ihn zur Gesundheit zu führen und damit Erfolg zu haben" (*Nomoi*, 720c–d). Die Zuordnung von Arzttyp und sozialer Schicht ist allerdings nicht zwingend. Sklaven werden nicht nur von Sklavenärzten behandelt, auch Freie nicht nur von freien Ärzten. Bei verschiedenen Krankheiten und in verschiedenen diagnostisch-therapeutischen Situationen sind auch heute jeweils unterschiedliche ärztliche Verhaltensweisen und Beziehungsstile angebracht. Plato empfiehlt dem Arzt im übrigen Verzicht auf Therapie, wenn der Patient zur Kooperation und vor allem zur empfohlenen Veränderung der Lebensweise (Diätetik) nicht bereit ist: „Wer einem Mann raten will, der krank ist und für seine Gesundheit schädliche Lebensgewohnheiten hat, der darf wohl nicht anders handeln, als daß er erst seine Lebensweise zu ändern sucht und ihm erst dann, wenn er ihm folgen will, weitere Hinweise gibt. Will er es aber nicht, so halte ich nur den, der diese Behandlung sofort aufgibt, für einen

Mann und einen Arzt, den jedoch, der trotzdem dabei bleibt, für unmännlich und seines Faches unkundig" (*Siebenter Brief*, 330c–d). Medizinische Therapie ist nicht nur angewandte Naturwissenschaft. Der ideale Arzt sollte nach Plato Krankheiten von Jugend auf beobachtet und auch selbst erlebt haben und zugleich sittlich vollkommen sein; er sollte „selbst an allen Krankheiten gelitten" haben und „gar nicht von gesundem Körperbau" sein. Was für den Körper gilt, hat aber für den Geist keine Gültigkeit: Der Arzt mit einer Seele, „die selbst schlecht ist oder gewesen ist", wird therapeutisch wenig ausrichten können (*Politeia*, 408e).

Aristoteles stellt neben den wissend-anordnenden Arzt (Theoretiker) und den empirisch-ausübenden Arzt (Praktiker) einen dritten Arzttyp: Den Arzt als medizinisch gebildeten Laien, der dem enzyklopädischen Bildungsbegriff der Antike entspricht (Jaeger 1934–47), wonach jeder Mensch nicht nur über kulturelles Wissen – Daten der Geschichte, Werke der Künste, Positionen der Philosophie –, sondern stets auch über Naturkenntnisse und über Kenntnisse des menschlichen Körpers verfügen soll: „Arzt aber ist einmal der Praktikant, sodann der leitende Mann, der wissenschaftlich gebildete Mediziner, und drittens der medizinische Kenner. Denn solche gibt es vereinzelt sozusagen in allen Künsten, und wir schreiben solchen Kennern nicht minder ein Urteil zu als den Wissenden, den Fachmännern" (*Politik*, 3. Buch, 11. Kapitel, 1282). Kunst (‚techne') und Wissen (‚episteme') kann und soll sich im Umgang mit Gesundheit und Krankheit jeder Mensch erwerben. Bildungskonzept, Natur- und Menschenbild stehen in einem inneren Zusammenhang. Nach Xenophon (um 430–nach 355) hat sich auch Sokrates für diesen dritten Arzttyp und damit für den Menschen eingesetzt, der seinen eigenen Körper kennt und sich für ihn verantwortlich fühlt, den ausgebildeten Arzt sogar auch im Entwurf oder in der Planung der Lebensweise übertreffen und überflüssig machen kann: „Gar sehr empfahl er seinen Freunden noch, sich auch um ihre Gesundheit zu kümmern, und von Sachkundigen so viel wie möglich zu lernen; auch solle ein jeder an sich selbst das ganze Leben hindurch beobachten, welche Speise, welches Getränk und welche Arbeit ihm gut bekomme und wie er bei entsprechender Lebensweise möglichst gesund bleiben könne; wer derart auf sich selbst achte, für den sei es eine schwere Aufgabe, so meinte er, einen Arzt für sich zu finden, der das für seine

Gesundheit Zuträgliche besser zu beurteilen wisse als er selbst" (Xenophon, n. [2]1977, S. 317). Auch nach der antiken Schrift *Die alte Heilkunst* aus dem 4. Jahrhundert v. Chr. unterscheidet sich im Umgang mit Krankheit und Leiden der Fachmann im Prinzip nicht vom Laien: „Ich sehe hier wie dort dieselbe Auffassung und beidemal ein und dieselbe Entdeckung" (n. Mühri [3]1967, S. 91). Der spätantike Mediziner Oreibasios (um 325–um 395) hebt seinerseits neben den ausgebildeten Ärzten („technitai") die kenntnisreichen Freunde der Medizin („philiatroi") hervor (Oreibasios, n. 1873, S. 559).

Die Ärztetypologie der Antike, wenngleich in einer bestimmten Zeit und einer spezifischen sozialkulturellen Situation entwikkelt (Freie, Freigelassene, Sklaven), ist bis in die Gegenwart gültig geblieben. Jeder Kranke kann auch heute auf Praktiker oder Theoretiker, auf ‚tyrannische' oder ‚kommunikative' Ärzte stoßen. Jeder Mensch ist weiterhin für seinen Körper in Gesundheit und Krankheit verantwortlich, kann sich auf sein Sterben und seinen Tod einstellen, muß eine für seine individuelle Situation sinnvolle Lebensweise finden. Die Ärzte werden ihrerseits anordnen oder beraten, werden aus empirischer Erfahrung oder mit wissenschaftlichen Gründen handeln, werden auf den Kranken und seine Empfindungen und Vorstellungen eingehen oder sich an einem allgemeinen Krankheitstypus orientieren, werden auf Kooperation, Ablehnung und Ignoranz stoßen und sich mit Simulation und Selbstzerstörung auseinandersetzen müssen.

Die medizinische Laientradition ist bis in die Gegenwart lebendig geblieben, hat heute neue Impulse erfahren, kann aber auch unrealistische oder gefährliche Züge annehmen. Die Trennung zwischen Patient und Arzt soll nach Novalis (1772–1801) ebenso reduziert oder überwunden werden wie die Trennung zwischen den Wissenschaften der Natur und den Wissenschaften des Geistes: „Der allgemeinen Forderung der Vernunft zufolge sollten auch alle Menschen Ärzte, Dichter und so fort, sein" (Novalis Bd. 2, S. 502). Die Grundfigur der Medizin ‚Ein Mensch in Not – ein Mensch als Helfer' äußert sich nach dem anthropologischen Mediziner Viktor von Weizsäcker (1886–1957), wie von ihm in der Studie *Die Schmerzen* aus dem Jahre 1926 ausgeführt wird, in der lebensweltlichen Mitmenschlichkeit oder in den spontanen Gefühlen und Reaktionen angesichts kranker und leidender Menschen: „Wenn die kleine Schwester den kleinen Bruder in Schmerzen sieht, so findet sie vor allem Wissen einen Weg: schmeichelnd findet den Weg ihre Hand, streichelnd will sie ihn dort berühren, wo ihm weh tut. So wird die kleine Samariterin zum ersten Arzt. Ein Vorwissen um eine Urwirkung waltet unbewußt in ihr; es leitet ihren Drang zur Hand und führt die Hand zur wirkenden Berührung. Denn dies ist es, was der kleine Bruder erfahren wird: die Hand tut ihm wohl. Zwischen ihn und seinen Schmerz tritt die Empfindung des Berührt-werdens von schwesterlicher Hand, und der Schmerz zieht sich vor dieser neuen Empfindung zurück. Und so entsteht auch der erste Begriff des Arztes, die erste Technik der Therapie" (v. Weizsäcker 1987, S. 27).

Die platonische Sichtweise verleiht Gesundheit und Krankheit einen geistigen und genauer ästhetisch-ethischen Sinn. Gesundheit soll mit Schönheit und Moralität zu tun haben und zugleich mit Gesellschaft und Staat in einem Zusammenhang stehen. „In Beziehung auf Gesundheit und Krankheit, Tugend und Schlechtigkeit ist nämlich kein Ebenmaß oder Mißverhältnis von größerer Bedeutung als das von Seele selbst zu Körper selbst" (*Timaios*, 87d). Wer naturgemäß lebt und keinen Unfällen oder Epidemien ausgesetzt ist, benötigt nach Plato im Grunde keine Ärzte. Aus der Gleichsetzung von moralischer Vollkommenheit und physischer Schönheit sowie der Unterordnung des Individuums unter den Staat rechtfertigt Plato in seiner utopischen Staatsschrift passive Euthanasie von körperlich Mißgebildeten und sogar aktive Euthanasie von Geisteskranken: „Also nächst solcher Rechtskunde wirst du auch wohl eine Heilkunde, wie wir sie beschrieben haben, in der Stadt einführen, damit beide diejenigen unter den Bürgern, die gutgeartet sind an Leib und Seele pflegen mögen, die es aber nicht sind, wenn sie nur dem Leibe nach solche sind, sterben lassen, die aber der Seele nach bösartig und unheilbar sind, selbst umbringen" (*Politeia*, 409e–410a). Ebenso entschieden und unmißverständlich fällt die Empfehlung aus, wie man sich gegenüber mißgestalteten Säuglingen zu verhalten habe: „Die der guten nun, denke ich, tragen sie in das Säugehaus zu Wärterinnen, die in einem besonderen Teil der Stadt wohnen, die der schlechtern aber, und wenn eines von den anderen verstümmelt geboren ist, werden sie, wie es sich ziemt, in einem unzugänglichen und unbekannten Orte verbergen" (*Politeia*, 460c).

Die Auffassungen über den Umgang mit Krankheit und Behinderung, mit Geburt und Tod fallen in der Antike aber kontrovers aus – nicht nur bei Medizinern, Philosophen und Dichtern, sondern auch in der Bevölkerung. Daß die verbreitete Aussetzung von Säuglingen, die für lebensunfähig gehalten wurden, auch in jener Zeit auf den Widerstand von Müttern stößt, läßt sich aus einem Vergleich Platos im *Theaitetos* (160 e) zwischen natürlicher Geburt und Gedankengeburt schließen: „Wir müssen das Umtragen im Kreis vornehmen, um zu sehen, ob uns nicht entgeht, daß das Neugeborene der Aufzucht nicht wert ist, sondern windig und falsch. Oder meinst du, auf jeden Fall müsse man das deine aufziehen, und nicht aussetzen? Oder wirst du es aushalten zu sehen, daß es die Prüfung nicht besteht und nicht zu sehr zürnen, wie eine erstmalig Gebärende, wenn man es dir wegnimmt?" Im Gegensatz zu dieser platonischen Auffassung ist dem Arzt, der dem hippokratischen Eid folgt, jede Beendigung des menschlichen Lebens, auch wenn ihr der Wunsch des Betroffenen oder seiner Angehörigen zugrunde liegt, ausdrücklich untersagt: „Nie werde ich irgend jemandem, auch auf Verlagen nicht, ein tödliches Mittel verabreichen oder auch nur einen Rat dazu erteilen; ebenso werde ich keiner Frau ein keimvernichtendes Vaginalzäpfchen verabreichen". Religion und Ethik verbieten dem Arzt wie jedem Menschen nach diesem Eid, der wohl der pythagoräischen Lehre verpflichtet ist, die freie Verfügung über das Leben – an seinem Anfang wie an seinem Ende: „Lauter und redlich werde ich bewahren mein Leben und meine Kunst" (n. Lichtenthäler, S. 19).

Von der philosophischen Richtung der Stoa wiederum kann Euthanasie als aktive Tötung durch den Arzt oder ärztlich assistierter Selbsttötung legitimiert werden, wenn die Selbstbestimmung des Menschen durch Krankheit, Armut oder Unterdrükkung gefährdet oder aufgehoben ist. Ein berühmtes Beispiel der Antike ist die von Tacitus (um 55–um 116) überlieferte ärztliche Beihilfe zur Selbsttötung des Philosophen Seneca (um 0–65): „Indessen bat Seneca, da bei ihm das Verbluten nur langsam vor sich ging und das Sterben sich verzögerte, seinen lange bewährten treuen Freund und Arzt Statius Annaeus (1. Jh. n. Chr.), das schon lange vorgesehene Gift zu holen, mit dem in Athen die von einem staatlichen Gericht Verurteilten hingerichtet wurden. Man brachte es, und er trank es, doch ohne daß es wirkte. Denn seine Glieder waren schon erkaltet und der Körper nahm das Gift nicht mehr in sich auf. Zuletzt stieg er in ein Bassin mit heißem Wasser, und während er die zunächst stehenden Sklaven bespritzte, sagte er, er weihe dieses Naß Jupiter, dem Befreier. Dann ließ er sich in das Dampfbad bringen, wo er erstickte. Darauf wurde er ohne jede Leichenfeier verbrannt. So hatte er es in seinem Testament angeordnet schon zu einer Zeit, da er als ein ungeheuer begüterter und einflußreicher Mann für sein Lebensende vorsorgte" (n. Sørensen 1984, S. 286).

Den Urteilen über Selbsttötung und ärztliche Lebensverkürzung liegt jeweils ein spezifisches Verständnis von Gesundheit und Krankheit sowie von menschlicher Freiheit und Abhängigkeit zugrunde. Die Kontroversen der Gegenwart haben ihre Vorläufer bereits in der Antike und durchziehen die gesamte Medizin- und Kulturgeschichte. Platonisch-stoische Auffassungen werden in den utopischen Entwürfen der Renaissance wieder aufgegriffen und stehen hinter der wechselvollen Geschichte der Euthanasie und Eugenik bis in die Gegenwart, ohne für die verbrecherischen Umsetzungen im Dritten Reich als Tötungen ohne Einwilligung oder gegen den Willen unmittelbar verantwortlich gemacht werden zu können (v. Engelhardt 1993, Fichtner 1976, Gruman 1973, Reuter 1996, Zimmermann-Acklin 1997). Zu Inhumanität kann es aber auch ohne staatlichen Zwang, auf informellem oder individuellem Wege, unter Zustimmung und auf Wunsch der Bevölkerung, ja selbst der Betroffenen und der Angehörigen kommen. Diese Gefahr ist bei Eugenik wie Euthanasie gleichermaßen gegeben und muß von der Politik, Gesetzgebung und bei den ethischen Richtlinien in der Medizin im Auge behalten werden. Unter Euthanasie wird in der Antike allerdings weder Selbst- noch Fremdtötung durch den Arzt, sondern ein angenehmer und guter Tod verstanden; eines „glücklichen und ehrenwerten Todes sterben", lautet eine entsprechende Wendung aus jener Zeit („felici vel honesta morte mori"). Mit „Euthanasia" bezeichnet der römische Kaiser Augustus (63 v.Chr.–14 n.Chr.) die Weise, wie er sterben möchte: im klaren Bewußtsein des Endes, umgeben von den Angehörigen und zurückgekehrt an den Ort der Geburt; seine letzten Worte sollen gewesen sein: „Livia, unserer Ehe eingedenk lebe und lebe wohl". Caesar (100–44 v.Chr.) erhofft sich dagegen, was ihm das Schicksal auch gewährt, einen jähen und unvorhergesehenen Tod auf der Höhe seiner Vitalität und Aktivität (Vogt 1972).

Krankheiten treten nicht nur am einzelnen Menschen auf, als Epidemie oder Seuche befallen sie ganze Bevölkerungen. In der Pestschilderung von Thukydides (um 460–nach 400 v. Chr.) wird die individuelle wie überindividuelle Natur der Krankheit hervorgehoben. Mit dem erneuten Einfall der Peloponnesier im Sommer des zweiten Kriegsjahres, der zum Untergang Athens führen sollte, kommt es zum Ausbruch der Pest. Natur und Kultur geraten gleichermaßen in Unordnung. Die Bemühungen der Ärzte versagen ebenso wie die Maßnahmen des Staates. Thukydides, der aus eigener Erfahrung berichtet, da er „selbst krank war und selbst andere leiden sah", beschreibt die körperlichen und seelischen Auswirkungen, geht auf die sozialen Folgen ein, schildert den Zusammenbruch der religiösen und politischen Sitten wie der individuellen Moral. Detailliert gibt Thukydides die Symptome der Krankheit wieder, ihre Lokalisation am Körper, den Verlauf ihrer Veränderungen, die äußere Erscheinung wie die innere Empfindung, das Verhalten des Betroffenen, den Verlust der geistigen Fähigkeiten: „Es war jenes Jahr, wie allgemein festgestellt wurde, in bezug auf die andern Krankheiten grade besonders gesund. Wer schon vorher ein Leiden hatte, dem ging es immer über in dieses, die andern aber befiel ohne irgendeinen Grund plötzlich aus heiler Haut zuerst eine starke Hitze im Kopf und Rötung und Entzündung der Augen, und innen war sogleich alles, Schlund und Zunge, blutigrot, und der Atem, der herauskam, war sonderbar und übelriechend. Dann entwickelte sich daraus ein Niesen und Heiserkeit, und ziemlich rasch stieg danach das Leiden in die Brust nieder mit starkem Husten. Wenn es sich sodann auf den Magen warf, drehte es ihn um, und es folgten Entleerungen der Galle auf all die Arten, für die die Ärzte Namen haben, und zwar unter großen Qualen, und die meisten bekamen dann einen leeren Schlucken, verbunden mit einem heftigen Krampf, der bei einigen alsbald nachließ, bei andern auch erst viel später. Wenn man von außen anfaßte, war der Körper nicht besonders heiß, noch auch bleich, sondern leicht gerötet, blutunterlaufen und bedeckt von einem dichten Flor kleiner Blasen und Geschwüre; aber innerlich war die Glut so stark, daß man selbst die allerdünnsten Kleider und Musselindecken abwarf und es nicht anders aushielt als nackt und sich am liebsten in kaltes Wasser gestürzt hätte. Viele von denen, die keine Pflege hatten, taten das auch, in die Brunnen, vor dem unstillbaren Durst. Es war kein Unterschied, ob man viel oder weniger trank. Und die ganze Zeit quälte man sich in der hilflosen Unrast und Schlaflosigkeit. So lange die Krankheit auf ihrer Höhe stand, fiel auch der Körper nicht zusammen, sondern widerstand den Schmerzen über Erwarten. Entweder gingen daher die meisten am neunten oder siebten Tag zugrunde an der inneren Hitze, ohne ganz entkräftet zu sein, oder sie kamen darüber weg, und dann stieg das Leiden tiefer hinab in die Bauchhöhle und bewirkte dort ein starkes Schwären, wozu noch ein wäßriger Durchfall auftrat, so daß die meisten später an diesem starben, vor Erschöpfung. Denn das Übel durchlief von oben her, vom Kopfe, wo es sich zuerst festsetzte, den ganzen Körper, und hatte einer das Schlimmste überstanden, so zeigte sich das am Befall seiner Gliedmaßen: denn nun schlug es sich auf Schamteile, Finger und Zehen, und viele entrannen mit deren Verlust, manche auch dem der Augen. Andere hatten beim ersten Aufstehen rein alle Erinnerung verloren und kannten sich selbst und ihre Angehörigen nicht mehr. Denn die unfaßbare Natur der Krankheit überfiel jeden mit einer Wucht über Menschenmaß".

Heilmittel gegen die Pest gab es nach den Beobachtungen von Thukydides nicht, gestorben wurde ohne wie auch bei bester Behandlung und Pflege. Physiologie und Pathologie hängen mit Recht und Sitte zusammen, die Pest des Körpers verpestet auch das soziale Zusammenleben. Zugleich kommt es zu Mitleid bei denen, die von der Krankheit befallen wurden, an ihr aber nicht gestorben sind, sondern sie überstanden haben und eine erneute Ansteckung nicht mehr befürchten müssen: „Wenn sie nämlich in der Angst einander mieden, so verdarben sie in der Einsamkeit, und manches Haus wurde leer, da keiner zu pflegen kam; gingen sie aber hin, so holten sie sich den Tod, grad die, die Charakter zeigen wollten – diese hätten sich geschämt, sich zu schonen, und besuchten ihre Freunde; wurden doch schließlich sogar die Verwandten stumpf gegen den Jammer der Verscheidenden, vor der Übergewalt des Leides. Am meisten hatten immer noch die Geretteten Mitleid mit den Sterbenden und Leidenden, weil sie alles vorauswußten und selbst nichts mehr zu fürchten hatten; denn zweimal packte es den gleichen nicht, wenigstens nicht tödlich … Die Heiligtümer, in denen sie sich eingerichtet hatten, lagen voller Leichen der drin an geweihtem Ort Gestorbenen; denn die Menschen, völlig überwältigt vom Leid und ratlos, was aus ihnen werden sollte, wurden gleichgültig gegen Heiliges und Erlaubtes ohne Unterschied. Alle Bräuche verwirrten sich, die sie sonst bei der Bestattung beobachteten; jeder begrub, wie er konnte … Überhaupt kam in der Stadt die Sittenlosigkeit erst mit dieser Seuche richtig auf. Denn mancher wagte jetzt leichter seinem Gelüst zu folgen, das er bisher unterdrückte, da man in so enger Kehr die Reichen, plötzlich Sterbenden, tauschen sah mit den früher Besitzlosen, die miteins deren Gut zu eigen hatten, so daß sie sich im Recht fühlten, rasch jedem Genuß zu frönen und zu schwelgen, da Leib und Geld ja gleicherweise nur für den einen Tag seien. Sich vorauszuquälen um ein erwähltes Ziel war keiner mehr willig bei der Ungewißheit, ob man nicht, eh man's erreiche, umgekommen sei; aber alle Lust im Augenblick und was, gleichviel woher dafür Gewinn versprach, das hieß nun ehrenvoll und brauchbar. Da war keine Schranke mehr, nicht Götterfurcht, nicht Menschengesetz". Die Seuche bleibt, wie Thukydides ebenfalls betont, aber nicht auf die Menschen beschränkt, von ihr werden auch Tiere befallen – bei zugleich charakteristischen Unterschieden nicht nur zwischen Mensch und Tier, sondern auch unter den Tieren. Während die Gefahr von den Haustieren erkannt wird, da sie mit den Menschen zusammenleben und ihr Schicksal teilen, sind die freien Tiere der Pest schutzlos ausgeliefert, weil sie über diesen warnenden Kontakt nicht verfügen: „die Vögel nämlich und die Tiere, die an Leichen gehn, rührten entweder die vielen Unbegrabenen nicht an, oder sie fraßen und gingen dann ein …, wogegen die Hunde Spürsinn zeigten für die Wirkungen wegen der Lebensgemeinschaft" (Thukydides, n. ²1976, S. 150–154).

Mittelalter: Transzendenz

Das christliche Mittelalter interpretiert Gesundheit und Krankheit aus religiöser Perspektive und greift damit Traditionen früherer Zeiten wieder auf, gegen die sich die hippokratische Medizin in der Antike mit ihrer Betonung der Natürlichkeit und Empirie gewandt hat. Klostermedizin und Priesterarzt sind entsprechende Stichworte für jene Epoche der Medizin zwischen 500–1500. Kosmologie und Anthropologie werden auf das Jenseits bezogen, die Orientierung an Natur und Mensch soll der Transzendenz nicht widersprechen, erhalten aber eine neue Basis und eine neue Bewertung. Das Fleisch wird als Träger der Erbsünde dem Geist untergeordnet und nicht selten auch abgewertet. Geißelung und Leidensmystik wenden sich gegen Leibzentrierung oder Vorherrschaft der Sinne. Die Seinsformen werden im Mittelalter hierarchisch geordnet; Pflanzen stehen über den Steinen, Tiere über den Pflanzen, der Mensch über dem Tier. Geistsehnsucht erfüllt aber auch den Stoff, durchzieht die Materie, wie von Bernhard von Clairvaux (1091–1153) betont wird. Noch bei dem Naturphilosophen Schelling (1775–1854) findet sich die Wendung, daß die Steine als Ausdruck ihrer Geistferne gegen den Himmel „schreien".

Krankheit, Therapie und die Arzt-Patienten-Beziehung gewinnen in mittelalterlicher Sicht einen neuen Sinn. Therapie wird nicht nur als Behandlung oder Heilung verstanden, sondern vor allem als Beistand und Begleitung, auch im Blick auf den Schöpfer und die Schöpfung. Hinter jedem Arzt steht die Figur von Christus als Arzt (‚Christus medicus'), hinter jedem Kranken das Leiden Christi (‚Passio Christi'). Die Beziehung zwischen Arzt und Patient bedeutet im Prinzip die Beziehung dieser beiden Grunddimensionen Gottes, Ureinheit wie Urdifferenz der Welt zu sein. Naturtheologie geht über Naturphilosophie und Naturanthropologie noch hinaus. Das Christentum verleiht dem Mitleid (‚misericordia') und der Liebe (‚caritas') eine der antiken Menschenliebe (‚philanthropia') unbekannte Tiefe. Der dem neuen Glauben zugeneigte römische Arzt Scribonius Largus (1. Jh. n. Chr.) hofft beim Arzt auf „ein Herz, erfüllt von Mitleid, und einen Geist der Menschlichkeit" („cor plenus misericordia et humanitatis animus", n. Deichgräber 1950). Nach dem lateinischen Kirchenvater Origenes (um 185–253/54) sollte der Arzt ein nahezu körperliches Mitgefühl mit dem Kranken entwickeln, sollte „mit dem Kranken erkranken und mit dem Weinenden weinen" („infirmari cum infirmante, flere cum flente", Origenes, n. 1862, Sp. 1386). Galen wird aus christlicher Sicht vorgeworfen, seine Patienten in der Zeit der Pest im Stich gelassen zu haben; eine technisch-naturwissenschaftliche Arzt-Patienten-Beziehung hätte jener mittelalterlichen Epoche ebensowenig genügt wie eine wissenschaftlich-neutrale. Aber auch das Konzept der Empathie wäre jener Zeit als unzulänglich oder zu psychologisch erschienen: Auf den Inhalt, auf die Normativität der Beziehung kommt es an, entscheidend ist die Orientierung der Beziehung zwischen Arzt und Patient an der Transzendenz.

Heilung wird im christlichen Mittelalter auf natürliche wie übernatürliche Weise zu erreichen gesucht. Heilige werden zu Schutzpatronen spezifischer Leiden und ihrer Behandlung erklärt. Von zahlreichen Wunderheilungen wird berichtet, wiederholt werden diese auch bildlich dargestellt. So z.B. auf Masaccios (1401–1428) Fresko *Petrus heilt mit seinem Schatten* von 1425/28 in der Brancacci Kapelle der Florentiner Kirche Santa Maria del Carmine, wo sich mittelalterliche Wundergläubigkeit und zukunftsweisende Raumperspektivik der Renaissancemalerei auf faszinierende Weise verbinden. Leidenden und Kranken beizustehen soll aber eine Aufgabe für jeden Menschen und keineswegs nur für den Arzt sein, diese Zuwendung gehört zu den körperlichen „Werken der Barmherzigkeit", von denen im Matthäusevangelium im Blick auf das Jüngste Gericht die Rede ist: „Kommt, ihr Gesegneten meines Vaters, nehmt das Reich in Besitz, das euch seit Grundlegung der Welt bereitet ist. Denn ich war hungrig, und ihr habt mir zu essen gegeben, ich war durstig, und ihr habt mir zu trinken gereicht, ich war fremd, und ihr habt mich aufgenommen, ich war nackt, und ihr habt mich bekleidet, ich war krank, und ihr habt mich besucht, ich war im Gefängnis, und ihr seid zu mir gekommen" (Mt 25, 34–36). Die Toten zu beerdigen, wird von dem lateinischen Kirchenvater Laktanz (2. Hälfte 3. Jh.–nach 317) im vierten nachchristlichen Jahrhundert als siebtes Werk der Barmherzigkeit in diesen klassischen Kanon eingefügt. Neben den körperlichen Werken der Barmherzigkeit stehen in mittelalterlicher Sicht die geistigen Werke der Barmherzigkeit, zu denen nach Thomas von Aquin die Tröstung der Verzweifelten und der Beistand für die Sterbenden gehören. Auf dem Portal der mittelalterlichen herzförmigen Kirche Santa Maria della Salute in Viterbo (14. Jh.) sind die körperlichen wie geistigen Werke der Barmherzigkeit in ihrem Zusammenhang dargestellt.

Die Bibel legt aber auch andere Einstellungen und andere Verhaltensweisen nahe. Bezeichnend und folgenreich für den Umgang

Abb. 4: Petrus heilt Kranke mit seinem Schatten, 1425/28, Masaccio.
Florenz, Santa Maria del Carmine

mit Krankheit im christlichen Mittelalter ist das Wort aus dem Alten Testament über die soziale Verstoßung von Menschen, die am Aussatz erkrankt sind: „Gebiete den Israeliten, daß sie aus dem Lager schicken alle Aussätzigen und alle die Eiterfluß haben, und die an Toten unrein geworden sind. Männer wie Frauen, sollt ihr hinausschicken vor das Lager, daß sie nicht ihr Lager unrein machen, darin ich unter euch wohne. Und die Israeliten taten und schickten sie hinaus vor das Lager, wie der Herr zu Mose geredet hatte“ (4. Mose 5, 2–4). Entsprechend weitverbreitet sind Leproserien als Aufnahmeorte für Leprakranke im mittelalterlichen Europa (Wolf 1986).

Abb. 5: Sterbebettszene. Stundenbuch der Katharina von Kleve, 15. Jh. New York, Pierpont Morgan Library. Im Hintergrund Arzt mit Weinglas, im Vordergrund Vorbereitung zur Letzten Ölung

Krankheit geht nach christlicher Auffassung im Prinzip auf vier geistige Ursachen zurück, die eine Verbindung mit natürlichen Bedingungen nicht ausschließen, da Gott sich der Natur bedient: Erbsünde, individuelle Schuld, Prüfung durch Gott und Besessenheit. Hiob – immer wieder in Werken der Kunst und Literatur aufgegriffen – ist das überragende Beispiel aus dem Alten Testament für die Krankheit als Prüfung. Hiobs Klage gilt der Krankheit als Erscheinung der Natur und Kultur, sie gilt der religiösen Verlassenheit und der sozialen Einsamkeit, sie gilt der individuellen Verzweiflung und den körperlichen Schmerzen, die mit der Krankheit verbunden sind: „Ich schreie zu dir, aber du antwortest mir nicht; ich stehe da, aber du achtest nicht auf mich. Du hast dich mir verwandelt in einen Grausamen und streitest gegen mich mit der Stärke deiner Hand. Ich wartete auf das Gute, und es kam das Böse ... Ich stehe auf in der Gemeinde und schreie. Ich bin ein Bruder der Schakale geworden und ein Geselle der Strauße. Meine Haut ist schwarz geworden und löst sich ab von mir, und meine Gebeine sind verdorrt vor hitzigem Fieber. Mein Harfenspiel ist zur Klage geworden und mein Flötenspiel zum Trauerlied" (Hiob 30, 20ff.). Hiobs körperliches, soziales und seelisch-geistiges Leiden wird durch Distanz und Unverständnis der eigenen Frau noch weiter gesteigert: „Und seine Frau sprach zu ihm: Hältst du noch fest an deiner Frömmigkeit? Sage Gott ab und stirb!" (Hiob 2,9).

Die Frage nach Krankheit und Tod weist in der theologischen Sicht des Mittelalters auf die Frage nach Gott zurück, der für die Schöpfung, für Anfang und Ende, für Untergang und Auferstehung verantwortlich ist (Ariés 1978, Imhof 1991, Illhardt 1989, Maio 1998, Winau u. Rosemeier 1984). Gesundheit, Krankheit und Heilung sind auf den heilsgeschichtlichen Verlauf vom Paradies (‚constitutio') über das irdische Leben (‚destitutio') zur Auferstehung (‚restitutio') bezogen; jeder Mensch erlebt in seinem individuellen Schicksal das Gesamtgeschehen der Schöpfung. In jedem Übergang von der Gesundheit zur Krankheit und von der Krankheit zur Gesundheit wird im Leben des einzelnen Menschen dieser eschatologische Weltprozeß realisiert und vorweggenommen. Dieser Prozeß ist eine Basis für den Patienten wie den Arzt, er verleiht dem Leiden wie dem Beistand Sinn und Stärke. Die wahre ‚Konstitution' des Menschen ist seine paradiesische Natur und nicht seine Biologie oder seine Psychologie, nicht sein Temperament oder seine Intelligenz im Sinne der Antike oder der Moderne.

Den gängigen Wertorientierungen der Gegenwart steht das Mittelalter ebenso fern wie der antiken oder platonischen Verknüpfung von sinnlich-sittlicher Vollkommenheit und körperlicher Gesundheit. Selbsttötung, aktive Euthanasie und Schwangerschaftsabbruch sind gleichermaßen ausgeschlossen; am hippokratischen Eid wird festgehalten, er wird zur dominierenden

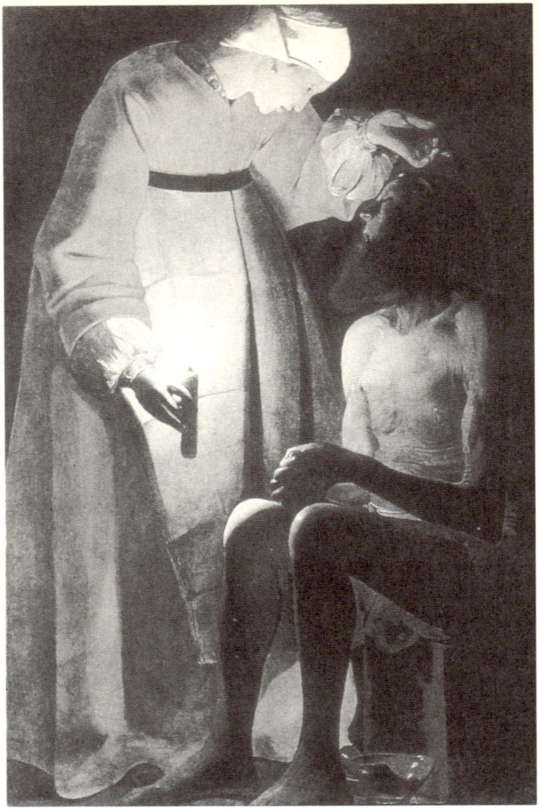

Abb. 6: Hiob wird von seiner Frau bedrängt, 1644, Georges de la Tour. Epinal, Musée Département des Vosges

Richtschnur, er kann auch zum Vorbild von Mönchsverpflichtungen genommen werden; statt bei Apollo wird bei Christus geschworen. Die heute etablierte normative Gleichsetzung von Krankheit = negativ und Gesundheit = positiv besitzt im Mittelalter keine Allgemeingültigkeit, kann sogar ins Gegenteil verkehrt werden. Krankheit kann ein positiver und Gesundheit ein negativer Sinn zugesprochen werden; es gibt das Wort von der „gefahrvollen Gesundheit" (‚sanitas perniciosa') und der „heilbringenden Krankheit" (‚infirmitas salubris') (Sudhoff 1914). Krankheit und

Tod machen nach mittelalterlicher Auffassung wesentliche und notwendige Momente und Stufen des menschlichen Lebens aus. Unterschieden werden bestimmte Formen des Sterbens wie Phasen des Sterbebeistandes. Zur Kunst des Sterbens (‚ars moriendi') gehört die Kunst des Lebens (‚ars vivendi'). Lebensqualität mißt sich am Verhältnis des Menschen zur Schöpfung und seinem Schöpfer, zur Natur und Kultur und ihrem geglückten Verhältnis und nicht an der Dauer des Lebens oder an der Genuß-, Liebes- und Arbeitsfähigkeit. Gesundheit wird weniger als Freisein von Krankheit denn als Fähigkeit verstanden, Schmerz und Leid auszuhalten, ihnen einen geistigen, einen religiösen Sinn zu geben.

Die Äbtissin, Naturforscherin und Ärztin Hildegard von Bingen (1098–1179) bietet mit ihrem Leben ein bewegendes Beispiel, wie gläubige Menschen jener Zeit Krankheit und Schmerz aufgenommen, welche Bedeutung sie dem Beistand und der Therapie verliehen haben, was ihnen Geburt und Tod gewesen ist. Bei einem zeitgenössischen Chronisten heißt es über ihr lebenslanges Leiden: „Beinahe von Kindheit an hatte sie fast ständig an schmerzhaften Krankheiten zu leiden, so daß sie nur selten gehen konnte. Und da ihr ganzer Körper ununterbrochenen Schwankungen unterworfen war, glich ihr Leben dem Bild eines kostbaren Sterbens" (n. Führkötter 1968, S. 48). Auf der Abbildung „Der Kosmosmensch" aus einem Werk dieser bedeutenden Frau zeigt sich die nach ihr mögliche und notwendige Integration von Anthropologie und Kosmologie in die transzendente Perspektive. Der Mensch ist ein Teil der Natur, die selbst wieder gemeinsam mit dem Menschen in Gott aufgehoben ist. In dieser umfassenden Perspektive versteht auch Katharina von Siena (1347–1380) Krankheit, Schmerz und Tod; bereits in ihrer Jugend setzt sie ihren Leib in heilsgeschichtlicher Antizipation der Auferstehung dem kochenden Schwefelwasser des Heilbades von Vignone aus, „glücklich, für ihre Sünden zu leiden, und Gott bittend, diese Leiden als ihr Fegefeuer gelten zu lassen" (Levasti 1952, S. 31f.) Bettlern, Aussätzigen und Sterbenden steht die Heilige im Sinne der körperlichen und geistigen Werke der Barmherzigkeit bei, im Blut von hingerichteten Verbrechern begreift und empfängt sie das Blut des gekreuzigten Christus.

In der mittelalterlichen Literatur wird in der Schilderung von Krankheit und Tod die religiöse Einstellung gegenüber Krankheit

Abb. 7: Der Kosmosmensch, Liber divinorum operum, 1163–73, Hildegard von Bingen

und Leiden wiederholt thematisiert. Im Versroman *Der Arme Heinrich* von Hartmann von Aue (um 1165–1210) erkrankt der schwäbische Ritter Heinrich als Strafe für sein ganz weltliches Leben an Aussatz; bei allen Tugenden, die Heinrich besitzt, fehlt ihm die Demut, die wahre Liebe zu Gott: „Damals kümmerte ich mich wenig um den, der mir diese Fülle des Lebens aus seiner Gnade gegeben hatte". Die Krankheit wird zur Prüfung und Sühne. Heinrich „fiel durch Gottes Gebot von der Höhe seines Ansehens in ein erniedrigendes Leiden: Ihn ergriff der Aussatz". Das individuelle Leid wird mit sozialer Isolation verbunden: „Als man die schwere Züchtigung Gottes an seinem Leibe gewahr wurde, da wurde er Männern und Frauen widerwärtig". Heinrich wiederholt das Schicksal von Absalon und Hiob, an ihm wird aber auch die allgemeine Situation des Menschen offenbar. Die Verbannung aus der menschlichen Gesellschaft, der Verlust von Reichtum, Macht und Schönheit, die leiblichen und seelischen Schmerzen lassen Heinrich die Vertreibung von Adam und Eva aus dem Paradies im Diesseits erleben. Geburt und Tod ereignen sich in der menschlichen Existenz nicht nur einmal, sondern mehrfach – im Wechsel von Tag und Nacht, als Kreislauf der Jahreszeiten, in den Höhen und Tiefen des individuellen Lebens, in der Abhängigkeit von der Geschichte, in der Zugehörigkeit zum Schöpfungsprozeß. Alles Körperliche bei Hartmann von Aue wird zum Gleichnis; die Flecken der Lepra stehen für die Flecken der Seele, neben den dunklen finden sich bei Heinrich aber auch helle Stellen, Reinheit ist noch vorhanden, Gott gibt keinen Menschen auf. Mitleid im Glauben wird zum Weg der Heilung. Die Ärzte wissen keine Hilfe; vergebens reist Heinrich zu den damaligen Zentren medizinischer Heilkunst in Montpellier und Salerno. Die Medizin versagt, nur die Bereitschaft eines jungen, unberührten Mädchens, ihr Herzblut für ihn zu opfern, soll nach dem Urteil der Ärzte Rettung herbeiführen können: „Ihr müßtet eine Jungfrau finden, die völlig mannbar und dazu auch gewillt wäre, den Tod für euch zu leiden", erfährt Heinrich in Salerno. Resigniert zieht er sich, nachdem er seinen Besitz an Verwandte, Arme und die Kirche verschenkt hat, in die Einöde zu einem seiner Pächter zurück, der seine vormalige Güte mit einer Mitmenschlichkeit beantwortet, die alle Standesunterschiede überbrückt: „Vordem war ich dein Herr, jetzt bin ich auf dich angewiesen". In der Tochter des Bauern begegnet Heinrich eine Nächstenliebe, deren Basis die Liebe zu Gott ist. Sein Aussatz stößt sie nicht ab: „Ihr erscheint er ganz rein". Das Mädchen will sich für Heinrich opfern, um für sich selbst das ewige Leben zu gewinnen und für ihre Familie die irdische Existenz zu sichern, die durch den Tod des Ritters gefährdet wäre; es überwindet den Widerstand der Eltern wie auch des Ritters, der sich in der Annahme des Opfers erneut im Egoismus befangen erweist. Selbst der salernitanische Arzt kann das Mädchen mit seiner drastischen Schilderung der Operation nicht von seinem Entschluß abhalten: „Rasch stand sie ohne Kleider da, nackt und bloß, und sie schämte sich nicht im geringsten". Aufklärung und Einwilligung – in heutiger Terminologie ‚informed consent' – sind notwendig, andernfalls ist das Opfer sinnlos. Der Arzt will mit dem Eingriff beginnen, bei vollem Bewußtsein das Herz herausschneiden, als Heinrich Einhalt gebietet, zur großen Enttäuschung des Mädchens, das sich mit Zorn und Verachtung von ihm abwendet.

Im Vergleich der reinen Schönheit des auf dem Tisch liegenden Mädchens mit seiner eigenen körperlich-seelischen Häßlichkeit begreift Heinrich seine erneute Sünde und akzeptiert seine Krankheit: „Da sah er sie an und sich selbst und war von einem neuen Sinn erfüllt. Da dünkte ihm das nicht mehr gut, was er zuvor beabsichtigt hatte, und er verwandelte sich augenblicklich: Er tat sein altes Wesen ab und wurde ein neuer Mensch". Heilung darf nicht um jeden Preis erstrebt werden; sein Mitleid mit dem opferbereiten Mädchen läßt Heinrich wieder zu Gott finden, wahre Gesundheit wird ihm mit dem Verzicht auf die körperliche Gesundheit geschenkt. Heinrich wie das Mädchen sind im Umgang mit der Krankheit einen Weg gegangen, der zur versöhnenden Einheit, zur Überwindung der Gegensätze führt; ihre Hochzeit soll darauf hinweisen, daß sich Transzendenz und Immanenz, jenseitige und irdische Welt verbinden lassen. Krankheit wird für den Kranken wie den Gesunden zu einer Prüfung, die zu neuen Einsichten führt: Man kann mit der Krankheit leben, in ihr kann sogar ein Wert liegen. Gemeinsamkeiten bestehen zwischen Krankheit und Gesundheit, auch der Kranke hat Pflichten und kann sich tugendhaft verhalten, der Gesunde hat bei aller Opferbereitschaft ebenfalls eine Pflicht zur Selbsterhaltung: „Da erzeigte der heilige Christ, wie lieb ihm Treue und Erbarmen sind, und er erlöste sie beide".

Liebe und Mitleid beeinflussen nicht nur Einstellung und Verhalten der Menschen, sondern haben auch ihre institutionellen Auswirkungen. Die Entstehung der Hospitäler im christlichen Mittelalter zählt zu den Werken der Barmherzigkeit. Gegründet werden sie von geistlicher, kommunaler und privater Seite; Rechtssituation und Verwaltungsstruktur fallen jeweils unterschiedlich aus (Granshow u. Porter 1989, Jetter 1986, Murken 1988, Reicke 1932). Die Hospitäler sind aber nicht der Logik der Medizin verpflichtet, sie dienen nicht nur oder ausschließlich den Kranken und ihrer Behandlung, sie sind vielmehr für alle Menschen in Not zuständig: für Pilger, Obdachlose, Findelkinder, Prostituierte, alte Menschen und ebenfalls Kranke. Die Pflege der Kranken nimmt in den Regeln der Benediktiner einen hohen Platz ein („cura infirmorum ante et super omnia adhibenda est"). Die Entstehung des modernen Krankenhauses aus dieser Institution des Mittelalters ist durch die Momente der Konzentration auf Kranke, der Medikalisierung und der sozialen Ausdehnung charakterisiert; Kranke aus allen Schichten werden medizinisch betreut, für Notsituationen anderer Art werden andere Einrichtungen entwickelt. Die moderne Hospizbewegung greift noch einmal im Namen und in der Sache auf das mittelalterliche Hospital zurück: Die Trennung von medizinischer Institution und Lebenswelt soll überwunden oder eingeschränkt werden (Saunders u.a. 1981).

Neuzeit: Säkularisierung

Mit der Neuzeit treten im Verständnis von Gesundheit und Krankheit gegenüber der theologischen Jenseitsorientierung des Mittelalters Diesseits, Natur und Individuum in den Vordergrund. Säkularisierung heißt Verweltlichung des Paradieses; Gesundheit, Jugend, Schönheit, ewiges Leben sollen bereits im Diesseits und nicht erst im Jenseits erreicht werden. Selbst der Schöpfer wird säkularisiert: Der Mensch erklärt sich zum Herrn der Natur und der Geschichte. Utilitarismus als ‚pursuit of happiness' bestimmt zunehmend die Lebensziele der Menschen und das Verständnis von Lebensqualität. Ebenso wirkungsvoll setzen sich platonisch-stoische Lebenswerte gegenüber der christlichen Orientierung durch. Krankheiten werden verstärkt als Störungen des Organismus und als Verlust individueller und sozialer Fähigkeiten verstanden und immer weniger in ihrer geistigen, philosophischen wie theologischen Bedeutung oder als Chance für die Lebens- und Sterbekunst des Betroffenen wie seiner Umwelt gesehen.

Künste, Philosophie und Theologie halten allerdings auch in den kommenden Jahrhunderten die Erinnerung an diese fundamentalen Dimensionen von Gesundheit und Krankheit wach. Blaise Pascal erklärt im 17. Jahrhundert kategorisch: „Die Krankheit ist der natürliche Zustand des Christen, weil man dann so ist, wie man immer sein sollte, d.h. im Leiden, im Übel, aller Güter und Sinnesfreuden ledig, frei von allen Leidenschaften, ohne Ehrgeiz, ohne Habsucht und in ständiger Erwartung des Todes“ (Pascal, n. 1963, S. 32). Michel de Montaigne (1533–1592) spricht in seinen *Essais* (1580/95) ebenfalls von „heilsamen Krankheiten“ („maladies salutaires“), da Schmerzen und Leiden die Macht des Geistes über den Körper beweisen und den Menschen zu einer skeptisch-stoischen Haltung gegenüber Sterben und Tod führen können. Für Novalis sind chronische Krankheiten „Lehrjahre der Lebenskunst und der Gemütsbildung“ (Novalis, Bd. 3, S. 686). Nietzsche unterscheidet zwischen der kleinen, im Gegensatz zur Krankheit stehenden Gesundheit und der großen Gesundheit, die Krankheit einschließt (Schipperges 1981).

Für das mechanisch-technische Verständnis von Gesundheit und Krankheit steht beispielhaft Descartes mit seiner Trennung von Leib (‚res extensa‘) und Seele (‚res cogitans‘). Der Organismus wird zu einer Maschine; Krankheit bedeutet dann einen Defekt, Therapie entsprechend Reparatur. Die Medizin hat auf dieser Basis und in dieser Perspektive mächtige Impulse erhalten, die mit eindrucksvollen und wohltätigen diagnostisch-therapeutischen Fortschritten, allerdings ebenso mit mechanistischen Reduktionismen verbunden waren, die sich auch einschränkend auf die Therapie und die Arzt-Patienten-Beziehung ausgewirkt haben. Der Mensch sieht seit Beginn der Neuzeit die Natur nicht selten überwiegend in dieser technisch-mechanischen Perspektive, will die Natur zu seinem Nutzen umgestalten oder auch verbessern. Macht und Ohnmacht, Bescheidenheit und Hybris kommen sich oft sehr nahe, gehen ineinander über. Der Mediziner und Naturforscher Luca Ghini (um 1490–1556), der mit seinen Vorlesungen über Pflanzenkunde, der Einrichtung botanischer Gärten und Initiativen zur Entwicklung von Herbarien zu den Begründern der neuzeitlichen Botanik gehört, muß sich von seinem eigenen Schüler Luigi Anguillara (1515–1570) vorwerfen lassen, er habe die Natur übertreffen wollen („una autorita maggior che non ha la natura“), da er sich zum Ziel gesetzt habe, Blumen und Früchte zu entwickeln, als wäre er – in Analogie zum göttlichen Schöpfer – ihr Erfinder („di sapere cavare, da quelle piante, fiore e frutta come se ne fosse l’inventore“; n. v. Engelhardt 1995, S. 34f.). Nicht nur in Technik und Naturwissenschaft, auch in Kunst und

Literatur wird in jener Zeit die Überzeugung vertreten, die Natur vervollkommnen und übertreffen zu können. In einem Brief des Malers Jacopo da Pontormo (1494–1557) an den Humanisten und Dichter Benedetto Varchi (1503–1565) heißt es in dieser Hinsicht über den Menschen: „in einer Geschichte, die er macht, kann vorkommen, was die Natur niemals gemacht hat, außerdem kann er – wie schon gesagt – die Gegenstände der Natur verbessern und ihnen durch die Kunst Grazie verleihen, indem er sie so verteilt und so miteinander verbindet, wie sie den besten Anblick bieten" (Pontormo, n. 1988, S. 24f.).

Ein eindrucksvolles Beispiel für diese eingreifend-produktive Natureinstellung ist Leonardo da Vinci (1452–1519), der Kunst, Technik und Naturwissenschaft verbinden und für Politik und Gesellschaft nutzbar machen will, dessen Entwürfe und Konstruktionen nicht nur Spielereien darstellen, sondern Beweise für jene Einheit von Materie und Bewußtsein sind, die den Menschen die Natur nachahmen und übertreffen läßt. Leonardo da Vinci ist sich der Ambivalenz des Fortschritts bewußt; seine Projekte sollen der Praxis und dem Leben, der Beherrschung der Natur wie der Beherrschung der Menschen dienen; sie sind konstruktiv und destruktiv, sind Instrumente des Aufbaus und der Zerstörung. Den Herrschern der Zeit empfiehlt sich Leonardo mit seinen Erfindungen für die Durchführung der Kriege wie die Bewahrung des Friedens, mit transportablen Brücken und unterirdischen Bauten, mit Belagerungsmaschinen und Wurfgeschossen, mit öffentlichen und privaten Bauwerken, mit Skulpturen und Malereien. Kunst soll durch Wissenschaft gefördert werden, Wissenschaft durch Kunst Anregungen erhalten. Erfahrung ist die „Mutter aller Gewißheit", die aber keineswegs im Gegensatz zu Metaphysik und Religion steht. Von moderner Technik und Naturwissenschaft gehen für die natürliche wie die kulturelle Welt auch Gefahren aus. Den Krieg, zu dem er selbst mit seinen Erfindungen beiträgt, nennt Leonardo zugleich einen „bestialischen Wahnsinn"; eine Zukunft sei nicht ausgeschlossen, in der die Menschen „Tod und Leid, Drangsal, Angst und Schrecken unter allen lebendigen Wesen verbreiten" und von ihnen „die großen Wälder verwüstet werden".

Die Konzepte und Kontroversen in der Medizin über Gesundheit, Krankheit und Therapie, über Objektivität und Subjektivität, über den Ursachenbegriff, über die Formen der Diagnostik, über die Ziele der Therapie und den Modus der Arzt-Patienten-Beziehung stehen bis in die Gegenwart hinein unter dem Einfluß oder besser – da Descartes selbst zum Kontext der neuzeitlichen Entwicklung gehört – in der Perspektive der cartesianischen Philosophie. Auch der kranke Mensch der Gegenwart interpretiert seine Schmerzen und sein Kranksein, wie empirische Untersuchungen gezeigt haben, in mechanisch-technischen Kategorien: als Störungen einer Funktion, die wie bei einer defekten Maschine mit entsprechenden Techniken zu untersuchen und zu reparieren sind (Goltz 1969). Die utopischen Entwürfe von Thomas Morus (1478–1535), Francis Bacon (1561–1626) und Tommaso Campanella (1568–1639) drücken die grenzenlosen Hoffnungen und Erwartungen der neuzeitlichen Menschen an die Medizin aus, enthalten weitreichende Interpretationen von Gesundheit und Krankheit sowie eingreifende Vorschläge einer staatlichen Gesundheitspolitik im Sinne des säkularisierten Natur- und Geschichtsbegriffes. Euthanasie und Suizid können, was für den hippokratischen Arzt der Antike und den gläubigen Menschen des Mittelalters gleichermaßen ausgeschlossen war, seit der Renaissance in platonisch-stoischem Geist wieder gerechtfertigt werden. Auch der in der Antike entwickelte dritte Arzttyp des medizinisch gebildeten Laien findet sich bei Bacon: „Es liegt eine über ärztliche Vorschriften erhabene Weisheit darin, daß die eigene Beobachtung dessen, was einem dienlich und was schädlich sei, die beste Arznei zur Erhaltung der Gesundheit ist" (Bacon, n. 1946, S. 146).

Lebensverkürzung und Sterbebeistand, Freiwilligkeit und sozialer Druck verbinden sich bei Thomas Morus in seiner *Utopia* von 1516 auf eine erstaunlich aktuelle und deshalb umso beachtenswertere Weise: „Sogar unheilbar Kranken erleichtern sie ihr Los, indem sie sich zu ihnen setzen, ihnen Trost zusprechen und überhaupt alle möglichen Erleichterungen verschaffen. Ist indessen die Krankheit nicht nur unheilbar, sondern dazu noch dauernd qualvoll und schmerzhaft, dann reden Priester und Behörden dem Kranken zu, da er doch allen Anforderungen des Lebens nicht mehr gewachsen, den Mitmenschen zur Last, sich selber unerträglich, seinen eigenen Tod bereits überlebe, solle er nicht darauf bestehen, die unheilvolle Seuche noch länger zu nähren, und nicht zögern zu sterben, zumal das Leben doch nur eine Qual für ihn sei; er solle sich also getrost und hoffnungsvoll aus diesem bitteren Leben wie aus einem Kerker oder aus der Folterkammer befreien oder sich willig von anderen herausreißen lassen“. Passive wie aktive Euthanasie hält Morus für erlaubt, unverzichtbar sei aber die Freiwilligkeit: „Wen sie damit überzeugt haben, der endigt sein Leben entweder freiwillig durch Enthaltung von Nahrung oder wird eingeschläfert und findet Erlösung, ohne vom Tode etwas zu merken. Gegen seinen Willen aber töten sie niemanden, und sie pflegen ihn deshalb auch nicht weniger sorgfältig“ (Morus, n. 1960, S. 81) Der soziale und moralische Druck, der auf den hoffnungslos kranken Menschen bei Morus ausgeübt wird – den Mitmenschen und sich selbst doch nicht zur Last zu fallen, als Lebender im Grunde schon gestorben zu sein –, kann allerdings damals wie heute die Befürchtungen einer inhumanen Umsetzung nicht zerstreuen. Bacon, der 1623 zum ersten Mal in der Neuzeit explizit den antiken Ausdruck Euthanasie wieder aufgreift, unterscheidet zwei Formen: Unter „äußerer Euthanasie“ (‚euthanasia exterior‘) versteht er aktive Beihilfe zu einem „überaus leichten und angenehmen Ausgang aus dem Leben“ („excessus e vita magis lenis et placidus“), unter „innerer Euthanasie“ (‚euthanasia interior‘) dagegen eine „seelische Vorbereitung“ auf das Sterben („animae praeparatio“; Bacon, n. 1963, S. 594f.). Antike und Mittelalter werden in diesen beiden Formen fortgeführt: Die aktive Lebensbeendigung steht in platonisch-stoischer Tradition, Sterbevorbereitung und Sterbebeistand entsprechen stoischen Vorstellungen und vor allem dem christlichen Gedanken der Sterbekunst (‚ars moriendi‘).

Wie bereits in der Antike sind auch in der Renaissance im Unterschied zum Mittelalter die Auffassungen zur Euthanasie und Eugenik keineswegs einheitlich, sondern ausgesprochen kontrovers. Entgegengesetzte Standpunkte bestimmen auch die Staatsentwürfe jener Epoche. Im Unterschied zu Morus und Bacon lehnt der Theologe Johann Valentin Andreae (1586–1654) in seiner utopischen Vision *Christianopolis* (1619) aufgrund des christlichen Glaubens und eines entsprechenden Naturbegriffs Eugenik und Euthanasie als Lebensverkürzung entschieden ab: „Menschen, deren Geist verwirrt oder gestört ist, dulden sie unter sich; ist dies nicht der Fall, so gelangen sie unter gelinde Aufsicht. Ebenso hält man es mit den ungewöhnlich Mißgestalteten, denn die Vernunft gebietet, daß die menschliche Natur sich derer, die die Natur stiefmütterlich behandelte, besonders gütig annimmt. Auch Gott erträgt uns ja mit unendlicher Güte und Langmut – nicht, wie er uns wünscht, sondern wie wir sind" (Andreae, n. 1975, S. 137).

Die Kluft zwischen Idee und Realität wird in der Ethik stets bestehen bleiben, zugleich wird es immer wieder von neuem um die Versuche gehen, diese Kluft zu verringern. In welche bedrükkenden Konflikte Ärzte in jener Zeit – nicht anders als heute – zwischen Glauben und Mitleid, zwischen Tötungsverbot und unerträglichem Leiden geraten können, kann einem Kriegsbericht des französischen Chirurgen Ambroise Paré (1510–1590) aus dem ausgehenden 16. Jahrhundert entnommen werden: „Als wir in der Stadt drin waren, trat ich in eine Scheuer, um mein Pferd und das meines Dieners unterzubringen. Dabei stieß ich auf vier tote Soldaten und drei, die an die Mauer gelehnt waren, weil ihr Gesicht vollständig zerstört war. Sie sahen nichts mehr, sie hörten nichts mehr, sie sprachen nichts mehr, und ihre Kleider flammten noch von dem Kanonenpulver, das sie verbrannt hatte. Als ich sie noch voll Mitleid betrachtete, kam ein alter Soldat herein, der mich fragte, ob es noch eine Möglichkeit gäbe, sie zu heilen. Ich sagte: keine. Da näherte er sich ihnen schnell und schnitt ihnen die Gurgel sanft und ohne Zorn durch. Als ich diese große Grausamkeit sah, sagte ich ihm, daß er ein schlechter Kerl sei. Er antwortete mir, daß er Gott bäte, daß, wenn er einmal auf solche Art verstümmelt sei, sich dann auch einer fände, der ihm dasselbe täte, so daß er nicht elend dahinsiechen müßte" (Paré, n. 1963, S. 35f.).

Die entscheidenden Typen und Dimensionen der Euthanasie stehen in der Renaissance bereits zur Diskussion: aktive und passive Euthanasie, innere und äußere Euthanasie, direkte und indirekte Euthanasie, autonome und heteronome Euthanasie, Anlaß und Subjekt der Euthanasie. Woran haben sich die Ärzte in den kommenden Jahrhunderten gehalten? Die Ärzte treten im allgemeinen bis ins 20. Jahrhundert für die hippokratisch-christliche Tradition ein und lehnen die aktive Beendigung des Lebens kategorisch ab, plädieren aber für den körperlich-geistigen Beistand im Sterben.

Ganzheitlich im Sinne von Kosmologie, Anthropologie und Transzendenz fällt im Übergang vom Mittelalter in die Neuzeit das Verständnis von Gesundheit und Krankheit, von Patient, Arzt und Therapie bei Paracelsus (1493–1541) aus (Benzenhöfer 1993, Domandl 1970, Goldammer 1953, Jütte 1994, Pagel 1962, Schipperges 1974). Gesundheit wie Krankheit hängen bei diesem Naturforscher, Mediziner und Theologen mit den entscheidenden Dimensionen der Natur und der Zeit, der individuellen Konstitution und allgemeinen Kultur sowie dem göttlichen Schöpfungscharakter der Welt zusammen. Erfahrung (‚experientia') heißt für Paracelsus aber nicht das empirisch-positivistische Verständnis von Beobachtung, Experiment, Induktion und Kausalanalyse, Erfahrung meint nach seiner Überzeugung vielmehr die Erkenntnis der Geistigkeit der Natur und der Natürlichkeit des Geistes. Theorie muß auf Praxis bezogen, Erfahrung im „Licht der Natur" betrieben werden. Der Arzt sollte wissen, „das anfenglich theorica vorget, demnach die practica, in der gestalt aber, das die theorica aus der experienz gang und nit aus der opinion"; Theorie hat ihre wahre Voraussetzung in der Therapie (Paracelsus, Entwürfe 1528/29, S. 419). Dem Geist des Naturforschers begegnet in den Phänomenen der Natur Geist; das erkennende Subjekt ist letztlich mit dem erkannten Objekt identisch. Im Parallelismus von Mikrokosmos Mensch und Makrokosmos Natur sind Geistigkeit und Körperlichkeit immanent aufeinander bezogen; über das Konzept der heutigen Psychosomatik als Wechselwirkung von Körper und Seele geht Paracelsus mit der Auffassung hinaus, daß bereits der Körper Geist besitzt wie auch der Geist Körper, daß also jeweils spezifische biologisch-geistige Verbindungen in der Einheit von Leib und Seele in ein Verhältnis treten.

Kann der Arzt nicht mehr heilen, hat seine Therapie aber nach Paracelsus noch nicht ihr Ende erreicht; Beistand und Anteilnahme sind ebenso wichtig wie Behandlung und Heilung. Das Arztsein hat eine ethisch-religiöse Grundlage; die vierte Säule der Medizin – neben Philosophie, Astronomie und Chemie – ist die Tugend des Arztes: „und bleibet beim arzet bis in den tot" (Paracelsus, *Paragranum*, S. 205). Ohne Liebe ist wahres Arztsein nicht möglich: „wo kein liebe ist, do ist kein kunst" (Paracelsus, *Von den hinfallenden Siechtagen*, S. 263). Der Tugend des Arztes muß allerdings die Tugend des Kranken entsprechen. Wer sich nicht behandeln lassen will und die Therapievorschläge nicht einhält, den darf der Arzt verlassen. Wie der Arzt hat auch der Kranke Pflichten und kann seinerseits Tugenden zeigen; der Kranke „tue alles, das im geboten und angelegt wird vom arzt" (Paracelsus, *Deutsche Kommentare Hohenheims*, S. 498). Ethik in der Medizin heißt bei Paracelsus Arztethik, Patientenethik und Ethik der Umwelt, Ethik der Angehörigen und Freunde: „Darumb so sol da ein herz sein, so gehet der kranken gesuntheit fort, so sol im geholfen werden und gedienet darzu vom kranken selbs, vom arzt, von denen im haus" (ebd., S. 498f.). Drei Arzttypen werden von Paracelsus – in metaphorischer Orientierung an Pflanzen und Tieren – unterschieden. Der „Wolfsarzt" nützt seine Patienten aus, bereichert sich an ihnen, zieht die Behandlung länger als notwendig hin, betrügt und stiehlt. Der „Unkrautarzt" gewinnt seine Kenntnisse aus Büchern und nicht aus der Natur, entsprechend sinnlos oder gefährlich fällt seine Therapie aus. Der „Lammarzt" opfert sich dagegen für seine Patienten auf, seine barmherzige Liebe zum Kranken bezieht ihre Kraft und Tiefe aus der religiösen Transzendenz und geht über Menschenliebe im antiken wie aufklärerisch-modernen Sinn weit hinaus. Gesund werden kann unter ärztlichem Beistand nur, wer über entsprechende physische und seelische Voraussetzungen verfügt: „So wissent was im kranken sein sol: ein natürliche krankheit, natürlicher will, natürliche kraft, in disen dreien stehet das arzts werk zu vollenden" (Paracelsus, *Paragranum*, S. 217). Bildung und Lebenskunst sind für die Überwindung der Krankheit und noch viel mehr für die Erhaltung der Gesundheit entscheidend. Auch der beste Arzt muß eine grundsätzliche Grenze hinnehmen. Krankheit und Tod gehören unaufhebbar zum menschlichen Leben, Lebenskunst heißt zugleich Kunst des Krankseins und Kunst des Sterbens. Irdische Geburt heißt Tod im Jenseits, diesseitiger Tod bedeutet Geburt als Auferstehung.

Das paracelsische Naturverständnis unterscheidet sich auch in biologischer Hinsicht wesentlich vom hippokratischen Naturverständnis. Die vier antiken Zentralsäfte Blut, gelbe Galle, schwarze Galle, Schleim werden durch die drei alchemischen Prinzipien Salz (‚sal'), Quecksilber (‚mercurius') und Schwefel (‚sulphur') ersetzt; je nach Überwiegen eines Prinzips kann nach Paracelsus von ‚salinischer', ‚merkurialischer' oder ‚sulphurischer' Krankheit gesprochen werden. Physiologie wird durch Chemie ergänzt und relativiert oder mit anderen Worten: Organische und anorganische Welt werden bei Paracelsus unmittelbar miteinander verbunden, gehören gemeinsam in die einheitliche Natur. Entscheidend für die Überwindung der Krankheiten ist nach Paracelsus die Heilkraft der Natur („vis medicatrix naturae"). Der Natur muß sich der Arzt unterordnen („minister naturae"), er darf sich nicht als allmächtiger Techniker oder Schöpfer von Gesundheit und Krankheit verstehen. Ausschlaggebend ist ein geistiges Prinzip der Natur („archaeus"), dessen Störung im menschlichen Körper die Krankheiten hervorbringt. Im Prozeß der Medikamentenherstellung muß dieser „archaeus" – abweichend von der modernen Naturheilkunde und ihrem ‚sanften' Paracelsusbild – mit Gewalt aus den Schlacken der natürlichen Erscheinungswelt befreit werden; die Naturstoffe müssen chemisch gereinigt und gesteigert werden. Paracelsus ist kein Homöopath, auch wenn das therapeutische Grundprinzip „Ähnliches wird durch Ähnliches behandelt und nicht Gegensätze durch Gegensätze" („similia similibus curantur non contraria contrariis") auf ihn zurückgeht und vor allem seine ebenfalls bekannte Formel: „alein die dosis macht das ein ding kein gift ist" (Sieben Defensiones, S. 138) diese Nähe zu bestätigen scheint.

Fünf allgemeine Seinsebenen (‚entien'), in denen Natur und Geist zusammenkommen oder miteinander verbunden sind, macht Paracelsus für die Entstehung von Krankheiten verantwortlich, sie müssen vom Arzt in der Therapie wie von jedem Menschen im Umgang mit dem eigenen Körper beachtet werden: kosmische Bedingungen (‚ens astrorum'), stoffliche Voraussetzungen (‚ens veneni'), individuelle Anlage (‚ens naturale'), geistige Realität (‚ens spirituale') und göttliche Substanz (‚ens Dei'). Das Krankheitsverständnis von Paracelsus ist im Gegensatz zu den individuell-symptomatischen Ansätzen der hippokratischen Medizin wie den Vorstellungen späterer Epochen ontologisch oder essentialistisch: Krankheiten stellen in dieser Sicht Wesenheiten für sich dar, sind nicht nur Symptome, sondern gleichen selbständigen Organismen der Natur, die im Menschen entstehen, sich entwickeln und untergehen. Die gemeinsame Basis von Mensch und Natur geht auf den Geist wie die Elemente zurück. Neben dem Raum ist für das Naturverständnis von Paracelsus die Zeit eine fundamentale Kategorie – mit entsprechenden Konsequenzen auch für die Medizin. Gesundheit und Krankheit, organisches und geistiges Leben, Natur und Kultur sind insgesamt dem zeitlichen Verlauf unterworfen.

Krankheitsbegriff und Naturverständnis hängen in der Medizin auf mehreren Ebenen zusammen. Die ontologische Orientierung oder der Standpunkt, Krankheiten als für sich bestehende Wesenheiten anzusehen, führt bei dem Mediziner Thomas Sydenham (1624–1689) zu einer Klassifikation der Krankheiten, ähnlich der Klassifikation von Steinen, Pflanzen und Tieren, die später von dem Naturforscher Carl von Linné (1707–1778) entworfen werden. In diesem Sinne werden im 18. und 19. Jahrhundert verschiedentlich sogenannte nosologische Systeme (‚nosos' = Krankheit) entwickelt, so beispielsweise von Boissier de Sauvages (1706 bis 1767), William Cullen (1712–1790), Philippe Pinel (1745–1826) und Lukas Schoenlein (1793–1864). Kulturgeschichte der Natur im Bereich des medizinischen Krankheitsbegriffes zeigt sich hier als Orientierung an den Naturwissenschaften, genauer an Zoologie, Botanik, Mineralogie oder an den Naturerscheinungen dieser Disziplinen – an Tieren, Pflanzen und Steinen.

Gesundheit und Krankheit werden außerhalb wie innerhalb der Medizin neben ihrer anatomisch-physiologischen Natur von der kulturellen Entwicklung und von gesellschaftlichen Bedingungen für abhängig gehalten. Das 18. Jahrhundert oder das Zeitalter der Aufklärung markiert den Beginn einer staatlichen Gesundheitspolitik. Das Spektrum der Auffassungen ist weitgespannt. Der Mediziner Johann Peter Frank (1775–1821) und der Philosoph Jean-Jacques Rousseau (1712–1778) stehen – jeweils vor dem Hintergrund eines spezifischen Natur- und Krankheitsverständnisses – für den Gegensatz eines staatlichen und eines individuellen Engagements im Umgang mit Gesundheit und Krankheit. Bereits Leibniz (1646–1716) hat mehrfach Vorschläge zu einer staatlichen Gesundheitsplanung entworfen, hat die Erarbeitung einer „Topographia politica oder Beschreibung des gegenwärtigen Zustandes eines Landes" empfohlen wie sich für die Selbstbeobachtungen des Kranken als Quelle der medizinischen Forschung eingesetzt.

Für Rousseau haben Zivilisation und Staat die ursprüngliche Gesundheit des Menschen im Naturzustand verdorben; in der weitbeachteten Schrift *Über den Ursprung und die Grundlagen der Ungleichheit unter den Menschen* (1755) belegt er mit entsprechenden Beobachtungen über den Umgang mit sinnlichen wie geistigen Genüssen die These, „daß die Mehrzahl unserer Leiden unser eigenes Werk sind und daß wir sie fast alle vermieden hätten, wenn wir uns die von der Natur vorgeschriebene Gewohnheit bewahrt hätten, einfach, gleichförmig und allein zu leben." Rousseau ist von der Heilkraft der Natur überzeugt, die Naturheilbewegung des 19. und 20. Jahrhunderts hat in seiner Position eine ihrer wesentlichen Voraussetzungen (Rothschuh 1983). Die Natur soll zu Anfang gesund gewesen sein und erst mit der kulturellen Entwicklung Krankheiten hervorgebracht haben. „Wenn man an die gute Konstitution der Wilden denkt, wenigstens derer, welche nicht durch unsere starken Spirituosen ruiniert sind, und wenn man weiß, daß sie fast keine anderen Krankheiten als Verwundungen und Altersschwäche kennen, ist man nur zu sehr zu glauben geneigt, daß man leicht die Geschichte der menschlichen Krankheiten schreiben könnte, indem man der unserer zivilisierten Gesellschaft folgt" (Rousseau, 1755, n. [4]1983, S. 99ff.).

Der Mediziner Frank folgt einem anderen Natur- und Kulturverständnis und setzt in dieser Perspektive bei der Überwindung der Krankheiten vor allem auf soziale Reformen, auf staatliche Initiativen und auf den zivilisatorischen Fortschritt. Natur und Kultur sind Ursachen der Entstehung wie der Überwindung von Krankheiten als Prävention, Kuration und Rehabilitation. Programmatisch ist Franks Rede *Vom Volkselend als der Mutter der Krankheiten*, die er im Jahre 1790 an der Universität in Pavia hält: „Mögen, sofern sie dazu imstande sind, die Herrscher von ihren Untertanen das Verderben ansteckender Seuchen, die von den Grenzen her drohen, abwenden! Mögen sie die trefflichsten Männer in den Provinzen aufstellen! Mögen sie Spitäler errichten und ihre Direktion verbessern, über die Apotheken genaue Aufsicht halten lassen und endlich noch eine Menge anderer Anstalten zur Wohlfahrt der Bürger treffen! Angenommen aber, daß sie dabei diesen einzigen Punkt übersehen, nämlich den so reichen Urgrund der Krankheiten, das äußerste Elend des Volkes, zu zerstören oder es wenigstens erträglicher zu machen: und kaum werden merklich sein die heilsamen Wirkungen der Verordnungen, die über die öffentliche Gesundheitspflege wachen" (Frank, S. 34). Dieser Überzeugung und diesem Standpunkt ist auch Franks vielbändiges *System einer vollständigen medicinischen Polizey*

(1799–1819) verpflichtet. Der Begriff ‚Polizei' wird dabei ebenso wie schon 1764 von Wolfgang Thomas Rau (1721–1772) von dem griechischen Ausdruck ‚politeia' (= Staat, Verfassung) abgeleitet und meint nicht Verbrechensbekämpfung, sondern die Aktivitäten des Staates im Gesundheitsbereich.

Innerhalb wie außerhalb der Medizin wird über konträre Positionen und über die Ambivalenz des wissenschaftlichen wie kulturellen Fortschritts diskutiert. Nach Johann Gottfried Herder (1744–1803) muß der Mensch als „Zärtling der Natur" mit der Entwicklung des Geistes und der Verfeinerung der Sitten neue Krankheiten in Kauf nehmen, die dem Tier unbekannt sind: „Als die Natur den Menschen erhob, erhob sie ihn zur Herrschaft über die Erde. Seine aufrechte Gestalt gab ihm mit einem feiner organisierten Bau auch einen künstlichern Blutumlauf, eine vielartigere Mischung der Lebenssäfte, also auch jene innigere, festere Temperatur der Lebenswärme, mit der er allein ein Bewohner Sibiriens und Afrikas sein konnte ... Nun ward mit diesem zartern Bau und mit allem, was daraus folgte, auch freilich einer Reihe von Krankheiten die Tür geöffnet, von denen das Tier nichts weiß ... Indessen ist auch hierin die Wohltat der Natur tausendfach ersetzend und mildernd; denn unsre Gesundheit, unser Wohlsein, alle Empfindungen und Reize unsres Wesens sind geistiger und feiner". In seiner Geschichte hat der Mensch nach Herder zur Zerstörung der Natur wie zur eigenen Zerstörung beigetragen, aber gleichzeitig auch Heilmittel entwickelt, die selbst wieder entscheidend von der Heilkraft der Natur abhängen: „Wohltätig hatte die Natur jedem Klima die Kräuter gegeben, die seinen Krankheiten dienen, und nur die Verwirrung aller Klimate hat aus Europa den Pfuhl von Übeln machen können, den kein Volk, das der Natur gemäß lebet, bei sich findet. Indessen auch für diese selbsterrungenen Übel hat sie uns ein selbsterrungenes Gute gegeben, das einzige dessen wir dafür wert waren, den Arzt, der, wenn er der Natur folget, ihr aufhilft, und wenn er ihr nicht folgen darf oder kann, den Kranken wenigstens wissenschaftlich begräbet" (Herder, n. 1967, Bd. 13, S. 122f.).

Im 18. Jahrhundert werden im medizinischen Bereich vielfältige Initiativen entwickelt und in die Realität umgesetzt. Für Blinde, Taubstumme und Krüppel werden Pflegeheime und Bildungsinstitutionen sowie Hospitäler für schwangere Frauen und für Kinder eingerichtet. Die Genese des modernen Krankenhauses setzt ein. Legendär wird die „Befreiung der Geisteskranken von ihren Ketten“ durch den französischen Mediziner Pinel, der gegen Ende des Jahrhunderts postuliert. „Die Irren sind keine Schuldigen, die man bestrafen muß, sondern Kranke, die alle Rücksicht verdienen, die wir einer leidenden Menschheit schuldig sind“ (Pinel 1801).

Euthanasie wird von den Ärzten weiterhin abgelehnt. Naturauffassung, Menschenbild und Therapieverständnis verbieten nach Christoph Wilhelm Hufeland (1762–1836) dem Arzt jede aktive Beendigung des Lebens; weitsichtig warnt er zu Beginn des 19. Jahrhunderts: Der Arzt „soll und darf nichts anderes tun, als Leben erhalten; ob es ein Glück oder Unglück sei, ob es Wert habe oder nicht, dies geht ihn nichts an, und maßt er sich einmal an, diese Rücksicht in sein Geschäft aufzunehmen, so sind die Folgen unabsehbar, und der Arzt wird der gefährlichste Mensch im Staate; denn ist einmal die Linie überschritten, glaubt sich der Arzt einmal berechtigt, über die Notwendigkeit des Lebens zu entscheiden, so braucht es nur stufenweiser Progressionen, um den Unwert und folglich die Unnötigkeit eines Menschenlebens auf andere Fälle anzuwenden“ (Hufeland 1836, S. 734f.). Die Politisierung von Biologie und Medizin wird mit Recht für gefährlich gehalten; entsprechende Ideen und Konzepte leisten immer wieder inhumanem Handeln Vorschub, auch wenn sie dieses nicht notwendig hervorbringen.

Zu naturphilosophischen Interpretationen von Gesundheit und Krankheit, die große Resonanz unter zeitgenössischen Naturforschern und Ärzten finden, kommt es in der Epoche des Idealismus und der Romantik um 1800. Ebenso intensiv werden die Beobachtungen und Erkenntnisse der Medizin wie der Naturforschung von den Philosophen und Schriftstellern jener Jahre aufgenommen und interpretiert. Vor allem das Konzept des schottischen Mediziners John Brown (1735–1788) wird nicht nur in der Medizin, sondern auch in Literatur und Philosophie der Zeit stark beachtet. Im Unterschied zu dem italienischen Mediziner Giovanni Battista Morgagni (1682–1771), der die Pathologie auf eine anatomische Basis stellt, geht Browns Gesundheits- und Krankheitsverständnis vom Nervensystem aus. In seinem Grundwerk *Elementa Medicinae* von 1780 entwickelt er die Vorstellung, daß jeder Organismus eine spezifische Erregbarkeit („excitibility") besitzt, auf die innere wie äußere Reize („exciting powers") stoßen. Krankheit wird als das Produkt dieser Erregbarkeit und Reizeinwirkung verstanden und stellt im Prinzip entweder einen zu geringen (Asthenie) oder einen zu starken (Sthenie) Erregungszustand dar; Gesundheit ist dagegen das ausgeglichene Verhältnis von Erregbarkeit und inneren wie äußeren Reizen. Entsprechend muß nach Brown die Therapie entweder stärkend (‚stimulant') oder dämpfend (‚sedative') ausfallen; Aderlaß und Diät senken den Erregungszustand, Äther, Kampfer und Opium steigern ihn.

Leben wird in Kritik am cartesianischen Mechanismus zu einer Leitidee der Zeit. Leben stellt den höchsten Entwicklungszustand der Natur dar, am Leben soll sich auch der Geist orientieren. Der Organismus gilt als Modell jeder Entwicklung, der Entwicklung des Individuums, der Gesellschaft, Völker oder Nationen wie auch der Entwicklung der Kultur, der Künste, Philosophie und Theologie. Gesundheit und Krankheit sollen nicht im Sinne von Descartes als intakte oder defekte Maschine verstanden werden, sondern als Harmonie oder Konflikt eines Organismus – in sich selbst oder im Verhältnis zur Umwelt. Dem Mechanismus wird der Vitalismus entgegengestellt, der Wirkursache die Zweckursache. Mehrfach wird von verschiedenen Forschern und in unterschiedlicher Bedeutung um 1800 die Fachbezeichnung Biologie geprägt (Roose 1797, Treviranus 1802, Burdach 1800 und Lamarck 1802).

Leib und Seele, Materie und Bewußtsein sind nach den Philosophen Schelling und Hegel bei aller unbezweifelbaren Differenz auch identisch. Die Einheit von Leib und Seele schließt ihre Trennung nicht aus; Verbindung und Unterschied müssen gleichzeitig gedacht werden „sein Absolutes für die Nacht auszugeben, worin, wie man zu sagen pflegt, alle Kühe schwarz sind, ist die Naivität der Leere an Erkenntniß" (*Phänomenologie des Geistes*, n. [4]1964, S. 22), wendet Hegel kritisch gegen das übertriebene Analogisieren und Identifizieren von Naturforschern, Medizinern und Philosophen der Romantik ein. Empirisch-positivistische Reduktionen werden von den Idealisten nicht nur für den Geist, sondern auch für die Natur abgelehnt. Der Körper soll sich von einer Maschine unterscheiden, denn Leben geht über Mechanik weit hinaus. Natur ist insgesamt von Geist oder Idealität bestimmt; Schelling spricht von „Weltseele", Hegel bezeichnet die Natur als die „Idee in ihrer Andersheit", die im Prozeß der Natur von der Materie bis zum Organismus zu sich kommt und in die Welt des Geistes übergeht. Umgekehrt wirkt die Natur nach Schelling und Hegel in der Welt des Geistes weiter, beeinflußt das Individuum, die Familie, die sozialen Institutionen, die Geschichte, auch die Künste, die Theologie und Philosophie.

Gesundheit, Krankheit und Tod werden von Schelling und Hegel in einen dialektischen Zusammenhang gebracht und als zentrale oder notwendige Stufen in der Entwicklung der Natur bis hin zur Genese des Geistes aus der Natur interpretiert. Ohne Krankheit und Tod soll es kein Bewußtsein und keine Sprache, keine sozialen Institutionen, keine Geschichte, keine Kunst und keine Philosophie geben. Kulturgeschichte der Natur verbindet in dieser Sicht Naturphilosophie und Naturanthropologie; ihr Unterschied und zugleich ihr Zusammenhang werden philosophisch begründet und an spezifischen Erscheinungen und Prozessen der Natur verdeutlicht. Gesundheit gilt Schelling und Hegel als ein harmonisches Verhältnis der Grundfunktionen des Organismus: der Sensibilität, Irritabilität und Reproduktion, das heißt der Fähigkeiten des Körpers, Reize zu empfangen und zu beantworten, sich zu erhalten und fortzupflanzen. Die naturphilosophische Definition der Gesundheit lautet bei Hegel: „Die Gesundheit ist die Proportion des organischen Selbsts zu seinem Daseyn, daß alle Organe in dem Allgemeinen flüssig sind; sie besteht im gleichmäßigen Verhältnisse des Organischen zum Unorganischen, so daß nicht ein Unorganisches für den Organismus ist, welches er nicht überwinden kann". Krankheit ist in dieser Sicht dann folgerichtig die Verselbständigung eines Organs oder einer organischen Funktion mit der Konsequenz einer Störung der Einheit des Organismus: „Er befindet sich im Zustande der Krankheit, insofern eines seiner Systeme oder Organe mit der unorganischen Potenz erregt, sich für sich festsetzt und in seiner besondern Thätigkeit gegen die Thätigkeit des Ganzen beharrt, dessen Flüssigkeit und durch alle Momente hindurch gehender Proceß hiermit gehemmt ist" (*Naturphilosophie*, n. ^{4}1965, S. 697). Therapie heißt Überwindung dieser isolierenden Hemmung oder dieser Verselbständigung eines Organs oder einer Funktion, was auf unterschiedliche Weise erreicht werden kann. Alle therapeutischen Versuche müssen aber eine unüberwindbare Grenze akzeptieren. Medizin ist eine grundsätzlich vorläufige Kunst, sie kann nur vorübergehend heilen, was letztlich nicht zu heilen ist. Krankheit ist nach Hegel notwendig und gehört wesentlich zum Leben, ist nicht nur – im Sinne des Mediziners John Brown – ein vermeidbares oder vorübergehendes Mißverhältnis von Erregbarkeit und Reizen oder von Organismus und anorganischer Umwelt. Organisches Leben ist vielmehr „ursprüngliche Krankheit", trägt „den Keim des Todes" grundsätzlich und schon seit der Geburt in sich (ebd., S. 717). Nur über Krankheit und Tod kommt es zur Welt des Geistes als individueller, sozialer und kultureller Wirklichkeit: „Ueber diesem Tode der Natur, aus dieser todten Hülle geht eine schönere Natur, geht der Geist hervor" (ebd., S. 719). Dieser Geist – als Individuum, als Gesellschaft, als Kultur – kann sich seinerseits wieder zur Natur verhalten, kann sie vernachlässigen und zerstören oder respektieren und bewahren. Anthropologie der Krankheit ist der Umgang des Menschen mit Krankheit und Schmerz, was von der naturphilosophischen Interpretation von Krankheit und Schmerz als Erscheinungen der organischen Natur zu unterscheiden ist. Die Kulturgeschichte der Natur besitzt in Krankheit und Tod ihren zentralen Wende- wie Verbindungspunkt von Natur und Geist.

Die naturphilosophische Interpretation von Gesundheit und Krankheit hat eine Entsprechung in der Philosophie des Geistes; Kosmologie und Anthropologie lassen sich in einem ganzheitlichen Konzept der Medizin vereinen, in einem Natur und Geist umgreifenden Verständnis von Gesundheit und Krankheit sowie entsprechenden Auffassungen der Therapie und Arzt-Patienten-Beziehung. Jede Krankheit setzt nach Hegel Gesundheit voraus, soll ärztliche Behandlung überhaupt noch einen Sinn haben. Diese Voraussetzung gilt nicht nur für körperliche, sondern ebenso für seelische Erkrankungen, die deshalb auf eine „menschliche, d.i. ebenso wohlwollende als vernünftige Behandlung" (*Philosophie des Geistes*, n. ^{4}1965, S. 207) angewiesen sind. Emotionalität und Rationalität verbinden sich in der psychiatrischen Behandlung auf eine spezifische Weise. Die von Pinel um 1800 programmatisch geforderte Humanität im Umgang mit Geisteskranken erhält bei Hegel eine philosophische oder metaphysische Legitimation.

Zusammenhänge von Natur und Geist lassen sich aus philosophischer Sicht in vielen Bereichen beobachten; empirische Forschung und philosophische Analyse haben nach Hegel noch zahlreiche Aufgaben vor sich. Die Verleiblichung der Affekte bezeichnet der Philosoph als wesentliches Thema einer überhaupt erst noch zu entwickelnden „psychischen Physiologie", die für die Sinne und Organe des Körpers eine neue Bedeutung erschließen könnte: „Es wäre der Zusammenhang zu begreifen, durch welchen der Zorn und Muth in der Brust, im Blute, im irritabeln Systeme, wie Nachdenken, geistige Beschäftigung im Kopfe dem Centrum des sensibeln Systemes empfunden wird. Es wäre ein gründlicheres Verständniß, als bisher über die bekanntesten Zusammenhänge zu fassen, durch welche von der Seele heraus die Thräne, die Stimme überhaupt, näher die Sprache, Lachen, Seufzen, und dann noch viele andere Particularisationen sich bilden, die gegen das Pathognomische und Physiognomische zu liegen". Das naturwissenschaftlich-naturphilosophische Verständnis des Körpers und seiner Organe unterscheidet sich nach Hegel von ihrer psychologisch-anthropologischen oder geistphilosophischen Interpretation, die bislang noch zu wenig Beachtung gefunden habe: „Die Eingeweide und Organe werden in der Physiologie als Momente nur des animalischen Organismus betrachtet, aber sie bilden zugleich ein System der Verleiblichung des Geistigen, und erhalten hierdurch noch eine ganz andere Deutung" (*Philosophie des Geistes*, n. [4]1965, S. 128).

Zahlreiche Naturforscher und Ärzte der Zeit lassen sich in ihren theoretischen Vorstellungen und in ihrem ärztlichen Verhalten von theologischen und philosophischen Positionen und vor allem der Naturphilosophie Schellings anregen (v. Engelhardt 1991, Leibbrand 1956, Marquard 1963, Schmidt 1966, Sohni 1973, Wiesing 1995, Wöbkemeier 1990). Zugleich besteht – was auch für Goethe und Alexander von Humboldt (1769–1859) gilt – eine Distanz gegenüber dem spekulativen Vernunftbegriff der Philosophen und ihren Deduktionen der Natur, der Gesundheit, der Krankheit und des Todes, auch der Medizin in Theorie und Praxis. Das Absolute, das der Natur wie dem Geist zugrundeliegt, kann nach dem Mediziner Ignaz Paul Vitalis Troxler (1780–1866) weder durch „intellektuelle Anschauung" noch durch „Vernunftglaube" erfaßt werden; jedes Wort für das Absolute sei nur ein

„Zeichen“ desselben (Troxler, 1808, S. 28f.). Ebenso ist für den romantischen Physiker Johann Wilhelm Ritter (1776–1810) dem menschlichen Erkennen eine unüberschreitbare Grenze gesetzt: „Die höchste Deduktion a priori ist ein Mißverstand, und der Mensch ist nicht ihr Herr“ (Ritter 1810, n. 1984, S. 245). Andererseits wird von diesen Naturforschern und Medizinern der Romantik die Identität von Natur und Geist nicht bezweifelt; sie liegt, wie von dem Naturforscher Henrik Steffens (1773–1845) ausgeführt wird, der doppelten Möglichkeit zugrunde, über die Selbsterkenntnis zur Naturerkenntnis oder über die Naturerkenntnis zur Selbsterkenntnis zu gelangen: „Willst du die Natur erkennen? Wirf einen Blick in dein Inneres, und in den Stufen geistiger Bildung mag es dir vergönnt seyn die Entwicklungsstufen der Natur zu schauen. Willst du dich selber erkennen? Forsch' in der Natur und ihre Thaten sind die des nämlichen Geistes“ (Steffens, 1821, S. 102). Auch für den Naturphilosophen, Mediziner und Maler Carl Gustav Carus (1789–1869) erlaubt diese Identität eine „vergeistigte Darstellung des Leiblichen“ (*Physis*, 1851) wie eine „Versinnlichung des Geistes“ (*Psyche*, 1846). Die Natur ist kein Konstrukt des Menschen, sondern das Fundament seines Fühlens, Denkens und Handelns; die individuellen Bewußtseinserscheinungen wie die Phänomene des objektiven Geistes haben sich, wenn auch nicht im Sinne von Charles Darwin, aus der Natur entwickelt, die ihnen zugleich wieder als Objekt der Theorie und Praxis vorgegeben ist.

Krankheit und Sterben gewinnen bei den Naturforschern und Ärzten wie Dichtern und Malern der Romantik einen notwendigen und metaphysischen Sinn. Physiologie, Pathologie und Therapie werden gleichermaßen philosophisch konzipiert. Auch die Arzt-Patienten-Beziehung wird philosophisch gedeutet. Sie soll nicht allein von Asymmetrie, sondern immer auch von Symmetrie bestimmt sein; der Mensch im Leiden (Patient) kann sogar über den Menschen als Helfer (Arzt) gestellt werden. Auch Geisteskranke sollen behandelt und geheilt werden können und nicht nur verwahrt werden. ‚Psychiaterie‘ (Reil 1759–1813) und ‚Psychosomatik‘ (Heinroth 1773–1843) sind Ausdrücke der Zeit, Traum (Schubert 1780–1860) und Unbewußtes (Carus) werden entdeckt oder in einer neuen Tiefe analysiert und interpretiert: „Der Schlüssel zur Erkenntniß vom Wesen des bewußten Seelenlebens liegt in der Region des Unbewußtseins“ (*Psyche*, 1851, S. 1). Das persönliche und menschliche Engagement der Mediziner jener Zeit für ihre Patienten ist groß. Der Arzt Franz Anton Mesmer (1734–1815) nimmt ebenso Patienten bei sich auf wie der romantische Arzt Justinus Kerner (1786–1862). Über die Visionen und das Leben der seelisch und körperlich leidenden Friederike Hauffe (1801–1829) berichtet Kerner ausführlich in dem Buch *Die Seherin von Prevorst* (1829); zu seinen Patienten gehörte auch der Dichter Nikolaus Lenau (1802–1850). Die Schwermut, die Kerner selbst immer wieder befiel, hat er auf dichterische Weise wiedergegeben: „Doch weh! die Nacht, die weichet nicht, die Nacht, die ist in mir“.

Aus der Vorstellung der Einheit von Natur und Mensch ergibt sich für die Anhänger jener Epoche die Überzeugung von einer fundamentalen Verantwortung des Menschen für die Natur. Natur und Kultur verbindet ein gemeinsames Schicksal; einer ursprünglichen Identität folgte die getrennte Entwicklung von Naturgeschichte und Kulturgeschichte in der Vergangenheit, die in der Gegenwart um 1800 in eine neue Epoche der Einheit von Natur und Kultur übergehen können soll: Naturalisierung der Kultur und Vergeistigung der Natur sollen Ausbeutung und Zerstörung der Natur ebenso verhindern wie seelische Verkümmerung des Menschen und naturale Verarmung der Gesellschaft und aller Bereiche des Geistes. Angesichts der durch den Menschen verursachten Verödung der italienischen Landschaft und des gleichzeitigen Verfalls des politischen und gesellschaftlichen Lebens beklagt der mesmeristische Arzt Johann Ferdinand Koreff (1783 bis 1851) den „Sarcasmus der Natur am Grabe der Geschichte“ (Koreff 1821, S. 152f.). „Die Natur zu integriren, ist seines Daseyns Zweck“, heißt es bei dem Physiker Ritter über den Menschen (Ritter 1806, S. 14). Die Zerstörung der Natur durch den Menschen bestätigt auch Carus in der Überzeugung, daß „nicht nur der Mensch der Erde bedarf zu seinem Leben und Thätigsein, sondern auch die Erde des Menschen“ (Carus 1820, S. 72). Natürliche und geistige Welt dürfen nicht voneinander isoliert werden, Subjektivität und Objektivität gehören zusammen. Wahre Bildung soll die Alternative von realistischer oder humanistischer Bildung vermeiden können, mit der Berücksichtigung von Natur, Arbeit, sozialer Wirklichkeit und Kultur soll die Entgegensetzung von Lebensbildung und Wissensbildung überwunden werden. Der Theologe und Philosoph Friedrich Schleiermacher (1768–1834) bezeichnet als Ideal der Bildung die „weltbildende Selbstdarstellung“: die Entwicklung des Menschen als ganzheitlicher Aufnahme und Pflege der Welt der Natur wie der Welt der Kultur (Schleiermacher, n. 1957, S. 395).

In dieser Weite werden um 1800 Gesundheit und Krankheit, Therapie und Arzt-Patienten-Verhältnis interpretiert. Nach Novalis, der in chronischen Krankheiten die Chance von „Lehrjahren der Lebenskunst und der Gemütsbildung“ (Novalis, Bd. 3, S. 686) erkennt, stellen Gesundheit und Krankheit keine absoluten Gegensätze dar, in jeder Gesundheit sei vielmehr Krankheit enthalten, in jeder Krankheit auch Gesundheit: „Das unkritische sich für gesund halten – so wie das unkritische sich für krank halten – beides ist Fehler und Krankheit“ (Novalis, Bd. 3, S. 359). Die Medizin muß insgesamt reformiert werden: „Die Medizin muß ganz anders werden, Lebenskunstlehre und Lebensnaturlehre“ (Novalis, Bd. 3, S. 371). Physische Krankheit und Metaphysik werden in einen inneren Zusammenhang gebracht und auf kulturhistorische Veränderungen bezogen: „Zu leiden ist der Mensch geboren. Je hilfloser, desto empfänglicher für Moral und Religion“ (Novalis, Bd. 3, S. 667). Mit der Epoche der Aufklärung sei „die Berührungsstelle mit der unsichtbaren Welt“ und nur folgerichtig zugleich der Sinn für Leiden und Sterben verloren gegangen; diesen Sinn gelte es in der Gegenwart und für die Zukunft aber wieder zu entdecken. Gesundheitskultur wird bei Novalis zur Kosmagogik, zur ökologischen Naturpraxis: „Wir sind auf einer Mission: zur Bildung der Erde sind wir berufen“ (Novalis, Bd. 2, S. 427). Utopien lassen auf das Paradies im Diesseits hoffen: „Das Paradies ist das Ideal des Erdbodens“ (Novalis, Bd. 3, S. 446). Entsprechend kühn oder vermessen sind die Erwartungen von Novalis an den Umgang des Menschen mit seinem Körper: „Dann wird der Mensch erst wahrhaft unabhängig von der Natur, vielleicht im Stande sogar seyn verlorne Glieder zu restauriren, sich blos durch seinen Willen zu tödten, und dadurch erst wahre Aufschlüsse über Körper-Seele-Welt, Leben – Tod und Geisterwelt zu erlangen“ (Novalis, Bd. 2, S. 583). Doch hält Novalis selbst diese Visionen auch für unrealistisch und vielleicht sogar gefährlich: „Wahnsinn-Schwärmerey“ wird von ihm genannt, was als Vorbild oder Ziel moderner Medizin und vor allem der plastischen Chirurgie gelten könnte (Novalis, Bd. 3, S. 547).

Lebensqualität mißt sich im Denken jener romantisch-idealistischen Epoche an der gelungenen Verbindung von Physik und Metaphysik, von Individualität und Allgemeinheit, von Gegenwart und Geschichte und nicht an physischer Gesundheit oder sozialer Leistung. Hölderlin (1770–1843) hebt in dem Gedicht *An die Parzen* hervor, daß nicht alle Blütenträume reifen werden, dringt aber zugleich auf ein erfülltes Leben, um den Tod hinnehmen oder sogar bejahen zu können: „Die Seele, der im Leben ihr göttlich Recht nicht ward, sie ruht auch drunten im Orkus nicht". Der Dichter Jean Paul (1763–1825) meint, Krankheiten können zu „Aschermittwochen" werden, die das „ganze Leben sichten und lenken". Die Klassiker Schiller (1759–1805) und Goethe lehnen eine Idealisierung von Krankheit und Tod im romantischen Sinn ab. Berühmt ist Goethes Wort: „Das Klassische nenne ich das Gesunde und das Romantische das Kranke" (Gespräche mit Eckermann, 2. 4. 1829). Auch der Dichter Ludwig Uhland (1787–1862) ordnet in einem wohl nicht abgeschickten Brief an Justinus Kerner (Dezember 1812) die Krankheit der Gesundheit unter, warnt aber zugleich vor einer Überschätzung der Gesundheit: „Sie ist zwar nicht gerade Bedingung der geistigen Kraft, und wo sie übermäßig und dadurch wieder Krankheit wird ..., erstickt sie den Geist im Kleide, so wie auf der andern Seite völlige körperliche Schwäche auch den Geist in der Tiefe hält" (Uhland, n. 1980, Bd. 2, S. 541). Die Romantiker ihrerseits lehnen die klassische Weltsicht und Lebenseinstellung ab. Dem „Evangelium der Ökonomie", das Goethe nach Novalis auch im *Wilhelm Meister* befolgt hat, müsse die „Apotheose der Kunst" entgegengesetzt werden. Von der Kunst seien entscheidende Impulse zu erwarten: „Die Poesie schaltet und waltet mit Schmerz und Kitzel – mit Lust und Unlust – Irrtum und Wahrheit – Gesundheit und Krankheit – Sie mischt alles zu ihrem großen Zweck der Zwecke – der Erhebung des Menschen über sich selbst" (Novalis, Bd. 2, S. 535).

Die romantisch-idealistischen Ideen und Konzepte von Gesundheit und Krankheit bleiben nicht nur Idee und Literatur, sondern sind auch Wirklichkeit, werden von den Menschen real empfunden und gelebt; Theorie bewährt sich in der Praxis und wird von ihr hervorgebracht. Der Arzt und Maler Carus, der von einer Kunst des Krankseins spricht, die nach ihm vor allem Goethe beherrscht hat, schildert in einem anschaulichen und stimulierenden Bericht, wie er seine eigene Typhuserkrankung, die ihn 1813 während seines ärztlichen Engagements in der Völkerschlacht bei Leipzig befiel, als Verbindung von Körper und Seele, von Geist und Welt, als Zusammenhang von Tod und Geburt, von infantiler Regression und personaler Steigerung erlebt hat: „... In diesen Augenblicken war es auch jedenfalls, daß mich, den von Nachtwachen, Sorge und Schrecken reizbar Gewordenen, das in der Luft schwebende Gift der Krankheit erfaßte, dem ich fünf Monate hindurch glücklich widerstanden hatte, daß es sich mir einimpfte und mich bewältigte; denn nur wenige Tage vergingen und ich fühlte die Vorboten des Typhus, und bald lag ich inmitten meiner wehklagenden Familie auf einem Krankenlager, das beinahe zum letzten Lager dieses Lebens geworden wäre ... Es gibt mir jetzt eigene Empfindungen, wenn ich versuche, mich in den gewaltsamen Zustand dieser Krankheit erinnernd zurückzuversetzen! Eigentlich darf ich sagen, daß einundzwanzig Tage aus dem Bewußtsein meines Lebens, bis auf wenige phantastische Erscheinungen, vollkommen gestrichen sind. Sowie das Fieber stieg, hatten meine Gedanken allen Halt verloren, und durchgehenden Rossen vergleichbar, verloren sie sich in die wunderlichsten Gefilde ... Aber die Fieberglut stieg immer mehr, und kaum waren ein paar Wochen unter Qualen mehr der Meinigen als meiner selbst, der ich wie im Traume befangen war, vergangen, so lag ich da mit zusammengefallenem Körper, trockener schwarzer Zunge und unfähig zu irgendeiner verständigen Mittheilung, außer wenn mein Arzt, der würdige Clarus, kam: seinen Schritt hörte ich schon von weitem und ihm allein konnte ich mich denn auch einigermaßen zusammenhängend aussprechen. Jetzt trat auch jenes Gefühl des Doppeltseins hervor, was man in dieser Epidemie öfters und meist als schlimmes Vorzeichen bemerkte; das eine Bein gehörte meiner Empfindung nach einem andern neben mir liegenden Kranken, der mich höchlich belästigte, und nach all diesen Anzeichen mochte sich nun auch bei Clarus die Ansicht ausgebildet haben, ich sei nicht mehr zu retten ... Nach und nach kehrte mir dann ein klareres Bewußtsein wieder; aber ich war abgezehrt und so kraftlos, daß ich wie ein Kind wieder allmählich anfangen mußte, gehen zu lernen. Wie sonderbar war mir jetzt, als ich anfing,

Abb. 8: Lebensstufen, 1835, Caspar David Friedrich.
Leipzig, Museum der bildenden Künste

von den Dingen um mich her wieder Kunde zu nehmen! Die Weltgeschichte hatte eine andere Gestalt angenommen ... eine der heftigsten Typhusepidemien hatte pestartig auch unter Leipzigs Einwohnern gehaust ... und so hatten sich nach allen Seiten, im großen und kleinen, die Verhältnisse durchaus geändert! Unter diesen Umständen mußte das Wiedererstehen von einem solchen Krankenlager in jedem Sinne eine wahrhafte Wiedergeburt genannt werden. Ich fühlte es, sowie ich mich vollkommen erholte: mein Leben war ein anderes geworden, meine körperliche Constitution kräftigte sich in einer Weise, wie ich sie früher nicht gekannt hatte, manches zu Weiche, fast Kindliche meines Gemüths nahm eine mehr männliche Gestalt an, und wenn vorher meine Gedankenfolgen vielleicht zu oft und gern eine gewisse überschwengliche Richtung genommen hatten, so erreichte ich von nun an leichter d a s, was dem wahrhaft philosophischen Geiste vorzugsweise eignet: die reine edlere Form des Denkens und die größere Tiefe der Idee" (Carus, Bd. 1, 1865, S. 136–140). Gesundheit, Krankheit und Heilung bedeuten, wie sich an diesem autobiographischen Text nachvollziehen läßt, Veränderung auf verschiedenen Ebenen: Das Körperereignis wird zum Naturereignis,

Individualgeschehen geht in politisches Geschehen über, Genesung bildet Leib und Seele, bedeutet „wahrhafte Wiedergeburt".

In dem Bild *Die Lebensstufen* von Caspar David Friedrich (1774–1840) aus dem Jahre 1835 wird diese differenzierte Ganzheitlichkeit als das Zusammenleben verschiedener Lebensalter in Verbindung mit der Natur und zugleich der Transzendenz dargestellt. Solidarität erweist sich im Verhältnis der Gesunden und Kranken, der Jungen und Alten, der Frauen und Männer zueinander wie im Verhältnis des Menschen allgemein zur Natur und ihren Geschöpfen.

19. Jahrhundert: Fortschritt und Reduktion

Das empirisch-positivistische 19. Jahrhundert bringt zahlreiche eindrucksvolle Fortschritte in der medizinischen Diagnostik und Therapie mit sich, führt aber zu ebenso einschneidenden Verkürzungen im Verständnis von Gesundheit und Krankheit, von Diagnostik und Therapie und nicht selten auch in den Interpretationen der Arzt-Patienten-Beziehung. Dichter, Schriftsteller und Philosophen erinnern dagegen weiterhin mit Nachdruck daran, daß Naturerfahrung am menschlichen Leib in der medizinischen oder biologischen Perspektive nicht aufgehen kann, daß Gesundheit und Krankheit, Geburt und Tod mehr sind, als sich in Physiologie und Pathologie feststellen läßt.

Der Kulturgeschichte der Natur kommt in den verschiedenen Wissenschaften unterschiedliche Bedeutung zu. Aufmerksamkeit verdienen im übrigen stets entsprechende Einstellungen und Verhaltensweisen aus der Alltagswelt. Kunst, Wissenschaft und Wirklichkeit hängen zusammen, erhellen und regen sich gegenseitig an, stellen aber bei allen Verbindungen auch eigene Seinsbereiche dar, mit je eigenen Erscheinungen, eigenen Strukturen und eigener Dynamik. Die naturwissenschaftliche Grundlegung der Medizin im vergangenen Jahrhundert hat unzweifelhaft zur Verlängerung des Lebens wie zur Verbesserung der Lebensumstände beigetragen, auf die heute bei allen berechtigten und vehement vorgebrachten Einwänden kaum jemand verzichten möchte. An Blinddarmentzündung möchte niemand sterben, Geburt und Sterben sollen schmerzfrei erlebt werden, ein frühzeitig erkannter und behandelter Krebs muß nicht ein Todesurteil sein, die Rückkehr ins Leben mit Hilfe der Apparate der Intensivmedizin wird im allgemeinen dankbar bejaht. Zugleich können die kosmologischen und anthropologischen Verluste nicht übersehen werden, zu denen es in dieser Entwicklung gekommen ist, behalten vergangene Versuche des Ausgleichs und der Erweiterung mehr denn je ihre Berechtigung und Notwendigkeit.

Medizin konzentriert sich im 19. Jahrhundert auf die Behandlung von Krankheiten und versteht unter Therapie zunehmend weniger Beistand und Begleitung. Der Kranke wird immer mehr zu einem Objekt, die Krankengeschichte entsprechend zur Krankheitsgeschichte; Lebensqualität droht zur Lebensquantität zu verkümmern. Als Ziel der naturwissenschaftlichen Forschung bezeichnet Emil Du Bois-Reymond: „Auflösung in Mechanik", betont aber zugleich die *Grenzen des Naturerkennens* im Blick auf die Beziehung von Stoff und Kraft sowie von Materie und Bewußtsein: „Nicht mehr als im Verstehen von Kraft und Materie hat im Verstehen der Geistestätigkeit aus materiellen Bedingungen die Menschheit seit zweitausend Jahren, trotz allen Entdeckungen der Naturwissenschaft, keinen wesentlichen Fortschritt gemacht. Sie wird es nie" (1872, n. ^{2}1912, S. 460).

Exemplarisch für das medizinische Denken der Zeit ist die Definition der Krankheit als lebensgefährlicher regulatorischer Insuffizienz des Körpers durch den Mediziner Rudolf Virchow (1821–1902): „Die Krankheit beginnt in dem Augenblicke, wo die regulatorische Einrichtung des Körpers nicht ausreicht, die Störungen zu beseitigen. Nicht das Leben unter abnormen Bedingungen, nicht die Störung als solche erzeugt eine Krankheit, sondern die Krankheit beginnt mit der Insufficienz der regulatorischen Apparate. Wenn dieser Apparat nicht mehr ausreicht, um in Kürze die natürlichen Lebensverhältnisse wiederherzustellen, dann ist der Mensch krank. Daher kann unter denselben Verhältnissen der Eine mit starkem regulatorischen Apparate ganz gut durchkommen, vielleicht mit einigen unangenehmen Sensationen; der Andere wird vielleicht längere Zeit sich unbehaglich fühlen, es dauert Stunden, Tage lang, ehe er sich an die neuen Verhältnisse gewöhnt, wie man sagt; der Dritte erkrankt sehr bald, der Vierte schleppt sich einige Tage, vielleicht Wochen lang hin, ehe die Krankheit wirklich zum Ausbruche kommt" (Virchow 1869, S. 193). Mit der objektiven oder biologischen Orientierung wird von den lebensgeschichtlichen Dimensionen des Krankseins weitgehend abgesehen. Virchow, der bekanntlich von den sozialen und politischen Bedingungen von Gesundheit und Krankheit überzeugt ist und auch öffentlich entsprechende Reformen fordert, setzt sich ebenfalls für die Überwindung des Subjektiven in der Medizin ein und unterstützt damit die Tendenzen der Zeit, die Arzt-Patienten-Beziehung dem Ideal einer äußeren Sachlichkeit zu unterwerfen.

Die Fortschritte der Medizin bestätigen und bekräftigen diese Auffassung. Aus der Sicht der sich entwickelnden Bakteriologie ist die individuelle Anlage für die Entstehung von Krankheiten relativ belanglos, als wesentlich gelten Keime und Infektionen; die Erfolge der entsprechenden therapeutischen Interventionen scheinen ihrerseits diese Überzeugung zu stützen. Die neuen Möglichkeiten der Chirurgie werden ebenfalls als Belege für den objektiven Standpunkt und die Bedeutungslosigkeit von Kosmologie und Anthropologie in der Medizin aufgefaßt. Immer wieder vertreten aber selbst Mediziner des 19. Jahrhunderts eine vermittelnde Position zwischen Naturwissenschaften und Geisteswissenschaften, halten die Medizin für eine Wissenschaft (‚scientia') und Kunst (‚ars') und keineswegs nur für eine Naturwissenschaft oder angewandte Naturwissenschaft. Der Arzt hat nach dieser Auffassung in Diagnostik und Therapie mit Menschen und nicht mit Tieren oder Maschinen zu tun und kann auf Intuition und Einfühlung nicht verzichten. Das Tun des Arztes gleicht dem Tun des Künstlers, Medizin ist Handlungswissenschaft, ist wissende Praxis. Wer nur nach diagnostischer Erkenntnis strebt und seine Ansichten allein an der Leiche überprüfen will, hat nach dem Mediziner Johann von Oppolzer (1808–1871) nicht begriffen, daß „das höchste Ziel aller medizinischen Forschung das Heilen sei". Nur zu oft seien allerdings die wahren Bedingungen der therapeutischen Vorgänge noch unbekannt, aber auch hier könne der Arzt den Heilversuch nicht unterlassen: „In solchen Fällen muß auch der rationelle Arzt zu einem empirischen Verfahren greifen. Er wird natürlich auch jene empirischen Mittel anwenden, von welchen wir ganz sichere Heilerfolge kennen, obgleich er sich über die Wirkungsweise derselben keine Rechenschaft zu geben vermag" (n. Ebstein 1926, S. 13 u. 19). Den Kollegen seiner Zeit wirft der Mediziner Ernst Schweninger (1850–1924) vor, den leidenden Menschen zu einem „Objekt der sachlichen Lust" gemacht zu haben; bedrückend ist seine Schlußfolgerung: „Die Wissenschaft des Arztes tötet seine Humanität" (Schweninger 1906, S. 45f.). Der Kliniker Bernhard Naunyn (1839–1925) ergänzt sein berühmt gewordenes Diktum: „Die Medizin wird eine Wissenschaft sein, oder sie wird nicht sein" mit der ebenso bedeutenden und in entsprechenden Zitationen aber meist übergangenen Feststellung: „So weit ist die Art, wie wir arbeiten, naturwissenschaftlich; wir beobachten und beschreiben und experimentieren. Doch haben wir es schwerer als die andern, weil wir schließlich doch mit unsern Beobachtungen auf den Menschen angewiesen sind – und da setzen uns Humanität und Pietät enge Grenzen" (Naunyn 1905, S. 349).

In literarischen Texten des 19. Jahrhunderts wird durchgängig an den natürlich-kulturellen Charakter von Krankheit und Gesundheit erinnert, wird weiterhin das Krankheitserleben als Naturerfahrung und zugleich als kulturgeprägt dargestellt. Der Ableitung der Krankheiten aus Physik, Biochemie oder Biologie werden in Romanen, Erzählungen, Gedichten und Dramen Beschreibungen und Deutungen der Krankheit als Naturgeschichte und Lebensgeschichte entgegengehalten.

„Eine tiefe Meditation, eine schöne Ekstase sind vielleicht beginnende Katalepsien". Mit diesen Worten läßt Honoré de Balzac (1799–1850) die spätere geistige Erkrankung von Louis Lambert in seinem gleichnamigen, von ihm selbst besonders geschätzten Roman aus dem Jahre 1830 vorwegnehmen und zugleich ihr Wesen deuten: Wahnsinn nicht nur als Zerfall des Geistes, sondern als seine Steigerung, Wahnsinn in der seit der Antike immer wieder beschworenen Nähe zu Dichtung und Mystik. Diese Nähe wird aber nur von einem kongenialen Auge wahrgenommen, wie die Dichterin Emily Dickinson (1830–1886) im Blick auf die Verbindung von Wahnsinn und Sinn sagt: „Much madness is divinest sense to a discerning eye – much sense – the darkest madness". Dieser Kongenialität von Subjekt und Objekt im Verstehen der Natur gelten auch Goethes bekannte Verse aus den *Zahmen Xenien*: „Wär nicht das Auge sonnenhaft, die Sonne könnt es nie erblicken; läg nicht in uns des Gottes eigne Kraft, wie könnt uns Göttliches entzücken?". Balzac schildert Louis Lamberts Krankheit in ihrer äußeren und inneren Entwicklung, ebenso werden die Auffassung der Ärzte und die Haltung der Gesellschaft, der Freunde und Verwandten beschrieben. An Lamberts Krankheit scheitern alle schlichten Alternativen von Anlage und Umwelt; physische, psychische und soziale Erklärungen gehören zusammen und ergänzen sich, Körper und Seele, Natur und Mensch sind miteinander verbunden. Materialismus und Spiritualismus sind für Balzac nur relative Standpunkte, deren jeder für sich das Ganze des Menschen nicht einsichtig zu machen vermag. Lamberts Sensibilität und Geistigkeit haben ihre Grundlage in „irgendeiner Krankheit oder Vollkommenheit seiner Organe", seine Mutter war eine „schmächtige, nervöse Person", deren verfeinerte Natur im Kontrast zu ihrer sozialen Lage stand, zu ihrer Ehe mit einem Gerber in einer Kleinstadt; ein Urgroßonkel mütterlicherseits besaß übersinnliche Kräfte der Telepathie. Die geistige Genese der Krankheit Lamberts vollzieht sich in drei Phasen, die von einer Dialektik von Expansion und Kontraktion bestimmt werden. Der ersten Phase frühreifer Phantasien und grenzenloser Lektüre folgt als zweite Phase die schulische Erziehung als Beschränkung auf die Realität und die eigene Individualität; die dritte Phase ist die selbstbestimmte Bildung, die Ausdehnung in die Welt der Ideen – in dieser Epoche erlebt Lambert zum erstenmal die Liebe; die intensive und abgründige Erregung der Sinne wie zugleich des Geistes kann von ihm nicht bewältigt werden und führt in den körperlich-seelischen Zusammenbruch. Louis Lambert hat den Prozeß seiner Erkrankung – im Sinne des antiken dritten Arzttyps als eines medizinisch gebildeten Laien – bewußt mitverfolgt, „wie ein Arzt, der das Fortschreiten der eigenen Krankheit beobachtete". Die Distanz zur Umwelt ist der Grund seines Untergangs und zugleich die Basis seiner Vervollkommnung. Lamberts Persönlichkeit wird bestimmt von überempfindlichen Sinnesorganen – besonders einem außergewöhnlichen Geruchssinn –, von einem zweiten Gesicht, von gelegentlichen Bewußtseinsabsencen, von einer nervösen Hysterie und tiefen Melancholie, die ihn unaufhaltsam in den Abgrund zieht und ihn „das Nichts im Grunde der gewissesten Reichtümer sehen läßt". Lambert fühlt sich zerrissen, sein Name erscheint ihm in zwei Teile zerfallen und gleichzeitig seltsam fern: „In mir ist keinerlei Liebe für die beiden Silben ‚Lam' und ‚bert'". Der endgültige Ausbruch seiner Krankheit wird durch Anfälle eingeleitet, die Lambert in eine schwere Depression versinken lassen, in der er meint, impotent geworden zu sein und sich entmannen zu müssen. Mit dem Wahnsinn verschließt sich für die Umwelt der Zugang zu seinem Innern. Sein Gesicht wird runzlig, das Haar weiß, die Augen verlieren ihren Glanz, mechanisch reibt er ein Bein an dem anderen, die Mitmenschen nimmt er nicht mehr wahr – „ein Beutestück, das das Leben dem Tod oder der Tod dem Leben entrissen hatte". Zu den wenigen Worten, die er noch spricht, gehört der Satz: „Die Engel sind weiß" –Ausdruck des Wahnsinns oder der mystischen Vision? Lambert ist den Weg der Vorherrschaft des Geistigen über das Materielle gegangen, sein Verstummen mag als Abstieg der Zerstörung, kann aber ebenso als Aufstieg in geniale Fähigkeiten oder überirdische Welten gedeutet werden. Balzacs Roman *Louis Lambert* manifestiert Grundzüge der geistigen Erkrankung, ihrer Entstehung und Auswirkungen, Grundzüge ebenso der Zuwendung und des Verstehens: „die Philosophen werden dem Blättersprossen nachtrauern, das in der Knospe vom Frost getroffen wurde; aber sicherlich werden sie seine erschlossenen Blüten in Regionen erblicken, die höher gelegen sind als die höchsten Stätten der Erde".

Die Nähe von Natur und Kultur im ärztlichen Handeln zeigt sich in der Literatur – in Übereinstimmung mit der Realität – vor allem beim Landarzt. Ein bedeutendes Beispiel dieses Typus hat neben Balzac und Anthony Trollope (1815–1882) Adalbert Stifter (1805–1868) in seiner großen Erzählung *Die Mappe meines Urgroßvaters* (1841/42, ^{4}1870) geschaffen. Der Arzt Augustin aus dem 18. Jahrhundert, der darin eine zentrale Rolle spielt, ist mit Erkältungen und Fieber, Verletzungen, Seuchen, Behinderungen und seelischen Leiden konfrontiert. Medikamente und chirurgische Eingriffe gehören zwar zur Therapie, die Veränderung der Lebensweise und die einfachen Mittel stehen aber im Vordergrund: Die Elemente der Natur, das Wasser, die Luft, Bewegung und Ruhe, eine bekömmliche Lebensweise und allgemein immer wieder Verständnis und Anteilnahme wie geistige Führung des Arztes. Dem kranken Menschen begegnet Augustin in der Perspektive der Einheit von Körper und Geist und nicht in einseitiger Orientierung an erkrankten Organen oder gestörten Seelenbereichen. Das Honorar wird von der eigenen Belastung und den Möglichkeiten des Kranken abhängig gemacht und nicht schematisch festgelegt: „Von denen, die arm waren, nahm ich auch fürder nichts". In die Therapie sind Kranker und Arzt bei Stifter als Menschen, als Personen einbezogen, die ärztliche Tätigkeit hilft nicht nur dem Kranken, sondern trägt auch zur menschlichen Entwicklung des Arztes selbst bei. Nicht immer gelingen die therapeutischen Versuche, die Medizin hat Grenzen, der Tod muß anerkannt werden, Unfähigkeit und Unwilligkeit des Kranken schränken ihrerseits den Arzt, wie bereits von Plato gefordert, in seinem Tun ein: „Und wenn die Menschen widerspenstig sind, soll er in seinen Bemühungen nachlassen?". Medizin ist nach Stifter stets mehr als Überwindung von Krankheit, Medizin ist auf die Erhaltung der Gesundheit gerichtet, auf den Einklang des Lebens mit den Gesetzen der Natur, mit den Tages- und Jahreszeiten, mit dem Boden und dem Klima der Landschaft. „Und würde der Arzt außer dem Heilen nicht noch nützlicher wirken, wenn er zeigte, was zu entfernen ist, daß Krankheiten nicht entstehen?". Die Aktivitäten des Arztes Augustin erstrecken sich über die Medizin hinaus auf die soziale Welt und die gesamte Natur, sie gewinnen wesentliche Kraft und Einsichten erst aus diesem weitreichenden Engagement. Der Arzt will allgemein Chaos überwinden – im Individuum, in der Gesellschaft, in der Natur. Der Arzt ist dem Dichter verwandt, die Gesundheit gleicht einem Gedicht. Alle Kultur muß nach Stifter von der Natur ausgehen und zu ihr wieder zurückkehren.

Literarische Texte machen auch auf das mögliche Spektrum zwischen physiologischem Detail und umfassender Verknüpfung von Natur und Kultur im Umgang mit Krankheit, Schmerz und Tod aufmerksam. Fëdor M. Dostoevskij (1821–1881) verleiht in seinem Roman *Der Idiot* (1868/69) dem epileptischen Leiden des Fürsten Myškin jenseits des Körperlichen eine religiös-metaphysische Tiefe. Ebenso konkret in den empirischen Phänomenen wie reich an Symbolik wird die Epilepsie bei dem russischen Schriftsteller, der selbst Epileptiker gewesen ist, dargestellt. Die Anfälle Myškins hängen mit seelisch-sozialen Krisensituationen und heftigen Naturereignissen zusammen. Die Krankheit führt bei dem Fürsten zu einer tiefen Anteilnahme an den Menschen, vor allem an Kindern, zu einer umfassenden Liebe zu den Tieren wie allgemein zur Natur, zu einer kosmischen Verbundenheit, die seine eigene Einsamkeit mildert: „Doch am entsetzlichsten wirkte auf mich, daß alles um mich herum so *fremd* war; das begriff ich. Diese Fremdheit vernichtete mich förmlich. Aus diesem Zustand, aus dieser Dunkelheit, dessen entsinne ich mich noch deutlich, erwachte ich eines Abends – es war in Basel, als wir in der Schweiz angelangt waren – und was mich weckte, war der Schrei eines Esels auf dem Marktplatz. Dieser Esel frappierte mich ungeheuer: er gefiel mir aus irgendeinem Grunde über alle Maßen. Und im selben Augenblick wurde es gleichsam hell in mir, und die Dunkelheit verschwand ... Seit der Zeit habe ich die Esel sehr gern. Ich empfinde geradezu Sympathie für sie". Krankheit ist auch bei Dostoevskij nicht nur negativ, sie kann einen positiven Sinn annehmen, kann mit tiefen Erfahrungen und Empfindungen verbunden sein. Kurz vor den epileptischen Anfällen erlebt Myškin höchste Glücksgefühle einer mystischen Verbundenheit mit der Welt und ihrem Grund. „Die Empfindung des Lebens, des Bewußtseins verzehnfachte sich in diesen Augenblicken, die nur die Dauer eines Blitzes hatten. Der Verstand, das Herz waren plötzlich von ungewöhnlichem Licht erfüllt; alle Aufregung, alle Zweifel, alle Unruhe löste sich gleichsam in eine höhere Ruhe auf, in eine Ruhe voll klarer, harmonischer Freude und Hoffnung, voll Sinn und letzter Schöpfungsursache". Dieser Zustand erfährt dann während einer Sekunde noch eine weitere Steigerung, die urplötzlich in den Anfall übergeht; diese eine Sekunde ist „die höchste Stufe der Harmonie, der Schönheit", ein tiefes Gefühl „der Fülle, des Maßes, des Ausgleichs und des erregten, wie im Gebet sich steigernden Zusammenfließens mit der höchsten Synthese des Lebens".

Ebenso gehaltreich sind Bilder der Kunst und Texte der Literatur für das Verständnis von Sterben und Tod, in denen auf Sinnebenen und Zusammenhänge hingewiesen wird, die dem Betroffenen und seinen Angehörigen Trost und Orientierung bieten können. Unter der Spannung zwischen dem Leiden des Kranken und der Ohnmacht der Ärzte sowie der Gleichgültigkeit der Angehörigen steht Lev Nikolaevič Tolstojs Erzählung *Der Tod des Ivan Iljič* aus dem Jahre 1886, die sowohl bei dem Dichter Rainer Maria Rilke (1875–1926) als auch bei dem Philosophen Martin Heidegger (1889–1976) besondere Beachtung und Zustimmung gefunden hat. Nach einem Sturz spürt der hochgestellte Richter Ivan Iljič Golovin zunächst einen dumpfen Schmerz in der linken

Seite, der aber rasch vergeht, zurück bleibt nur ein blauer Fleck. Etwas später stören ihn ein merkwürdiger Geschmack im Munde und ein unangenehmer Druck in der Magengegend. Diese Empfindungen werden mit der Zeit stärker und beeinträchtigen zunehmend seine Stimmung und sein Verhalten. Ivan Iljič beobachtet aufmerksam seine Schmerzen, ihre Art, ihre Intensität und Dauer, beginnt sich auch für die Krankheiten anderer Menschen wie überhaupt für die Medizin, ihre Möglichkeiten und Grenzen zu interessieren. Die Schmerzen werden immer unerträglicher, der Appetit verringert sich, geht in Ekel vor allen Speisen über. Die Kräfte lassen nach, Ivan Iljič bleibt zunehmend länger liegen, bis er das Bett oder den Divan schließlich überhaupt nicht mehr verlassen kann. Nach einigen Monaten beginnt das Sterben mit einem „drei Tage lang ohne Unterbrechung währenden Schrei", der in einen Todeskampf von zwei Stunden übergeht. Zurück bleibt der Leichnam: schwere, starre Glieder, gelbe, wächserne Stirn, eingefallene Schläfen, herabgesunkene Nase, schwacher Geruch der sich zersetzenden Leiche. Die Krankheit tritt in einer Phase privater und beruflicher Erfolge auf, deren Bedeutung dadurch relativiert wird. Das Leiden führt zu tiefen Einsichten in den Charakter sozialer Beziehungen und das Wesen menschlicher Existenz; der Krankheitsprozeß wird zu einem Bewußtseinsprozeß. Zunächst läßt die Krankheit Ivan Iljič an sich und der Welt verzweifeln: „Er weinte über seine Hilflosigkeit, über seine entsetzliche Einsamkeit, über die Grausamkeit der Menschen, über die Grausamkeit Gottes, und er weinte auch über Gottes Abwesenheit". Dann wird ihm die Nichtigkeit seines bisherigen Lebens offenbar, die Banalität der Ehe, die Absurdität des beruflichen Ehrgeizes; allein die Kindheit erscheint ihm in der Erinnerung in angenehmen Zügen. Kurz vor dem Tode erfaßt Iljič in dem Nichts, das er auf sich zukommen fühlt, eine Wahrheit, eine tragende Substanz: „Ja, es war alles nicht das Wahre, sagte er zu sich, doch das macht nichts. Man kann ja, noch kann man es erreichen, das ‚Wahre'. Doch was ist das ‚Wahre'?" Der Schmerz schwindet, es vergeht die Todesangst, ein Licht erscheint ihm: „‚So ist das also!', sagte er plötzlich laut. ‚Welch eine Freude!'" Sein Gesicht ist im Tode schöner und bedeutender geworden, es trägt den Ausdruck der Vollendung, verbunden mit einer Botschaft: „ein Vorwurf oder eine Mahnung an die Überlebenden".

In Thomas Manns letzter Erzählung *Die Betrogene* (1953) wird mit dem Ausbruch einer tödlichen Krebserkrankung der Blick auf das Wesen von Hoffnung und Enttäuschung, auf die Kraft der Liebe und Jugend, auf die Trauer des Alters, auf die Macht der Natur gelenkt. Rosalie von Tümmler ist 50 Jahre alt und wirkt in Figur wie Temperament noch jugendlich. Immer stärker hat sie unter „dem stockenden, bei ihr unter seelischen Widerständen sich vollziehenden Erlöschen ihrer physischen Weiblichkeit" zu leiden: „Es schuf ihr ängstliche Wallungen, Unruhe des Herzen, Kopfwehe, Tage der Schwermut und einer Reizbarkeit". In ihrer mit einem Klumpfuß geborenen und allem Sinnlichen oder Natürlichen distanziert gegenüberstehenden Tochter Anna findet Frau von Tümmler eine freundliche, wenn auch in ihrer Anteilnahme oder ihrem Verständnis begrenzte Partnerin für die physiologischen Veränderungen und seelischen Regungen, denen sie selbst ausgesetzt ist. Eine Blutung aufgrund eines Unterleibskrebses hält Frau von Tümmler für den erneuten Beginn ihrer Weiblichkeit und läßt sie eine Liebesbeziehung eingehen, zu deren Realisierung es aber nicht mehr kommt. Ihr Zusammenbruch geht in ein Koma über, das ihr die Schmerzen wie die Enttäuschung erspart; sie stirbt an einer Lungenentzündung. Vor ihrem Ende erwacht Rosalie von Tümmler aber noch einmal aus der Bewußtlosigkeit und preist die Natur, von der sie sich, wie ihr selbst nun bewußt wird, hat täuschen lassen: „‚Anna, sprich nicht von Betrug und höhnischer Grausamkeit der Natur. Schmähe nicht mit ihr, wie ich es nicht tue. Ungern geh' ich dahin – von euch, vom Leben mit seinem Frühling. Aber wie wäre denn Frühling ohne den Tod? Ist ja doch der Tod ein großes Mittel des Lebens, und war das nicht Lug, sondern Güte und Gnade'. Ein kleines Rücken noch, näher zur Tochter, und ein vergehendes Flüstern: ‚Die Natur – ich habe sie immer geliebt, und Liebe – hat sie ihrem Kinde erwiesen'. Rosalie starb einen milden Tod, betrauert von allen, die sie kannten".

Eine tiefe Verbindung von Natur und Kultur, von Biologie und Geschichte bestimmt auch die Darstellung und Deutung der Epilepsie in Elsa Morantes (1912–1985) Roman *La Storia* aus dem Jahre 1974. Das epileptische Leiden setzt bei Ida Mancuso im Alter von fünf Jahren ein: „Um ihr fünftes Lebensjahr litt Iduzza einen ganzen Sommer lang unter den Anfällen einer mysteriösen

Krankheit, die ihre Eltern wie eine Herabwürdigung fürchteten. Mitten in ihren Spielen und ihrem kindlichen Geplauder wurde sie unvermittelt blaß und verstummte, wobei sie den Eindruck hatte, die Welt rings um sie herum löse sich in einem Schwindelgefühl auf. Auf die Fragen ihrer Eltern antwortete sie nur mühsam mit einem tierischen Klagelaut, aber es war offensichtlich, daß sie ihre Stimmen schon nicht mehr vernahm. Und kurz darauf hob sie die Hände an den Kopf und dann die Kehle, als wolle sie sich verteidigen, während ihr Mund in unverständlichem Gemurmel zitterte, als führe sie erschrocken ein Gespräch mit einem Schatten. Ihr Atem wurde laut und hektisch. Und dann warf sie sich ungestüm zu Boden und wand und schüttelte sich in wirrem Aufruhr, mit offenen Augen, die aber völlig blind, leer vor sich hinstarrten". Der epileptische Anfall wird von Ida Mancuso als ein Überfall empfunden, an dessen Einzelheiten sie sich nicht mehr erinnern kann: „Wie immer nach ihren Anfällen blieb beim Erwachen nur der Schatten einer Erinnerung zurück, die Erinnerung an einen chaotischen Überfall, der nur wenige Augenblicke gedauert hatte". Die Logik der Zeit wird aufgehoben, Vergangenheit, Gegenwart und Zukunft fließen ineinander: „Doch auch die ganze vorangegangene Zeit, nicht nur die angstvolle Stunde, die dem Anfall vorausgegangen war, sondern die ganze Vergangenheit, stellte sich ihrer Erinnerung wie etwas Zukünftiges dar und auf verwirrende Weise etwas ungeheuer Entferntes. Sie hatte sich vom überfüllten, lärmenden Ufer ihres Gedächtnisses in einem Boot entfernt und war in dieser Zwischenzeit rund um die Erde gefahren".

Nicht nur metaphorisch oder symbolisch, sondern real verbinden sich Epilepsie und Vergewaltigung in diesem Roman. Das epileptische Leiden wird darüber hinaus mit dem Schicksal von Italien und insbesondere der italienischen Juden unter dem Faschismus in Beziehung gesetzt. Die Jüdin Ida Mancuso wird während eines epileptischen Anfalls von einem deutschen Soldaten, der sich während des Zweiten Weltkriegs in Rom aufhält, in ihrer eigenen Wohnung vergewaltigt: „Er merkte, daß sie furchtbar krampfte. Da er von ihrer Krankheit nicht wußte, glaubte er, sie wehre sich gegen ihn, und um so heftiger wütete er gegen sie, wie inmitten einer betrunkenen Soldateska". Das Kind dieser Vergewaltigung – dieser Verbindung Italiens und Deutschlands – ist

Useppe. Ida Mancusos Abwehr richtet sich nicht nur auf den Soldaten, sondern gegen einen allgemeinen, überirdischen Gegner: „In Wirklichkeit wandte sie sich mit diesem Nein nicht mehr an den Soldaten oder überhaupt an die Außenwelt, sondern an eine andere, heimliche Bedrohung, die sie innerlich spürte, die mit einemmal aus ihren Kinderjahren emporstieg und von der sie sich längst geheilt glaubte“. Auch Useppe wendet sich mit seiner Frage nach der Ursache des Leidens weniger an seine Mutter als an eine höhere Instanz: „Als er zu ihr aufschaute, brach er plötzlich in lautes, trockenes Schluchzen aus. Und mit der Verzweiflung eines Tierchens, das nicht begreift, was mit ihm geschieht, sagte er: ‚O Ma ... walum?‘ Diese Frage galt eigentlich nicht Ida dort vor ihm, eher irgendeiner abwesenden, schrecklichen und unerklärlichen Gewalt“.

Useppe leidet ebenfalls an Epilepsie. Was sie an sich selbst wegen der Natur der Krankheit nicht bewußt erleben oder beobachten kann, verfolgt die Mutter bei ihrem Sohn. „Und diesmal sah Ida mit eigenen Augen den ganzen Anfall, vom ersten Augenblick an, da der Schrei angestoßen wurde und Useppe, wie von einem mörderischen Raubtier angefallen, zu Boden stürzte. Die verschiedenen Phasen folgten so rasch aufeinander, daß Ida kaum auf ihre eigenen Bewegungen achten konnte. Sie fand sich nur, wie beim ersten Mal, am Boden neben Useppe kniend, der bei ihren Rufen schon wieder zu sich zu kommen schien. Und genau in diesem Augenblick erreichte sie aus ihrem tiefsten Innern die unumstößliche Gewißheit, daß ihr Kind vom Tode gezeichnet war, aber sie machte sich diese Erkenntnis noch nicht bewußt“. Im Laufe seines kurzen Lebens wiederholen sich die Anfälle Useppes, die auch bei ihm den Charakter einer Vergewaltigung annehmen: „Jeder neue Anfall seiner Krankheit vergewaltigte ihn, ohne daß er dabei Zeuge war“. Das Ende ist ein Status epilepticus. „Im dunklen Flur lag Useppes Körper mit ausgebreiteten Armen, wie immer nach seinen Anfällen. Er war ganz angekleidet, nur die Sandalen waren ihm von den Füßen geglitten, weil sie nicht zugeschnallt waren ... Während der letzten Stunde seines unerhörten Kampfes mit dem fallenden Weh war Useppe in Wirklichkeit dort im Flur so gut wie ohne Unterbrechung von einem Anfall in den nächsten und wieder in einen andern und noch einen andern gestürzt“. Der Tod ihres Sohnes läßt Ida Mancuso selbst in die

Dunkelheit einer geistigen Umnachtung fallen und in der Seinshierarchie von der Stufe eines Menschen auf die Stufe eines Tieres herabsinken: „Ida begann mit ganz leiser, tierhafter Simme zu klagen; sie wollte der Menschengattung nicht mehr angehören".

Medizin besitzt nicht nur in Literatur, Philosophie und Theologie ein notwendiges Korrektiv. Den reduktionistischen Tendenzen der naturwissenschaftlichen Medizin des 19. Jahrhunderts treten im 20. Jahrhundert die anthropologische Medizin und die philosophisch beeinflußte oder daseinsanalytische Psychiatrie entgegen. Die Entwicklung der Psychoanalyse gehört ebenfalls in diesen Kontext. In den Naturwissenschaften entspricht diesen ausgleichenden und erweiternden Initiativen der Neovitalismus jener Jahrzehnte. Nachdrücklich wird in diesen Positionen und Strömungen wieder an die Bedeutung des Individuums, an die Abhängigkeit der Gesundheit und Krankheit von Natur wie von Kultur, an die deskriptiven wie normativen Voraussetzungen dieser Begriffe und Realitäten erinnert; Neurosen manifestieren nach Freud (1856–1939) den mißglückten Ausgleich von Trieb und Kultur. Der seit der Neuzeit dominierende Kausalbegriff (‚causa efficiens') soll in der Medizin durch den Zweckbegriff (‚causa finalis') ergänzt werden. Nicht nur in der belebten Natur wird Zweckhaftigkeit erkannt, auch den Krankheiten soll Sinn innewohnen. Der Streit zwischen den Kausalisten (Ferdinand Hueppe 1852–1938, Friedrich Martius 1850–1923), die von einer Ursache ausgehen, und den Konditionalisten (Max Verworn 1863–1921, David von Hansemann 1858–1920), die an ein Zusammenwirken verschiedener Bedingungen denken, bewegt die Medizin jener Zeit. Heute wird erneut von Teleologie oder Teleonomie (= Zweckmäßigkeit) in der Biologie und der Medizin gesprochen (v. Engelhardt 1985, Gross u. Löffler 1998, von Uexküll u. Wesiack 1988).

Der anthropologische Mediziner Viktor von Weizsäcker setzt sich für die „Einführung des Subjekts" in die Medizin ein und lenkt den Blick in der Studie *Der Arzt und der Kranke* (1926) wie in zahlreichen anderen Publikationen auf das Urphänomen der Medizin im Goetheschen Sinn: „Das wirkliche Wesen des Krankseins ist eine Not und äußert sich als eine Bitte um Hilfe. Ich nenne den krank, der mich als Arzt anruft und in dem ich als Arzt die Not anerkenne. Für die Urteilsaussage: ‚dieser ist krank' ist die bestimmende ‚Kategorie': der Arzt. Sind diese Thesen Pragmatismus? Dies wird davon abhängen, ob Not, Hilfe, Arzt, Kranker nur pragmatische Instanzen oder echte und ganze Wirklichkeiten sind. Denn unsere Thesen behaupten, das Urphänomen einer medizinischen Anthropologie und der Hauptgegenstand ihres Wissens sei dies: der kranke Mensch, der eine Not hat, der Hilfe bedarf und dafür den Arzt ruft. Und, um es zu wiederholen, die Bestandteile dieses Phänomens (in dem also ein Urphänomen stecke), nämlich kranker Mensch, Not, Hilfe und Arzt, sollen, erkennbar oder nicht, ebenso viele wahrhafte Wirklichkeiten sein. Leicht bemerkt man die einfache, aus zwei Arten der Entsprechung gewobene Doppelstruktur unseres Phänomens: eine personale Entsprechung: Mensch in Not und Mensch als Helfer, und eine sachliche Entsprechung: Krankheit und Medizin. Trotz dieser Verschiedenheit der Entsprechungen liegt hier nicht gleichsam ein Aggregat, ein Molekül aus vier Atomen vor, sondern eine völlig eindeutige und unverrückbare Struktur: nur im schlichten und konkreten Urphänomen hat das einzelne Bestand, nur in ihm kann sein Wesen erkannt werden" (v. Weizsäcker 1987, S. 13). Subjektivität gilt nach Viktor von Weizsäcker für den Patienten, den Arzt und die Wissenschaft. Die Beziehung zwischen Patient und Arzt muß personal ausfallen, muß ein Kontakt zwischen Menschen mit Bewußtsein, Sprache und sozialen Verbindungen sein. Der Mediziner Viktor Emil von Gebsattel (1883–1976) unterscheidet seinerseits in dieser anthropologischen Perspektive drei Stufen in der Beziehung zwischen Arzt und Patient. Der ersten Stufe der unmittelbaren Sympathie und Anteilnahme soll als zweite Stufe die Neutralität der diagnostischen und therapeutischen Maßnahmen folgen, die schließlich in die dritte Stufe der personalen Verbundenheit übergehen kann: „Auf jeder dieser Stufen begegnen sich der Arzt und der kranke Mensch in anderer Weise; auf jeder ist der Arzt in anderer Weise angefordert: einmal als Mitmensch, als der durch die Not eines Mitmenschen berufene Teilhaber an dieser Not; dann als der technische Vollstrecker dieser Berufung im Sinn der Notbekämpfung: der ‚Arzt' im landläufigen Gebrauch des Wortes; und schließlich als der personale Partner des Kranken, Nächster eines Nächsten, auf dem Hintergrund der Solidarität des Menschengeschlechtes in seinem Verhältnis zum Transzendenten, das Schuld, Leiden, Tod und Liebe einbegreift" (v. Gebsattel 1954, S. 467).

Der Psychiater und Philosoph Karl Jaspers (1883–1969) plädiert ebenfalls für eine Verbindung von Naturwissenschaft und Humanität in der Medizin mit der Folge einer „existentiellen Kommunikation" zwischen Arzt und Patient. Medizin ist nach ihm auf das naturwissenschaftliche Erklären wie das geisteswissenschaftliche Verstehen gleichermaßen angewiesen. Körperliche Zusammenhänge werden erklärt, seelische Zusammenhänge werden verstanden (Methodendualismus). Neurosen stellen in dieser philosophischen Sichtweise ein Versagen oder Ausweichen in den „Grenzsituationen des Daseins" dar, Therapie heißt ihre Annahme und Bewältigung. Die Arzt-Patienten-Beziehung hat eine psychische und geistige oder ethische Dimension. Jaspers lehnt die Überhöhung des Arztbildes ebenso ab wie seine Verflachung. „Der Arzt ist weder Techniker noch Heiland, sondern Existenz für Existenz, vergängliches Menschenwesen mit dem anderen, im anderen und sich selbst die Würde und die Freiheit zum Sein bringend und als Maßstab anerkennend" (Jaspers 1932, S. 127).

Krankheit ist nicht nur eine objektive, sondern immer auch eine subjektive Erscheinung. Die Phänomenologie des kranken Menschen sollte seine Empfindungen, seine Ängste und Hoffnungen, seine Befindlichkeit einschließen und nicht nur auf körperliche Symptome beschränkt werden. Die Medizin richtet dagegen seit dem 19. Jahrhundert ihre Aufmerksamkeit stärker auf den Befund als auf die Befindlichkeit. Die Erkenntnis anatomisch-physiologischer Ursachen und ihre diagnostische Zuordnung stehen, wie der anthropologische Mediziner Herbert Plügge (1906–1972) beklagt, im Zentrum der medizinischen Aufmerksamkeit, vernachlässigt werde dagegen die Subjektivität des Kranken: „Wir Ärzte interessieren uns eigenartigerweise nicht für eine Theorie der Befindensweisen, die natürlich eine Theorie der Arten des Leib-Erlebens sein müßte. Das liegt an dem Charakter unserer heutigen Medizin: Wir pflegen uns nicht unnötig lange bei dem Befinden unserer Patienten aufzuhalten, weil wir hinter dem Befinden immer gleich schon den Befund suchen und im Auge haben" (Plügge 1962, S. 75). Personalität hat aber ihrerseits einen objektiven, die Natur wie den Geist umgreifenden Sinn, bezieht sich auf das Wesen der Welt, ist nicht nur relativ oder individuelle Subjektivität. Von grundlegender Bedeutung für Gesundheit und Krankheit, für Leiden und Sterben ist nach Viktor von Weizsäcker die

„pathische“ Verfaßtheit oder „kreuzformige Natur“ der Welt insgesamt. Krankheit müsse letztlich im „pathischen Pentagramm“ des ‚Könnens‘, Müssens, Sollens, Wollens und Dürfens begriffen werden, d.h. in der spezifischen Ausprägung dieser Dimensionen bei dem einzelnen Menschen, in seiner spezifischen Krankheit und seiner konkreten Beziehung zum Arzt (*Pathosophie,* 1956). Kreuz meint in diesem Zusammenhang nicht nur „Leidenskreuz“, sondern auch „Lichtkreuz“. Vom Weltkreuz ist bereits bei Plato im *Timaios* die Rede, auch in der Stoa wird vom Kreuz als dem allesdurchdringenden Geist oder Gesetz der Welt („logos“) gesprochen (Bousset 1913).

Beeinflußt von der Philosophie Heideggers hat der Mediziner Medard Boss (1903–1990) eine Interpretation der Krankheit und Medizin entwickelt und in die diagnostisch-therapeutische Praxis einzuführen versucht. Im Unterschied zu den gängigen Klassifikationen seiner Zeit plädiert Boss für eine Ordnung der Krankheitsbilder, die sich an die „Existenzialien“ hält oder mit anderen Worten und konkreter an die Grunddimensionen des menschlichen Lebens und der Wirklichkeit: „a) Weisen des Krankseins mit augenfälliger Beeinträchtigung des Austrages des menschlichen Leiblich-seins; b) Weisen des Krankseins mit betonter Beeinträchtigung des Austrages des Sich-einräumens und des Sich-zeitigens des In-der-Welt-Seins; c) Weisen des Krankseins mit betonten Störungen im Vollzug des Gestimmt-seins; d) Weisen des Krankseins mit betonter Beeinträchtigung im Vollzug des Grundcharakters des Offenständig-seins und der Freiheit des Daseins“. Die verschiedenen psychiatrischen Erkrankungen oder psychopathologischen Zustände lassen sich nach Boss in dieser Perspektive beschreiben, gliedern und verstehen. Stets stelle sich als zentrale Frage: „Auf welche Art ist die freie Verfügung eines Menschen über den Vollzug welcher Existenziale gegenüber welchen Gegebenheiten der Welt jeweils in ausgezeichneter Weise beeinträchtigt?“ (Boss 1991, S. 126f.). Ebenso erhält die Figur des Psychiaters und seine Beziehung zum Kranken auf der Basis der Daseinsanalyse einen personalen und existentiellen Sinn. Daß Philosophie und Psychiatrie oder Ontologie und Ontik zwar zu unterscheiden sind, aber zugleich in einem Zusammenhang stehen, hat Heidegger in einem Gespräch mit Boss im Jahre 1947 und in seiner Kritik an dem Philosophen Sartre (1905–1980), der

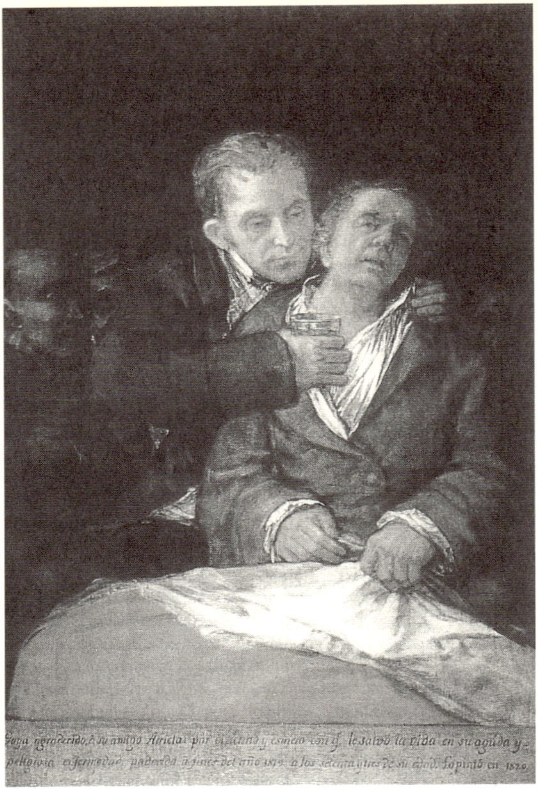

Abb. 9: Selbstbildnis mit dem Arzt Arieta, 1820, Francisco de Goya. Minneapolis, Institute of Arts

sich über diesen Zusammenhang skeptisch bis ablehnend geäußert hat (*Sein und Nichts*, 1943), ausdrücklich betont: „Von alledem, was Sartre da schreibt, ist kein Wort wahr. Vielmehr sind sämtliche ontologischen Wesenszüge einer Sache immer nur durch ontisch beschreibbare Gegebenheiten hindurch einsehbar, wie umgekehrt alle ontisch wahrnehmbaren Gegebenheiten in ihren ontologischen Bestimmungen fundiert sind und von ihnen – solange sie sind – durchwaltet werden. Die ontologischen Züge und die ontischen Fakten sind nie getrennt voneinander zu finden, sondern durchdringen einander ständig“ (n. Boss 1991, S. 125).

Die angeführten Initiativen und Bewegungen, die sich im 20. Jahrhundert für eine Verbindung von Medizin und Philosophie oder allgemeiner für eine Kulturgeschichte der Natur und des Körpers einsetzen, verdienen auch heute noch Beachtung. Die anthropologische Medizin wie die philosophisch beeinflußte oder daseinsanalytische Psychiatrie haben sich mit ihren Auffassungen von Gesundheit und Krankheit, die stets ihre Folgen für die Konzepte der Therapie und die Vorstellungen von der Arzt-Patienten-Beziehung haben, in der medizinischen Wirklichkeit allerdings nicht durchgesetzt. Auswirkungen dieser Ansätze sind zwar verschiedentlich zu erkennen, ihr Gewicht ist bislang aber recht begrenzt geblieben. Anstöße zu einer geisteswissenschaftlichen Erweiterung oder Vertiefung der Medizin sind auch aus anderen Richtungen erfolgt oder von anderen wissenschaftlichen Disziplinen entwickelt worden. Psychologie und Soziologie haben ihrerseits durch die Hervorhebung der individuellen und soziokulturellen Dimensionen in den letzten Jahrzehnten zur Überwindung der biologischen oder mechanischen Sichtweise von Gesundheit und Krankheit in der Medizin beigetragen. Im übrigen sind es weiterhin die Künste, die Literatur, die Philosophie und die Theologie, von denen auch im 20. Jahrhundert diese ganzheitliche Sicht wesentliche Impulse und Unterstützung erhält. Von besonderem Gewicht ist darüber hinaus das weltweit zu beobachtende neue Interesse an Medizinischer Ethik oder noch allgemeiner an Bioethik als Ethos und Ethik im Umgang des Menschen mit Gesundheit und Krankheit sowie der belebten Natur. Nicht zuletzt belegen biographische Zeugnisse auch aus der Gegenwart die Notwendigkeit eines körperlich-seelischen und sozial-kulturellen Verständnisses von Gesundheit und Krankheit, von Geburt und Tod.

Grunddimensionen

Über Gesundheit und Krankheit wurden seit der Antike bis in die Gegenwart zahlreiche Interpretationen und Definitionen entwickelt. Eine allgemein akzeptierte Auffassung konnte aus verständlichen Gründen nicht gewonnen werden; zu vielfältig und eigenständig sind die Perspektiven, aus denen diese Phänomene theoretisch betrachtet und praktisch aufgegriffen werden können.

Große Resonanz fand in Medizin und Politik die Bestimmung der Gesundheit durch die Weltgesundheitsorganisation (WHO) aus dem Jahre 1947: „Gesundheit ist ein Zustand vollständigen physischen, geistigen und sozialen Wohlbefindens und nicht nur die Abwesenheit von Krankheit oder Schwäche" („Health is a state of complete physical, mental, and social wellbeing and not merely the absence of disease or infirmity"). An dieser Definition überzeugt, daß Gesundheit nicht allein im Gegensatz zur Krankheit bestimmt und im übrigen auf soziale und geistige Bereiche bezogen wird; ihre anthropologische Schwäche oder Einseitigkeit liegt in der strikten Entgegensetzung von Gesundheit und Krankheit und in der übertriebenen Hochschätzung der Gesundheit. Unter Gesundheit kann mit gutem Grund auch als Fähigkeit verstanden werden, mit Schädigungen und Behinderungen leben und letztlich sogar den Tod in das Leben integrieren zu können. In der Annahme und Bewältigung von Schmerz und Leid liegen oft mehr Wert und Würde des Menschen als in ihrer Überwindung oder Vermeidung – im christlichen wie im säkularen Sinn.

Gesundheit und Krankheit sind weniger feste Zustände als vielmehr Prozesse, stellen nicht nur Gegensätze dar, sondern zeigen Übergänge, entfalten ein weites Spektrum; Krankheit entsteht aus Gesundheit wie auch Gesundheit wieder aus Krankheit. Mit Recht hat die Antike von der ‚Neutralität' als dem normalen Zwischenzustand des menschlichen Lebens zwischen den Extremen einer vollkommenen Gesundheit und vollkommenen Krankheit gesprochen. Heute wird der Pathogenese die Salutogenese gegenübergestellt (Antonovsky 1997). Übergänge zwischen Gesundheit und Krankheit erscheinen aber nicht nur im zeitlichen Verlauf. Gesundheit und Krankheit existieren auch nebeneinander, insofern spezifische Bereiche oder Funktionen des Körpers gesund, andere gleichzeitig krank sein können. Der Mediziner und Medizintheoretiker Fritz Hartmann hat sich in diesem Sinne für den Begriff des bedingten Gesundseins eingesetzt (Hartmann 1990). Der Verlust eines Organs wird nicht selten durch ein anderes Organ kompensiert. Gesundheit und Krankheit sind schließlich – und das verbindet sie – Erscheinungen des Lebendigen; Anorganisches ist weder gesund noch krank, Steine können zerstört werden, aber nicht erkranken oder Schmerzen empfinden. Leben besteht aus Gesundheit und Krankheit und keineswegs nur aus Gesundheit.

Montaigne hat für diese Auffassung in seinen *Essais* aus dem 16. Jahrhundert den Satz geprägt: „du stirbst nicht, weil du krank bist; du stirbst, weil du lebst“ (Montaigne 1953, S. 868).

Die Problematik einer eindeutigen Unterscheidung von Gesundheit und Krankheit ergibt sich auch im Blick auf ihre tatsächliche Verbreitung. Die Zahl der Körperbehinderten wird zur Zeit in der Bundesrepublik auf über 5 Millionen geschätzt; weit über 10 Millionen sollen an psychischen Störungen leiden. Damit stellt sich die Frage der Norm oder Normalität, der Kriterien der Abgrenzung von Gesundheit und Krankheit. Für die Unterscheidung von Gesundheit und Krankheit spielen statistische, ideelle und individuelle Normbegriffe gleichermaßen eine Rolle – die Norm des Durchschnitts, die Norm einer Idee, die Norm des Individuums. Hinzu kommt die Differenz von Seinsurteil und Werturteil; Erscheinungen werden nicht nur festgestellt, sondern ebenfalls bewertet. Gesundheit und Krankheit sind Urteile über physische oder psychische Erscheinungen, die vom Arzt, vom einzelnen Menschen und der Gesellschaft gefällt werden. Kropf bleibt Kropf (Idee), auch wenn die Mehrheit der Bevölkerung an Kropf leiden würde (Statistik). Psychotherapie kann das Leben mit der Störung durch den einzelnen Menschen (Individuum) und nicht ihre Beseitigung (Idee) zum Ziel haben. Aus Feststellungen (Seinsurteil) werden praktische Konsequenzen gezogen (Werturteil); wird Epilepsie diagnostiziert, legt sich eine entsprechende Behandlung nahe. Diese unterschiedlichen Perspektiven widersprechen sich nicht, ergänzen einander, können aber auch in einen Gegensatz geraten; aus ihnen ergibt sich die Pluralität des Gesundheits- wie Krankheitsbegriffs.

Gesundheit und Krankheit stehen mit Lebensqualität in einem Zusammenhang (Schölmerich 1990). Lebensqualität hat theoretische wie praktische Bedeutung, ist auf die Bewältigung des Lebens in Gesundheit, Krankheit und Sterben bezogen und wird jeweils von unterschiedlichen Wertorientierungen bestimmt, muß keineswegs nur in sozialer Leistung bestehen. Von der Medizin kann über Gesundheit und Krankheit ebensowenig allein entschieden werden wie über Lebensqualität, zugleich sind die Begriffe Gesundheit, Krankheit und Lebensqualität jedoch fundamental für ärztliches Denken und Handeln. Medizin ist als anthropologische Disziplin Naturwissenschaft und Geisteswissenschaft.

Lebensqualität kann auch auf Transzendenz bezogen werden. Lebensqualität ist nicht nur ein subjektiver, sondern auch ein objektiver Begriff im geistig-sozialen Sinn. Jeder Mensch ist selbst für seine Gesundheit und seine Krankheit verantwortlich, aber diese Selbstverantwortung muß nicht Beliebigkeit oder Willkür heißen, sondern kann mit einer Orientierung an allgemeinen Werten und verbreiteten Normen verbunden sein.

Wesentliche Vorstellungen über Gesundheit und Krankheit, über ein geglücktes oder verfehltes Leben werden nicht nur aus der Medizin, sondern auch aus der Literatur, Philosophie und Theologie gewonnen – in Übereinstimmung mit der Tatsache, daß Gesundheit und Krankheit sich auf Natur und Kultur und nicht nur auf den Körper des Menschen beziehen, daß der Wert des Lebens nicht allein von seiner Dauer abhängt, daß die Ziele des Lebens keineswegs nur in körperlicher Befriedigung, seelischem Wohlbefinden und sozialer Anerkennung liegen, sondern ebenfalls und vor allem in geistiger Erfüllung, in einer geglückten Beziehung des Menschen zur Welt und auch zur Natur. Als höchster Wert oder höchste Qualität des Lebens, dem auch Gesundheit und Krankheit untergeordnet sind, kann der Einklang des einzelnen Menschen mit der Welt, mit der Natur wie Kultur und dem Grund der Schöpfung oder Welt angesehen werden. Krankheit ist eine physische, soziale, psychische und geistige Erscheinung. Das Verständnis der Ursachen (Ätiologie), der Krankheitserscheinungen (Pathophänomenologie) und vor allem auch der Heilung (Therapie) sollte von dieser dimensionalen Vielfalt oder diesem ganzheitlichen Charakter der Krankheit bestimmt werden (Gross u. Lüffler 1998, Jork 1993, von Uexküll u. Wesiack 1988). Mit dem Krankheitsbegriff hängen Art und Ziel ärztlichen Handelns sowie die Form der Beziehung des Arztes zum Patienten zusammen; einem technomorphen oder an der Technik orientierten Krankheitsverständnis (defekte Maschine) entsprechen eine technomorphe Therapie (Reparatur) und eine technomorphe Arzt-Patienten-Beziehung (Techniker/Maschine).

Krankheit hat eine objektive wie subjektive Seite. Der Gegensatz von subjektiver Krankengeschichte (der Herzkranke als Person) und objektiver Krankheitsgeschichte (das kranke Herz als Organ) durchzieht die gesamte Entwicklung der Medizin. Auch die Krankengeschichte kann noch an der individuell-körperlichen

Seite des Krankseins orientiert bleiben (Hartmann 1966); erst mit der Beachtung der Gefühle, der Empfindungen, Vorstellungen und sozialen Lebenssituation tritt der Kranke als Person in das Blickfeld des Arztes. Einzelne Menschen erkranken, nicht aber Ideen oder soziale Gruppen, Völker oder Kulturen.

Krankheit ist einerseits eine objektive Erscheinung, eine Veränderung des Körpers oder des Bewußtseins in bestimmten Regionen und Funktionen mit der Folge einer Unfähigkeit des Organismus oder des Individuums, die anatomisch-physiologischen oder seelisch-geistigen Abweichungen von der Norm auszugleichen, wodurch Selbsterhaltung und Fortpflanzung gefährdet sind. Im Prinzip lassen sich humoralpathologische, solidarpathologische und psychosomatische Krankheitsbegriffe unterscheiden – das heißt Ansätze, die das Kranksein auf die flüssigen oder festen Bestandteile des Körpers oder das Verhältnis zwischen Leib und Seele sowie die Beziehungen zur Natur und Umwelt zurückführen. Weitere fundamentale Unterschiede beziehen sich auf Ansätze, die in Krankheiten für sich existierende Wesenheiten (ontologischer Krankheitsbegriff) oder spezifische Erscheinungen (symptomatischer Krankheitsbegriff) sehen, die von individueller Konstitution und Disposition (Endogenität) neben äußeren Schädigungen (Exogenität) ausgehen, die Kranksein als ein generelles (Universalismus) oder ein spezielles Phänomen (Lokalismus) des Körpers oder Bewußtseins bestimmen. Krankheit ist andererseits immer auch eine subjektive Erscheinung, eine Veränderung des Körpergefühls, des Raum- und Zeitempfindens, der allgemeinen Stimmung und des Selbst- wie Weltbildes – und dies bei somatischen, psychosomatischen und psychischen Erkrankungen. Die Anthropologie der Krankheit oder der Umgang des Kranken mit der Krankheit (v. Engelhardt 1986) darf mit psychologischen und soziologischen Ursachentheorien jedoch nicht verwechselt werden. Krankheiten, ihre Art, ihr Stadium können als körperlich objektive Tatsachen oder physiologische Erscheinungen psychologisch-soziologisch nicht relativiert oder ins Spirituelle aufgelöst werden; Medizin läßt sich durch Psychologie oder Soziologie, Philosophie oder Theologie nicht ersetzen. Auf Krankheit und Schmerz kann aber reagiert werden, Lebenskunst ist deutende und wertende Natur- wie Kulturpraxis am und mit dem eigenen Leib.

Psychologie und Soziologie haben im 20. Jahrhundert das naturwissenschaftliche Verständnis von Gesundheit und Krankheit wesentlich erweitert und auf eine Vielfalt der Perspektiven hingewiesen, die sich nicht ausschließen oder widersprechen, sondern im menschlichen Leben und Erleben zusammengehören; in der englischen Sprache wird mit ‚disease' die objektive Seite, mit ‚sickness' die subjektive und mit ‚illness' die soziale Seite der Krankheit bezeichnet. Gesundheit und Krankheit werden von diesen Begriffen differenziert in einen ganzheitlichen Rahmen gestellt.

Krankheit interpretiert der Mensch der Gegenwart nach empirischen Untersuchungen vor allem als: 1. Herausforderung (challenge), 2. Feind (enemy), 3. Bestrafung (punishment), 4. Schwäche (weakness), 5. Erleichterung (relief), 6. strategische Möglichkeiten (strategy), 7. irreparablen Verlust oder Schädigung (irreparable loss or damage), 8. Wertsteigerung (value) (Lipowski 1970). Besonders wichtig für das Leben mit der Krankheit ist, wie der Kranke selbst sie beurteilt. Das Krankheitsverständnis der Patienten ist nicht einheitlich, sondern gleichermaßen abhängig von der Art, der Ursache und dem Stadium der Krankheit wie vom Geschlecht, vom Alter, von der Herkunft, von der Bildung und von der Persönlichkeit des Kranken (Bischoff u. Zenz 1989). Der historische Wandel spielt ebenfalls eine Rolle, die neuzeitliche Veränderung des Krankheitsspektrums in Europa von Infektions- zu Zivilisationskrankheiten. Die Modifikation der Erscheinungsweise der Krankheiten stellt ein besonders eindrucksvolles Beispiel der Verschränkung von Natur- und Kulturgeschichte der Krankheit dar; mit der Entwicklung neuer Medikamente sind in der Psychiatrie auch bestimmte Formen psychischer Erkrankungen verschwunden. Hinzu kommt der historisch bedingte thematische Wandel in den Psychosen; die Wahnvorstellungen von Patienten aus verschiedenen Epochen greifen jeweils zeitgenössische Ereignisse, Personen und Ideen auf.

Krankheit ist stets auch eine soziale Erscheinung. Die physische und individuelle Seite der Erkrankung hat soziale Auswirkungen, wie umgekehrt Entstehung und Verlauf der Krankheit und besonders ihre subjektive Wahrnehmung auch von sozialen Voraussetzungen abhängen oder mitbedingt sein können. Kranke leiden unter den sozialen Folgen nicht selten stärker als unter der Krankheit selbst. Der Patient hat aber nicht nur eine Krankheit, er

Abb. 10: Die Pest, 1898, Arnold Böcklin. Basel, Kunstmuseum

kann auch eine Haltung zu ihr einnehmen. Bei normativer Festlegung des Verhaltens wird von Rolle gesprochen. Die Krankenrolle setzt sich in medizin-soziologischer Sicht vor allem aus den folgenden vier Aspekten zusammen: 1. Befreiung von den täglichen Verpflichtungen, 2. Befreiung von der Verantwortung für den kranken Zustand, 3. Verpflichtung, gesund werden zu wollen, 4. Verpflichtung, fachkundige Hilfe aufzusuchen (Parsons 1964). Gesundheit und Krankheit beeinflussen keineswegs nur die individuelle und soziale Situation des einzelnen Kranken, Gesundheit und Krankheit und vor allem die Reaktionen, die von ihnen ausgelöst werden, haben allgemeine Konsequenzen für die Stabilität von Gesellschaften und Kulturen. Die Verstoßung eines Kranken kann mehr mit seinem Außenseitersein als mit seiner Krankheit zu tun haben; der Kampf gegen Aids dient zugleich auch der allgemeinen Auseinandersetzung mit Homosexualität und Prostitution.

Im Umgang mit der Krankheit manifestiert sich nicht nur das Ethos des Arztes, sondern auch das Ethos des Kranken, sein Egoismus oder seine Rücksichtnahme, seine Solidarität mit den Mitmenschen, seine sozialen und kulturellen Abhängigkeiten. Tugenden wie Laster lassen sich auch beim kranken Menschen beobachten. Der Philosoph und Pädagoge Eduard Spranger (1882 bis 1963) weist in seiner Studie *Das ethische Moment im Gesundsein und Kranksein* (1935) mit Recht darauf hin, daß Kranke in ihrem Umgang mit der Krankheit einerseits aus ethischen Reserven der menschlichen Natur schöpfen könnten, andererseits aber nicht selten mit ihrem Verhalten an die Kultur als eines künstlichen und stets gefährdeten Produktes denken ließen, „hinter dessen Fassade eine ursprüngliche Bosheit lebt" (Spranger 1935, S. 105).

Kunst und Literatur sind reich an eindrucksvollen Beispielen zur Einstellung und zum Verhalten des kranken Menschen. So gewinnt in einer zwischen Kindheit und Mädchenzeit erlittenen Krankheit Agathe in Robert Musils (1880–1942) Roman *Der Mann ohne Eigenschaften* (1930–43) ein neues Wirklichkeitsgefühl und entdeckt zugleich faszinierende Möglichkeiten, sich dem Leben zu entziehen und andere Menschen zu beherrschen: „überdies hatte sie aber auch noch in jener ungewöhnlichen Erkrankung, von der sie an der Grenze zwischen Kinder- und Mädchenzeit befallen worden war, eine besondere Begegnung mit dem Tode gehabt. Damals waren – in einem kaum zu überwachenden Abnehmen ihrer Kraft, das sich in jede kleinste Zeitspanne einzuschieben schien, und im ganzen doch unaufhaltsam schnell – von Tag zu Tag mehr Teile ihres Körpers von ihr abgelöst und vernichtet worden; aber in gleichem Schritt mit diesem Verfall und dieser Abwendung vom Leben ward auch ein unvergeßliches neues einem Ziel Zustreben in ihr geweckt, das alle Unruhe und Angst aus der Krankheit verbannte und später den Kern ihrer seelischen Bereitschaft bildete, sich dem Leben, dessen Erregungen aus irgendeinem Grund nicht ihren Erwartungen entsprachen, auf eine ähnliche Weise zu entziehen; es ist aber wahrscheinlicher, daß es sich umgekehrt verhielt und daß jene Krankheit, durch die sie sich den Forderungen der Schule und des Vaterhauses entzog, die erste Äußerung ihres transparenten, gleichsam für einen ihr unbekannten Gefühlsstrahl durchlässigen Verhältnisses zur Welt gebildet hatte".

Befund und Befindlichkeit können auseinanderfallen. Das Urteil des Laien muß mit dem Urteil des Arztes nicht übereinstimmen. Der Krankenstand der Bevölkerung kann nicht allein aus Patientenangaben erschlossen werden, Kranke können sich zu Unrecht für gesund halten, Gesunde können auch Krankheiten simulieren. Nicht nur kann die ärztliche Diagnose ausbleiben, wenn sich jemand krank fühlt – der Arzt kann auch Krankheiten diagnostizieren, die vom Betroffenen nicht oder noch nicht wahrgenommen werden. Die psychische Belastung der Arzt-Patienten-Beziehung rührt nicht unwesentlich von der Befürchtung des Laien her, nicht ernstgenommen, nicht verstanden zu werden. Klassische Beispiele für das mögliche Auseinanderfallen von individueller Befindlichkeit und medizinischem Befund sind der Bluthochdruck und die manische Psychose; hier entspricht einem subjektiven Wohlbefinden eine objektive Krankheit.

Die Krankheit kann vom Kranken auch über die Gesundheit gestellt werden. Von einer Patientin gibt der Psychiater Hans Jörg Weitbrecht (1909–1975) die folgende Selbstbeobachtung über ihre manische Phase wieder: „Sie wisse jetzt erst, was Farben, Gerüche, Tastempfinden, aber auch, was Musik wirklich an berauschenden Gefühlseindrücken bedeuten könnten. Der Farbzusammenklang auf einem Bild von Renoir, das im Krankenzimmer hing, der Duft eines Nelkenstraußes, der Saft eines frischen Apfels oder die Wonne eines edlen Gewebes für die Fingerspitzen könne kaum in Worte gefaßt werden. Die Erlebnisfähigkeit des Alltags sei dagegen von einer jämmerlichen Stumpfheit und Langeweile, über allem liege eine zähe graue Decke. Wer nicht manisch gewesen sei, sei arm und könne sich höchstens damit trösten, daß er ja nicht wisse, welche Erlebnisfülle das Dasein bereithalte, wenn die Krankheit den Blick dafür öffne. Eine kleine Eisenbahnfahrt durch an und für sich langweiliges Gelände werde zu einem überströmend reichen Abenteuer für die Augen und die Phantasie. Die Fahrt an einem schmalen Ackerstreifen vorbei, in Wirklichkeit vielleicht in 2 sec gesehen, schien eine Viertelstunde zu dauern, so viele Novellen, Lustspiele oder ländliche Tragödien sausten ihr durch das Gehirn, während ihr Blick im Vorüberfliegen die dort arbeitende kleine Gruppe von Bauernmädchen und jungen Knechten erfaßte, die mit einer ungeheuren Intensität in Mimik und Gestik und beladen mit den verschiedensten buntesten Lebensschicksalen vor ihr gestanden seien. Ein im Gegenlicht schimmernder Pflug lockte Tränen des Entzückens hervor“ (Weitbrecht 1972, S. 103).

Deskriptive und normative Aspekte durchdringen sich in der soziologischen Rollendefinition des Kranken, Seinsurteile gehen in Werturteile über. Warum soll der Kranke gesund werden wollen, woran wird Gesundheit gemessen? Offensichtlich sind die Einflüsse historischer und kultureller Voraussetzungen: Westliche Gesellschaften, in denen Leistung und Aktivität hohe Werte darstellen, richten Anforderungen an den Kranken, die in Gesellschaften mit anderen Werten nicht oder weniger entschieden erhoben werden. Kulturellen Faktoren kommt bei psychischen Erkrankungen (Relativismus) ein größeres Gewicht zu als bei somatischen Erkrankungen. Das Zusammenspiel von Naturgeschichte und Kulturgeschichte fällt in den verschiedenen Krankheiten unterschiedlich aus. Beispielsweise kommt es bei den Hutterern, einer aus Mähren stammenden Glaubensgemeinschaft in den Vereinigten Staaten und Kanada, die ihre Nahrungsstoffe meist selbst erzeugen, weder Dünger noch Konservierungsstoffe benutzen, keine Katzen oder andere Haustiere halten, in Gütergemeinschaft und fern von Großstädten mit ihrer Umweltverschmutzung in ihren Dörfern leben, zehnmal seltener zu Schizophrenie als in der übrigen Bevölkerung. Manisch-depressive Gemütserkrankungen und multiple Sklerose finden sich bei ihnen ebenfalls viel seltener, sie haben auch keinen Lungenkrebs, da sie nicht rauchen. Wer unter ihnen dennoch an Schizophrenie erkrankt, wird intensiv gepflegt, heiratet aber in der Regel nicht und setzt fast nie Nachkommen in die Welt (Torrey u. Yolken 1995).

Einfluß auf den Umgang mit dem Kranksein übt auch das Geschlecht aus. Männer und Frauen reagieren keineswegs immer auf die gleiche Weise auf Krankheiten oder haben nicht die gleichen Folgen zu bewältigen, auch greifen sie auf unterschiedliche Weise die Angebote der Prävention und Rehabilitation auf. Frauen engagieren sich im allgemeinen stärker in Selbsthilfegruppen und der Behindertenarbeit als Männer. Bei aller kulturellen Überformung besitzen Sexualität und Eros aber auch ihre biologische Basis und sind einem Wandel während der Lebensentwicklung unterworfen, auf den soziale Stilisierungen und historische Veränderungen nur einen begrenzten Einfluß ausüben. Physiologische Bedingungen sind von sozialen Faktoren zu unterscheiden, die auf die spezifische Situation von Frauen und Männern in Kultur und Gesellschaft zurückgehen. Nicht immer werden sich die Ebenen der Natur und der Kultur deutlich auseinanderhalten lassen. Zerstört Krankheit sichtbar den Körper, werden weibliche Patienten vor allem in Kulturen und Schichten zu leiden haben, in denen das körperliche Schönheitsideal besonders eng mit dem Frauenideal verknüpft ist. Zunehmendes Alter läßt weibliche Patienten stärker als männliche die Verunstaltung durch Skoliose als belastend empfinden. Die Amputation der Brust bedrückt Frauen nicht selten mehr wegen der Reaktion der Männer als wegen der Veränderung des eigenen Körpers. Viele Frauen übernehmen allerdings selbst diese ästhetischen Weiblichkeitsideale. Eine Patientin klagt nach der Brustamputation: „Das war doch mein ganzer Stolz"; ihr Mann versucht sie mit dem Hinweis zu trösten: „Ich habe Dich doch nicht wegen der Brust geheiratet" (Tausch 1981, S. 19).

Haarkrankheiten und Haarausfall werden durch die Geschichte hindurch für besondere Übel gehalten und gelten als Symbole vitaler Verluste, auch einer Gefährdung der Beziehung zum Göttlichen. Bei den Juden schließt Kahlköpfigkeit von der Priestertätigkeit aus, was Elischa im Alten Testament zu seiner heftigen Reaktion auf die ihn verspottenden Kinder bewegt: „Und er ging hinauf nach Bethel. Und als er den Weg hinanging, kamen kleine Knaben zur Stadt heraus und verspotteten ihn und sprachen zu ihm: Kahlkopf, komm herauf! Kahlkopf, komm herauf! Und er wandte sich um, und als er sie sah, verfluchte er sie im Namen des Herrn. Da kamen zwei Bären aus dem Walde und zerrissen zweiundvierzig von den Kindern" (2. Kön. 2, 23–24). Haare und auch Nägel werden immer wieder mit magischen Möglichkeiten der Diagnose und Therapie verbunden. Vollständiger oder partieller Verlust der Haupthaare kann aber auch bewußt herbeigeführt werden: Mit der Tonsur erinnern Mönche an den Dornenkranz von Christus, absichtlich geschorene Glatzen sollen provozieren, sollen Unabhängigkeit und Vitalität beweisen. Diese Hintergründe spielen auch heute noch eine Rolle, wenngleich Menschen der Gegenwart ihren Haarverlust mehr aus ästhetischen und weniger aus magisch-religiösen Gründen bedauern.

Die soziale Dimension von Gesundheit und Krankheit hat auch rechtliche Aspekte. Der juristische Krankheitsbegriff bezieht sich auf eine wichtige Ebene der sozialen und kulturellen Situation des Kranken oder des Krankseins; auch dieser Begriff ist nicht einheitlich. Privatrecht und Strafrecht, Heilpraktikergesetz und Arzneimittelgesetz, Privatversicherung und öffentliche Versicherung betrachten Krankheit jeweils unter einem ganz bestimmten Gesichtspunkt. Die spezifischen Ziele der Mediziner und der Juristen liegen ihren unterschiedlichen Perspektiven zugrunde; der Mediziner will vor allem den einzelnen Kranken heilen, der Jurist muß neben dem Einzelfall immer auch die Rechtsordnung und den Schutz aller Bürger im Auge behalten. Behandlungsbedürftigkeit und Heilungswillen des einzelnen Kranken sind für die Medizin ausschlaggebend, während die Jurisprudenz neben der individuellen Zurechnungsfähigkeit besonders an die Folgen für die soziale Gemeinschaft und das allgemeine Rechtsempfinden denkt.

Krankheit ist schließlich immer auch eine geistige Erscheinung, die über Biologie und auch Soziologie und Psychologie hinausgeht. Krankheiten können zu Symbolen einer bestimmten Epoche werden – Pest für Beginn und Ende des Mittelalters, Lepra für das Mittelalter, Syphilis für die Renaissance, Tuberkulose für Romantik und Fin-de-Siècle, Krebs und Geisteskrankheit für das 20. Jahrhundert, Aids für die Gegenwart. Selbstverständnis und Weltbild des Kranken verändern sich mit der Erkrankung; Krankheit löst aus den normalen Lebenszusammenhängen heraus und läßt über Werte und Ziele der eigenen Biographie wie allgemein der menschlichen Existenz nachdenken. Ethos und Ethik gelten nicht nur für Arzt und Angehörige, sondern auch für den kranken und sterbenden Menschen. Die Gesellschaft gesteht dem Kranken Rechte zu, erwartet von ihm aber auch die Erfüllung von Pflichten; im Umgang mit dem Arzt, den Angehörigen und der Krankheit kann der Kranke sogar Tugenden zeigen.

Für das Mittelalter gehören Krankheit und Schmerz notwendig zum Leben des Menschen oder zur Schöpfung hinzu, sind wesentliche Momente der Heilsgeschichte; in dieser Perspektive kann in jener Zeit von „gefahrvoller" Gesundheit und „heilsamer" Krankheit gesprochen werden. Idealismus und Romantik halten Krankheit und Tod für den Übergang von der Natur in den Geist für notwendig. Die naturphilosophischen Interpretationen von Gesundheit, Krankheit und Tod gewinnen in den anthropologischen Deutungen eine wesentliche Ergänzung.

Karl Jaspers, der selbst lebenslang krank gewesen ist (Bronchiektasen), erkennt in der Überwindung von Krankheiten die Chance einer „Selbstverwandlung des Menschen durch die Grenzsituation im Sichoffenbarwerden und Sichübernehmen in der gegebenen Welt oder als das wirkliche Selbstwerden" (Jaspers 1913, n. [9]1973, S. 275). Das Kranksein könne sogar, wie er an sich selbst erfahren habe, eine besondere Hochschätzung der Gesundheit nach sich ziehen: „Es ist erstaunlich, welche Liebe zur Gesundheit sich in einem Krankheitszustand entwickelt, der an sich nicht progredient ist. Die darin bleibende Gesundheit wird umso bewußter, beglückender, vielleicht fast gesunder als eine normale Gesundheit" (Jaspers [2]1984, S. 13). Skepsis, Naturalismus und Glaubenslosigkeit erscheinen Jaspers als die drei großen Gefahren des modernen Umgangs mit der Krankheit: Skepsis als Verzweiflung an den Möglichkeiten der Medizin; Naturalismus als Einengung der Medizin auf Technik, Physik und Biologie; Glaubenslosigkeit als Verlust der Offenheit des Menschen für Freiheit und Transzendenz. Die naturwissenschaftliche Grundlegung der Medizin während des 19. Jahrhunderts hat zu einer Objektivität geführt, die mit Recht Gegenbewegungen auslöste. Medizin kann sich in Naturwissenschaft nicht erschöpfen, sondern muß ihre geisteswissenschaftlichen Dimensionen aufgreifen, muß Kultur einbeziehen, wie Kultur ihrerseits Medizin integrieren sollte. Auf besondere Weise kommen Natur und Kultur im menschlichen Leib zusammen. Krankheit verbindet Biologie und Geist, der Kranke ist krank und hat seine Krankheit. Die Objektivität der Krankheit hat nach Jaspers ihre unmittelbare Entsprechung in der Subjektivität des Kranken. Patient und Arzt müssen zu einer Antwort auf das Leiden finden: „Arzt und Patient müssen jeder auf seine Weise und zugleich gemeinsam Natur und Geist, Wissenschaft und Humanität, in einen Ausgleich bringen". Einseitige Psychologisierung sei ebenso abzulehnen wie einseitige Soziologisierung und Biologisierung: „Diese Totalisierung der Menschenauffassung ist wissenschaftlich unmöglich. Sie ist als Denkstruktur dem Totalitarismus in der historisch-soziologischen Auffassung analog. Sie beruht auf der Verwechslung von Erkennbarkeit und Freiheit" (Jaspers 1950, S. 61f.). Die WHO-Definition der Gesundheit sei utopisch und anthropologisch fragwürdig: „Solche Gesundheit gibt es nicht. Nach diesem Begriff sind in der Tat alle Menschen und jederzeit irgendwie krank" (Jaspers 1958, S. 53). Der Kranke dürfe seine Krankheit, wie ihm im eigenen Erleben deutlich geworden sei, nicht idealisieren und über die Gesundheit stellen: „Die Krankheit durfte durch Sorge um sie nicht Lebensinhalt werden. Die Aufgabe war, sie fast ohne Bewußtsein richtig zu behandeln und zu arbeiten, als ob sie nicht da sei. Alles mußte nach ihr gerichtet werden, ohne an sie zu verfallen" (Jaspers ^{2}1984, S. 13). Zweierlei sei vor allem zu vermeiden: die Isolierung des Kranken als ein Rückfall in Barbarei und die „gehaltlose Bejahung bloßen Glücks" des Kranken ohne jede Beachtung der Werte des Lebens als „Verkehrung christlicher Caritas" (Jaspers 1967, S. 111). Rechte, Pflichten und Tugenden kommen dem Kranken wie dem Arzt zu.

Heidegger will die Analyse des Todes in *Sein und Zeit* (1927) vor allem für Ärzte geschrieben haben: „Das verdeckende Ausweichen vor dem Tode beherrscht die Alltäglichkeit so hartnäkkig, daß im Miteinandersein die ‚Nächsten' gerade dem ‚Sterbenden' oft noch einreden, er werde dem Tod entgehen und demnächst wieder in die beruhigte Alltäglichkeit seiner besorgten Welt zurückkehren. Solche ‚Fürsorge' meint sogar, den ‚Sterbenden' dadurch zu ‚trösten'. Sie will ihn ins Dasein zurückbringen, indem sie ihm dazu verhilft, seine eigenste, unbezügliche Seinsmöglichkeit noch vollends zu verhüllen. Das Man besorgt dergestalt eine *ständige Beruhigung über den Tod.* Sie gilt aber im Grunde nicht nur dem ‚Sterbenden', sondern ebenso sehr den ‚Tröstenden'. Und selbst im Falle des Ablebens noch soll die Öffentlichkeit durch das Ereignis nicht in ihrer besorgten Sorglosigkeit gestört und beunruhigt werden. Sieht man doch im Sterben der Anderen nicht selten eine gesellschaftliche Unannehmlichkeit, wenn nicht gar Taktlosigkeit, davor die Öffentlichkeit bewahrt werden soll" (Heidegger 1984, S. 253f.). Allein der Mensch weiß um seinen Tod, der Umgang mit diesem Wissen stellt eine zentrale Herausforderung dar, kann Chance, Krise oder Scheitern bedeuten: „Die Charakteristik des existenzial entworfenen eigentlichen Seins zum Tode läßt sich dergestalt zusammenfassen: Das Vorlaufen enthüllt dem Dasein die Verlorenheit in das Man-selbst und bringt es vor die Möglichkeit, auf die besorgende Fürsorge primär ungestützt, es selbst zu sein, selbst aber in der leidenschaftlichen, von den Illusionen des Man gelösten, faktischen, ihrer selbst gewissen und sich ängstigenden *Freiheit zum Tode*" (ebd., S. 266)

Krankheit und Kunst werden seit der Antike bis in die Gegenwart in eine Verbindung gebracht, nicht nur als zentrales Thema des Kunstwerks, sondern auch in der Genese des künstlerischen Schaffens und noch allgemeiner in der Hervorbringung kultureller Leistungen. Für den französischen Schriftsteller Marcel Proust gehen die Schöpfungen der Kultur, wie er den Psychiater Boulbon in seinem Roman *Auf der Suche nach der verlorenen Zeit* einer Patientien erklären läßt, vor allem auf kranke und leidende Menschen zurück: „Sie und keine anderen haben Religionen begründet und Meisterwerke hervorgebracht. Wir genießen kunstvolle Musik, schöne Bilder, tausend erlesene Köstlichkeiten, aber wir wissen nicht, was sie ihre Schöpfer an Schlaflosigkeit, an Tränen, an krampfhaftem Lachen, an Nesselfieber, Asthma, Epilepsie gekostet haben". Jaspers ist seinerseits von der großen Bedeutung der Kunst in der Wiedergabe von Krankheit und Leiden überzeugt: „Es ist daher kein Zufall, daß Dichter in Gestalten des Wahnsinns wie in Symbolen das Wesen des Menschseins, seine höchsten und entsetzlichsten Möglichkeiten, seine Größe und seinen Fall zur Darstellung brachten, wie Cervantes im Don Quijote, Ibsen im Peer Gynt, Dostojewskij im Idioten, Shakespeare im Lear, im Hamlet" (Jaspers 1913, n. 91973, S. 657).

In diesen Beschreibungen und Deutungen der Wissenschaften, Künste, Philosophie und Theologie wird der Horizont einer Verbindung von Natur und Kultur sichtbar, vor dem auch die Gegenwart sich innerhalb wie außerhalb der Medizin im Umgang mit Gesundheit und Krankheit, Schmerz und Leiden, Geburt und Tod zu entfalten und zu bewähren hat.

III.

Die Welt des Schmerzes

Mit der kulturabhängigen Natur des Menschen ist auch der Schmerz wesentlich verbunden – der Schmerz als fundamentaler Maßstab für das menschliche Wohl- oder Mißbefinden, als entscheidendes Medium der individuellen Selbst- und Weltwahrnehmung, der Schmerz als Uranlaß der Medizin und zentrales Zeichen ihres Erfolges, der Schmerz als sozialer Appell an Familie, Freunde und Arbeitskollegen, der Schmerz als Mittel der Strafe und Buße, der Schmerz als Grundphänomen der Natur wie der Kultur (Bauer 1996, Dallenbach 1939, v. Engelhardt 1990, Kern 1979, Ridder 1978, Seifert 1960, Toellner 1971, Troehler 1986, Vitale 1961). Das Spektrum der Phänomene und Interpretationen ist weitgespannt. Neben einseitigen Ansätzen werden im Verlauf der Geschichte immer wieder differenzierte und integrative Erklärungen und Deutungen vorgetragen, wird wiederholt auf Unterschiede wie Zusammenhänge des körperlichen und des seelischen Schmerzes hingewiesen. Philosophie, Theologie, die verschiedenen Wissenschaften und Künste besitzen ihre je spezifischen Sichtweisen, Methoden und Begriffe. Zahlreiche biographische Zeugnisse geben Schmerzerleben und Schmerzverhalten im Wandel der Zeiten wieder.

Die Antike sieht im Schmerz den „bellenden Wachhund der Gesundheit" und erwartet Linderung wesentlich von der Philosophie. Nach christlicher Sicht gehört mit der Vertreibung aus dem Paradies der Schmerz notwendig zur irdischen Existenz des Menschen: In Schwangerschaft und Geburt, in der weiteren Lebensentwicklung, in den Beziehungen der Menschen untereinander, in der Kultivierung der Natur werden sich Schmerz und Leid vollständig oder endgültig nie vermeiden lassen. Schmerzbekämpfung wird zum großen Ziel der neuzeitlichen Medizin. Der französische Chirurg René Leriche (1879–1955) spricht dem Schmerz einen Sinn ab, sieht in ihm vielmehr eine Krankheit („douleur maladie", 1937). Auf den Sinn des Schmerzes wird dagegen weiterhin vor allem von den Künsten, der Philosophie und Theologie aufmerksam gemacht. Der theoretische und der praktische Umgang mit dem Schmerz sind in diese sozialkulturellen Zusammenhänge eingebunden. Wie das medizinische Verständnis von Gesundheit und Krankheit, Geburt und Tod spiegeln auch die Interpretationen des Schmerzes in der Medizin allgemein verbreitete Einstellungen und Werte wider. Die Biologie des Schmerzes ist in der modernen Medizin gegenüber den sozialen, seelischen und geistigen Dimensionen in den Vordergrund getreten, hat diese aber keineswegs vollständig verdrängt.

An das weite Spektrum des Schmerzes zwischen Natur und Kultur wird bereits von den Sprachen erinnert. Abweichend ist der sprachliche Reichtum bei den verschiedenen Völkern; besonders zahlreich sind die Ausdrücke für den Schmerz in der arabischen Sprache. Im Griechischen bezieht sich das Verb ‚algein', das in verschiedenen Fachtermini enthalten ist (Neuralgie, Nostalgie, Analgetikum etc.), auf die subjektive Seite des Wahrnehmens, Empfindens und Leidens. Schmerz geht in der deutschen Sprache auf ‚mordeo' (lat. = ich beiße) zurück, worauf auch das englische ‚smart' bezogen ist; damit wird die körperliche Seite des Schmerzes hervorgehoben. Das englische ‚pain' leitet sich dagegen vom lateinischen ‚poena' (= Strafe) ab und betont auf diese Weise die seelische und moralische Dimension des Schmerzes. In der religiös-geistigen Perspektive läßt der romantische Dichter Shelley (1792 bis 1822) den für seine Selbstüberhebung von den Göttern zur Strafe gepeinigten Prometheus klagen: „I wish no living thing to suffer pain" und sich zugleich verzweifelt an die ihn umgebende Natur, die Berge, den Himmel, die Sonne und das Wasser mit der Frage wenden, ob sie von seinem Todeskampf nicht vernommen hätten: „not heard my agony" (*Prometheus*, 1820). Mit der Wendung „leiden geht vorüber, gelitten haben nie", die von dem Dichter Léon Bloy (1846–1917) stammt, erinnert der anthropologische Mediziner F. J. J. Buytendijk (1887–1974) in seiner grundlegenden Studie *Over de pijn* (1943, dt. 1948) an die menschliche und kommunikative Dimension des Schmerzes, an die Bedeutung der Zeit, an die Spannweite zwischen Leib und Seele im Verständnis des Schmerzes – „leiden" als physische und gegenwärtige Dimension, „gelitten haben" als seelische und erinnernde Dimension.

Wahrnehmung, Ausdruck, Bewertung, Verhalten und Behandlung sind die fünf entscheidenden Ebenen des Schmerzes in seiner Subjektivität und Objektivität. Schmerz stellt wie Gesundheit und Krankheit eine körperliche, seelische, soziale und geistige Dimension dar; der Schmerz wird schließlich festgestellt (Seinsurteil) und beurteilt (Werturteil). Der historische Rückblick lenkt zum einen den Blick auf diese Vielfalt von Aspekten, Zusammenhängen und disziplinären Zugangsweisen, zum anderen auf einseitige Entwicklungen und Verkürzungen, denen im Verlaufe der Geschichte allerdings immer wieder Versuche der Korrektur und des Ausgleichs entgegengestellt werden. Im übrigen kommt es in der europäischen Entwicklung zu Beschreibungen und Deutungen des Schmerzes, die beachtenswerte Übereinstimmungen mit außereuropäischen Kulturen sichtbar machen und zu transkulturellen Dialogen einladen.

„Wachhund der Gesundheit" – Grundzug des Lebens

Schmerz ist in der Antike ein Thema der Philosophie, der Medizin und immer wieder auch der Kunst. Im Adoniskult wird der Schmerz für göttlich gehalten und zugleich als Medium individueller Subjektivität aufgefaßt. Pythagoras (570–497/96 v.Chr.) macht Krankheit wie Schmerz von der Freiheit des Menschen und seiner Lebensweise abhängig; niemand könne bezweifeln, „daß die Götter unschuldig sind an den Leiden, und daß alle Krankheiten und Schmerzen des Körpers die Erzeugnisse der Ausschweifungen sind". Über den grundsätzlichen Charakter des Schmerzes heißt es bei dem griechischen Dramendichter Aischylos: „Der Menschen geht keiner durchs Leben ohne Buße und unversehrt. Weh! Weh! Dies Leiden kommt heute und morgen dies" (*Orestie*). Auch für Sophokles kommt die Schmerzempfindung allein dem Menschen zu: „ich wäre längst erinnerungs- und sorglos wie ein Tier, wär' nicht die Wunde" (*Philoktet*). Plato wie Aristoteles rechnen den Schmerz mit dem Vergnügen zu den Leidenschaften und weniger zu den körperlichen Erscheinungen, sie sprechen ihm einen Sinn für sich ab; Schmerztherapie heißt für die Philosophen deshalb auch psychologische oder philosophische Beherrschung der Leidenschaften. Glückseligkeit als ein Zustand der

Abb. 11: Laokoon, Marmorskulptur um 50 v. Chr., Rom, Vatikan

Seele wie des Geistes wird als Freisein von Schmerzen bestimmt. Für die Stoiker gehört der Schmerz wesentlich zur Krankheit; Krankheit zeigt sich nach Seneca vor allem in drei Momenten: im körperlichen Schmerz („dolor corporis"), im Verlust der Sinnesfreuden („intermissio voluptatum") und in der Todesangst („metus mortis"). Bei bestimmten Schmerzzuständen wird dem Menschen von der Stoa ein Recht auf Selbsttötung oder aktive Euthanasie als Lebensbeendigung mit Unterstützung des Arztes eingeräumt.

Schmerz wird seit der Antike in den physischen wie seelischen Schmerz differenziert und stets auch in seiner sozialen Bedeutung erfaßt, als Bitte an die Umwelt um Beistand und Hilfe, als Mittel auch der Erziehung und Bildung. Die Marmorskulptur des Laokoon aus dem ersten vorchristlichen Jahrhundert zeigt die Wiedergabe des Schmerzes in seinen körperlichen, seelischen, sozialen und geistigen Dimensionen: Die körperlichen Schmerzen, der Tod der Kinder und das eigene Ende durch die von den Göttern gesandten Schlangen werden von dem trojanischen Priester unmittelbar erlebt und in beherrschter Trauer vorweggenommen. Laokoon kann, wie von dem Archäologen und Altphilologen Johann Joachim Winckelmann (1717–1768) im 18. Jahrhundert hervorgehoben wird, in seinem Umgang mit dem Schmerz als allgemeines Vorbild der Menschen aufgefaßt werden: „Der Schmerz des Körpers und die Größe der Seele sind durch den ganzen Bau der Figur mit gleicher Stärke ausgeteilet, und gleichsam abgewogen. Laokoon leidet, aber er leidet wie des Sophokles Philoktet: sein Elend gehet uns bis an die Seele; aber wir wünschten, wie dieser große Mann das Elend ertragen zu können" (Winckelmann, n. 1995, S. 20). Nicht nur der Mensch und das Tier, auch Pflanzen sollen Schmerz empfinden können. Selbst Helden und Götter schreien, wie Lessing (1729–1781) ausführt, bei körperlichen Schmerzen und klagen über Unglück und Tod – „um der leidenden Natur ihr Recht zu geben" (Lessing, n. 1974, S. 11). Was den Göttern erlaubt sei, könne auch dem Menschen nicht verwehrt werden, der über den Schmerzen allerdings Sitte und Sittlichkeit nicht vergessen dürfe: „Er fühlte und furchte sich; er äußerte seine Schmerzen und seinen Kummer; er schämte sich keiner der menschlichen Schwachheiten; keine mußte ihn aber auf dem Wege nach Ehre, und von Erfüllung seiner Pflicht zurückhalten" (ebd., S. 12). Achill weint in Homers *Ilias* über den Tod seines Freundes Patroklos, bei Virgil wird Aenaeas von dem Arzt Iapyx mit Hilfe der Göttin Venus von den Schmerzen und dem eingedrungenen Pfeil befreit.

Plato lenkt im *Charmides* die Aufmerksamkeit auf den Übergang von der Selbstwahrnehmung im Schmerz zur Selbsterkenntnis und Seelenbildung. Sokrates befürwortet in diesem Dialog die Einstellung der Ärzte, die „ihre Verordnung auf den ganzen Leib" richten und stets „mit dem Ganzen auch den Teil zu behandeln und zu heilen" versuchen (*Charmides,* 156c), geht aber im Gespräch mit Charmides, der an Kopfschmerz leidet, noch einen

Schritt weiter und setzt sich für die thrakische Heilkunst ein, nach der Leib und Seele stets gemeinsam behandelt werden, was dort über „gewisse Besprechungen“ oder „schöne Reden“ geschehe: „Denn durch solche Reden entstehe in der Seele Besonnenheit, und wenn diese entstanden und da wäre, würde es leicht, Gesundheit auch auf dem Kopf und dem übrigen Körper zu verschaffen“ (*Charmides,* 175 a). Als notwendiger Voraussetzung des Schmerzerlebens wird in einer zentralen Passage des *Corpus Hippocraticum* auf die Trennung von Leib und Seele sowie die vielfältige Struktur des Körpers hingewiesen: „Wenn der Mensch Eins wäre, würde er niemals Schmerzen haben; denn es gäbe nichts, wodurch er Schmerz empfinden könnte, wenn er Eins wäre. Und wenn er schon Schmerzen hätte, müßte doch auch das Heilmittel ein einziges sein. Nun gibt es aber viele Heilmittel; denn im Körper ist vieles vorhanden, das, wenn es durch gegenseitige Einwirkung wider die Natur erhitzt und abgekühlt und trocken und feucht wird, Krankheiten erzeugt. Daher gibt es viele Formen von Krankheiten, und die Art der Heilung ist vielfältig“ (Hippokrates, n. 1962, S. 168). Von dem Mediziner Galen werden die Schmerzen und ihre Ursachen im klassischen Viererschema der Elemente, Qualitäten und Säfte interpretiert, an diesem Schema orientiert sich auch die Behandlung des Schmerzes in jener Epoche. In der Darstellung der Medizin bei dem römischen Enzyklopädisten Celsus (um 25 v.Chr.–um 50 n.Chr.) gilt der Schmerz (‚dolor‘) neben Rötung (‚rubor‘), Wärme (‚calor‘) und Schwellung (‚tumor‘) als Kardinalsymptom der Entzündung, die von Galen um die verletzte Funktion (‚functio laesa‘) ergänzt wird. Schmerz und Krankheit als ein Mißverhältnis oder eine Korruption der Säfte (‚Dyskrasie‘) ziehen eine entsprechende Therapie nach sich.

Schmerzen müssen nicht hingenommen, sondern können und dürfen auch bekämpft werden. Die physische Seite des Schmerzes wird in der Antike nicht vernachlässigt, vor allem nicht im Bereich der Medizin. Für wie wichtig Hippokrates die Linderung des Schmerzes hält, zeigt sein Wort von dem göttlichen Werk der Schmerzlinderung („divinum opus sedare dolorem“). Mit dem Schmerz ist der Arzt gefordert, erhält seine Therapie ein wesentliches Ziel. Körperliche Mittel der Schmerzlinderung sind der antiken und auch späteren Medizin bekannt und finden Anwendung, nicht zuletzt auch bei Hinrichtungen und Folterungen: Schierling,

Alkohol, Opium, Mohn, Mandragora, Schlafschwämme, Hitze, Kälte – ihre Wirkung ist allerdings bescheiden. Zur Entwicklung einer wirklichen Anästhesie kommt es erst im 19. Jahrhundert (Schadewaldt 1980, Kuhlen 1983). Schmerzen können nach antiker Erfahrung auch mit Schmerzen bekämpft werden; ein großer Schmerz soll einen kleineren unterdrücken können. Von Epikur (341–271 v. Chr.) wird ein Zusammenhang zwischen Quantität und Intensität des Schmerzes beobachtet: „Der lange Schmerz ist leicht, der schwere kurz" („si longus levis, si gravis brevis"). Seneca hebt aufgrund seines Natur- und Menschenverständnisses ebenfalls diesen Zusammenhang mit dem Satz hervor: „Niemand kann starke Schmerzen empfinden und lange: so hat uns in ihrer großen Güte die Natur veranlagt, daß sie den Schmerz entweder erträglich oder kurz macht". An dieser Auffassung wird auch in späteren Zeiten festgehalten. In diesem Sinne schreibt auch Goethe am 28. Juni 1777 an seine Mutter nach dem Tod der geliebten Schwester Cornelia: „Ich kann nur menschlich fühlen und lasse mich der Natur, die uns heftigen Schmerz nur kurze Zeit, Trauer lang empfinden läßt".

Schöpfungsgrund und spirituelle Anästhesie

Im christlichen Mittelalter wird dem Schmerz wie der Krankheit in der theologischen Perspektive der Transzendenz eine neue Tiefendimension verliehen. Entscheidend ist der eschatologische Weltverlauf vom Paradies über die irdische Existenz zur Auferstehung. Hinter jedem Schmerz wie jeder Krankheit steht der leidende Christus (‚passio Christi'), der zugleich ihre Überwindung verheißt (‚Christus medicus'). Erbsünde, Prüfung durch Gott, Besessenheit und keineswegs nur individuelle Schuld sind die wahren Ursachen von Krankheit und Schmerz; sie liegen den natürlichen Bedingungen zugrunde. Auf zahlreichen Darstellungen wird das Leiden im Mittelalter wiedergegeben, wie zum Beispiel von Hiob, von Christus als „Schmerzensmann", von „Maria, der Schmerzensreichen" sowie von christlichen Märtyrern. Ebenso reich ist jene Epoche an entsprechenden literarischen Zeugnissen und theologischen Aussagen wie auch an Dokumenten der Realität.

Schmerz steht für Trennungen in der Natur wie in der Welt des Geistes, letztlich für die Genese des Lebens und des Geistes. Nach Hegel beginnt die christliche Religion „von der absoluten Entzweiung und fängt von dem Schmerze an, in dem sie die natürliche Einheit des Geistes zerreißt und den natürlichen Frieden zerstört" (*Vorlesungen über die Philosophie der Religion*, Bd. 1, n. [4]1965, S. 34). Nietzsche wird wenige Jahrzehnte später das Christentum kritisieren, „Leiden nicht als unvermeidlichen Teil des Daseins hinzunehmen, sondern es deutend zu verarbeiten", da sich auf diesem Wege neue Leiden einstellten, insofern mit der Deutung alles Leiden unter die „Perspektive der Schuld" gestellt werde (Nietzsche, n. 1982, S. 74). Sexuelle Verfehlung führt bei Wolfram von Eschenbach (um 1170 bis nach 1220) zur Wunde des Amfortas, erst Parzivals Mitleidsfrage bringt die ersehnte Heilung: „Oheim, was tut dir weh?" („oeheim, waz wirret dier?").

In der Reaktion und Bewertung können auch im Mittelalter unterschiedliche Standpunkte eingenommen werden. Seelischem Schmerz darf man sich nicht zu weit überlassen oder ihn gar stimulieren; Schwermut („acedia") gilt als Sünde der Mönche. Vor einer Idealisierung des Schmerzes warnt bereits Augustinus (354 bis 430) im Übergang vom Altertum ins Mittelalter in den *Confessiones* (ca. 400): „So gibt es wohl etwelchen Schmerz, der sich bejahen, aber keinen, der sich lieben läßt" (n. [4]1980, S. 101). Weisheit der Seele und körperlicher Schmerz gelten dem lateinischen Kirchenvater als die großen Extreme der menschlichen Existenz („Est autem optimum in animo sapientia, est in corpore pessimum dolor" (*Selbstgespräche von der Unsterblichkeit*, n. 1986, S. 53). Schriftliche und bildliche Zeugnisse berichten von zahlreichen Märtyrern, die Schmerzen mit Hilfe des Glaubens ertragen konnten und sogar gesucht haben. Die Heilige Apollonia, die Heilige Agathe, der Heilige Sebastian werden zu Schutzheiligen der entsprechenden Leiden und ihrer Behandlungsweisen gewählt (Zahnschmerzen, Brustkrankheiten, Pest). Kasteiung dient der Buße und Reinigung. Schmerz und Leid lösen ekstatische Erlebnisse aus. Flagellation wird von Franziskanern wie Dominikanern unterstützt und verbreitet; die erste Geißlerprozession wird von Antonius von Padua (1195–1231) organisiert.

Franz von Assisi (1182–1226), der seinen Körper als seinen größten Feind bezeichnet („maiorem inimicum non habeo corpore"), hat ständig an qualvollen Krankheiten zu leiden, die in Wundmalen, die denen des gekreuzigten Christus gleichen, gegen Ende seines Lebens kulminieren. Im „Sonnengesang" („Laudes creaturarum") werden trotz dieser Schmerzen und Leiden Natur und Schöpfer gepriesen, der Bruder Sonne („frate sole"), die Schwester Mond („sora luna"), der Bruder Wind („frate vento"), die Schwester Wasser („sora acqua"), der Bruder Feuer („frate focu"), die Mutter Erde („matre terra") und auch die Schwester Tod („sora nostra morte corporale"); ebenso werden von Franz von Assisi in diesem Gesang jene Menschen gerühmt, die verzeihen können („quelli che perdonano") und an Krankheit und Trübsal nicht zerbrechen („sostengono infirmitate et tribulatione"; n. Hesse 1988, S. 66). Seine körperlichen Schmerzen hat der Heilige nach den überlieferten Zeugnissen in christlicher Deutung und Demut willig ertragen, sich zugleich aber auch Sorgen über ihre Auswirkungen auf die Umwelt gemacht: „Wegen seiner schmerzhaften Krankheiten konnte er keine Ruhe finden, und er sah, daß die Brüder dadurch sehr beansprucht wurden und viel Mühe mit ihm hatten; weil er aber die Seelen seiner Brüder mehr liebte als seinen eigenen Leib, fürchtete er, die Brüder würden durch ihn zu sehr beansprucht und könnten durch irgendeine Äußerung der Ungeduld eine, wenn auch noch so geringe Sünde gegen Gott begehen". Man soll die eigene Schwermut vor anderen Menschen verbergen, um sie nicht auch zu betrüben: „Warum zeigst du nach außen deine Trauer und deinen Schmerz über das, was dich innerlich quält? Deine Schwermut soll nur zwischen dir und Gott stehen, und du sollst ihn bitten, dich um seiner Barmherzigkeit willen zu schonen und dir die Freude seines Heiles wiederzugeben, welche du durch die Schuld deiner Sünde verloren hast" (Franz von Assisi, *Der Spiegel der Vollkommenheit*, n. 1953, S. 180).

Mit der Kanonisation des Franz von Assisi wird die Leidensmystik zu einem wesentlichen Bestandteil des christlichen Glaubens, ihr Ziel ist die Verbundenheit oder das Einswerden mit dem gekreuzigten Christus; über das Mitleiden („compassio") soll es zur Verwandlung („transformatio") kommen. Stigmatisierungen sind von nun an bis ins 20. Jahrhundert im Bereich der westlichen Kirche bezeugt, nicht aber in der Ostkirche. In seinem Hymnus *Salve mundi salutare* besingt der Kirchenlehrer Bernhard von Clairvaux (um 1090–1153) die Wunden Christi: „Deine Wunden rote, Risse auch so tiefe meinem Herzen laß einschreiben, daß durchbohrt dort ganz ich werde, liebend dich auf alle Weisen". Der Apostel Paulus hat bereits Christi Wundmale in mystischer Übereinstimmung am eigenen Körper erlebt und seinen Ermahnungen an die Galater mit dem Hinweis auf diese Zeichen mehr Gewicht verliehen: „Hinfort mache mir niemand weiter Mühe; denn ich trage die Malzeichen Jesu an meinem Leibe" (Paulus an die Galater 6,17).

Schmerzen dürfen auch in christlicher Sicht bekämpft und müssen nicht nur hingenommen und mit Sinn erfüllt werden; Schmerzmittel kommen – wie in der Antike – auf niedrigem Niveau im Mittelalter ebenfalls zur Anwendung. Auch hier gibt es die Vorstellung der Schmerzlinderung durch andere Schmerzen. Doch sind auch Vorbehalte gegenüber physischer Schmerzlinderung über Bewußtseinsverminderung und Suggestion aus religiösen Gründen zu konstatieren. Insbesondere wird von seelisch-geistigen Mitteln Hilfe erwartet; der Theologe Thomas von Aquin, der äußeren Schmerz (dolor) und inneren Schmerz (tristitia) unterscheidet, empfiehlt bei körperlichem wie seelischem Schmerz die Betrachtung der Größe Gottes. „Deshalb lindert die Wahrheitsbetrachtung die Betrübnis oder den Schmerz: um soviel mehr, je vollkommener einer zum Liebhaber der Wahrheit geworden ist. Deshalb empfinden die Menschen aus der Betrachtung des Göttlichen und der zukünftigen Glücksgeborgenheit in Trübsalen Freude" (n. ²1985, Bd. 2, S. 267)

Die Leidensdarstellungen auf Grünewalds Altarbild (1512/15) im Antoniterkloster in Isenheim haben das Ziel, Leidenden Trost und Zuversicht zu verleihen. Heil und Heilung gehören zusammen, sind in jener Zeit fast synonym. Bei Operationen werden noch bis weit in die Neuzeit hinein biblische Texte vorgelesen oder Bilder des gekreuzigten Christus gezeigt. Die Klage von Jesus am Kreuz, von Gott verlassen zu sein, kann von keines Menschen Klage übertroffen werden, ebenso nicht der hoffnungsvolle Zuspruch von Jesus an den mitgekreuzigten Verbrecher, mit dem Tod in das ewige Paradies einzukehren: „Wahrlich, ich sage dir: Heute wirst du mit mir im Paradies sein" (Lukas 23, 43). Anästhesie ist in jener Epoche vor allem spirituelle Anästhesie.

Mit der Säkularisierung als Verweltlichung des Paradieses in der Renaissance wird die gesamte neuzeitliche Entwicklung unter den Zwiespalt von Schmerzüberwindung und Schmerzsinngebung gestellt. Bacon und Descartes stehen für die Überwindung des Schmerzes, Montaigne (Stoa) und Pascal (Glaube) für seine Sinngebung. Bacon wie Descartes sind von bislang ungeahnten Möglichkeiten überzeugt, das Leben verlängern und die Krankheit wie das Leiden, vielleicht sogar den Tod überwinden zu können (Michler 1979, Toellner 1971). Säkularisierung ist Neubeginn und zugleich Fortführung des Vergangenen – das trifft auch für die Medizin zu. 1543 erscheinen Grundwerke der Astronomie (Copernicus, 1473–1543, *De revolutionibus orbium coelestium*) und Anatomie (Vesal, *De humani corporis fabrica*), wird in Pisa der erste universitäre Botanische Garten (Luca Ghini) eingerichtet, gibt es in Padua eine Initiative (Giambattista da Monte, 1498 bis 1551) für den klinischen Unterricht am Krankenbett. Traditionen der Vergangenheit bleiben aber weiterhin lebendig. Die Abbildungen aus der Anatomie des Andreas Vesal (1514–1564) wecken Erinnerungen an den gekreuzigten Christus; die Skelette tragen menschliche Züge (Anthropologie) und sind in die Landschaft der Umgebung von Padua gestellt (Kosmologie). Während der Operation eines Knieabszesses wird dem spanischen König Philipp II. (1527–1598) als Hilfe bei der Bewältigung der Schmerzen von seinem Beichtvater aus der Passion Christi nach Matthäus vorgelesen.

Schmerzfreiheit wird wie Gesundheit, Jugend und Schönheit zu einem machtvollen Ideal der neuzeitlichen Kultur und Lebensauffassung erhoben und ihre Verwirklichung vor allem den Naturwissenschaften und der Medizin anvertraut, die aus dieser Aufgabe die Dynamik ihres unaufhaltsamen Progresses beziehen. Die Natur, wozu auch der Körper gehört, wird dem Zugriff des Menschen unterworfen. Beispielhaft für diese Auffassung ist neben Bacons berühmtem Wort: „Knowledge is power“ (Wissen ist Macht) Descartes' Satz über den Menschen als „Herrn und Besitzer der Natur“ („maître et possesseur de la nature“); Nähe wie zugleich Distanz dieser Wendungen zur Verheißung Gottes an Adam und Eva sind unverkennbar: „Macht euch die Erde unter-

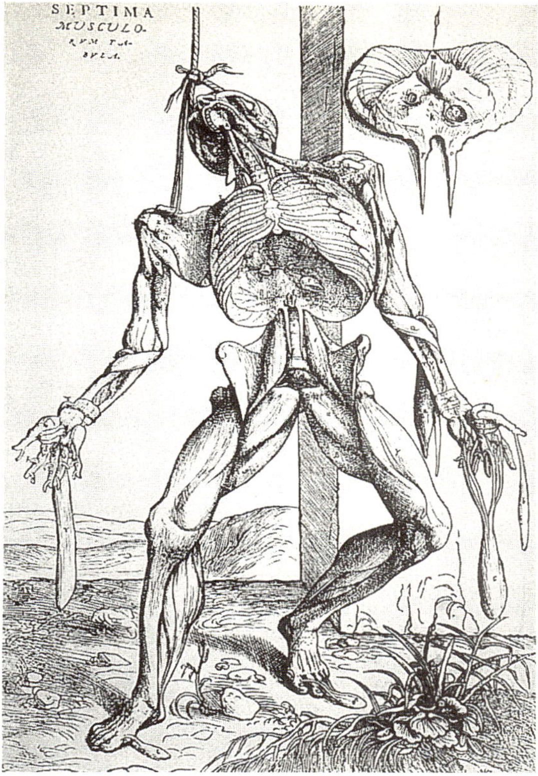

Abb. 12: Enthäuteter Mensch, 1543, Andreas Vesal,
De humani corporis fabrica

tan". Herrschaft über die Natur (,dominium terrae') meint in religiöser Sicht aber nicht Ausbeutung und Zerstörung, sondern Pflege und Kultivierung der Natur.

In vielen Werken der Kunst wird dieser Übergang aus der Transzendenz des Mittelalters in die Diesseitigkeit der Neuzeit im Blick auf den Körper, auf Krankheit und Schmerz dargestellt. Der *Jungbrunnen* von Lucas Cranach (1472–1553) ist eine bildliche Illustration der irdischen Hoffnungen, während *Die Auferstehung des Fleisches* von Luca Signorelli (um 1440–1523) diese Vorstellung nur im Jenseits für möglich hält. In Cranachs Bild von 1546 werden Gesundheit, Schönheit und Jugend im heilkräftigen Wasser der Medizin gesucht und gefunden. Alt, krank und häßlich begeben sich die Menschen in das Wasser der Diagnostik und Therapie, das sie jung, gesund und schön wieder verlassen. Zu einem wirklichen Wandel oder dauerhaften Erfolg kann es in dieser horizontalen Bewegung aber nicht kommen; stets muß von neuem die Hilfe der Medizin aufgesucht werden, ihre eindrucksvollen Möglichkeiten können einen bleibenden Erfolg nicht bieten – in den Zelten und Gärten der Lüste lauern bereits die Risikofaktoren, die sich im irdischen Leben offensichtlich nicht vermeiden lassen. Endlos wiederholt sich der Reigen von Diagnostik und Therapie, von Gesundheit und Krankheit, von Schmerzentstehung und Schmerzüberwindung. Die Paradoxie der Medizin – auch der erfolgreichsten – besteht darin, heilen zu wollen, was letztlich nicht zu heilen ist. Die Vision des Jungbrunnens entspricht den Hoffnungen und Wünschen des modernen Menschen und keineswegs nur oder vor allem dem Ehrgeiz der Ärzte oder der inneren Logik der Medizin. In seinem Werk *Das Prinzip Hoffnung* greift auch der Philosoph Ernst Bloch (1885–1977) diese verheißungsvolle Perspektive auf: „es gibt den Brunnen, woraus die Alten wieder jung auftauchen, vorzüglich ist er dazu geeignet, das flüchtige Gut der weiblichen Schönheit stetig zu machen. Ein Schlaraffenland aus Gesunden breitet sich aus, ohne Schmerz mit springenden Gliedern und immer lustigem Magen" (Bloch, 1959, S. 527). Signorellis vertikale *Auferstehung* (entstanden 1499–1505) im Dom von Orvieto ist der entgegengesetzten Überzeugung verpflichtet; anatomisch-anschaulich wird vor Augen geführt, daß Schmerzfreiheit und Leidlosigkeit nicht im Diesseits, sondern erst und nur im Jenseits zu erwarten sind, daß Krankheit und Tod notwendig zum Leben gehören. In naturhafter Realistik wird der menschliche Leib auf diesem Gemälde dargestellt, zum ersten Mal auch nicht als Auferstehung aus Gräbern, sondern als Verwandlung von Skeletten in lebendige Menschen aus der Erde in einer sich zum Himmel befreienden Bewegung.

Schmerz nimmt in der Neuzeit Züge von Individualisierung und Einsamkeit an, wird als Möglichkeit der Bewährung und Persönlichkeitsentwicklung betrachtet, aber immer wieder – vor allem von den Künsten, der Philosophie und Theologie – ebenfalls in kosmologisch-religiöse Zusammenhänge eingefügt. Albrecht

Abb. 13: Der Jungbrunnen, 1546, Lucas Cranach d. Ä., Berlin, Gemäldegalerie

Dürer (1471–1528), der in der Zeichnung *Christus als Schmerzensmann* (1522) Leidenszüge seines eigenen Gesichtes wiedergibt, weist in einem Selbstporträt von 1512/13, das er vor einem Arztbesuch entworfen hat, auf die Stelle hin, wo er physische Schmerzen empfindet: „do der gelb fleck ist und mit dem finger darauff deuet do ist mir weh". Mit der Milz, die als Sitz der Melancholie gilt, werden von Dürer körperlicher Schmerz und seelisches Leid in Verbindung gebracht. Sein Gemälde *Melancholie I* (1513/14) greift die körperlichen und seelisch-geistigen Dimensionen auf und stellt die Verbindung zur antiken Temperamentenlehre wie zur christlichen Perspektive her. Die religiöse Auffassung behält auch in der Neuzeit ihre Überzeugungskraft, gewinnt im Protestantismus und vor allem im Pietismus mit der Betonung des Karfreitagsgeschehens neue Impulse und Akzente.

Montaigne und Pascal gelangen zu einer positiven Bewertung des Schmerzes – der eine aus stoischer, der andere aus christlicher Sicht. Pascal leitet aus der Wendung von der „Welt als Abbild Gottes" nicht nur die Vollkommenheit, sondern auch den Mangel der Welt als notwendig ab. Montaigne will von seiner Kolik den Gewinn gehabt haben, „daß sie vollenden wird, was ich selbst nicht über mich vermocht hatte, mich völlig mit dem Tod auszu-

Abb. 14: Die Auferstehung des Fleisches, 1499–1504, Luca Signorelli. Orvieto, Dom, Capella Nu

söhnen und zu befreunden“ (Montaigne 1953, S. 571). Der ambivalente und keineswegs nur negative Charakter des Schmerzes ist ein zentrales Thema der Barockliteratur; die „Lust ist schmerzensreich“ und „süß der Schmerz“ lauten charakteristische Wendungen bei dem Dichter Andreas Gryphius (1616–1664). Bereits von dem Renaissanceschriftsteller Petrarca (1304–1374) wird von einer „Lust am Schmerz“ („dolendi voluptas“) gesprochen, die auch Augustinus schon beobachtet und selbst erlebt hat; die weitere Entwicklung reicht über Edgar Allan Poes (1809–1849) Wort vom „Stachel des Bösen“ („imp of the perverse“) und Dostoevskijs Gestaltungen religiös-metaphysischer Selbstquälerei zu den Schriften von Leopold von Sacher Masoch (1836–1895) und entsprechenden Texten der Gegenwart. Reich und bedrükkend ist ebenfalls die Realität der Vergangenheit wie Gegenwart an Dokumenten raffinierter und lustvoller wie primitiv-brutaler Grausamkeit.

Für die Epoche der Aufklärung stellt sich – beispielhaft ausgelöst durch das Erdbeben von Lissabon im Jahre 1755 – die provozierende Frage nach einem Gott, der Unglück und Schmerz zuläßt. Durch die Trennung des physischen vom moralischen

Abb. 15: Sitzender Schmerzensmann (Ecco homo), 1522, Albrecht Dürer, ehem. Bremen, Kunsthalle (seit 1945 als „Beutekunst" in russischem Besitz)

Übel erkennt der Philosoph Leibniz im Schmerz ein notwendiges Mittel der vollkommenen Natur- und Weltordnung (*Theodizee*, §§ 341–343). Voltaire (1694–1778) lehnt in seinem Roman *Candide* (1759) die Rechtfertigung von Leibniz ab und plädiert als Antwort auf eine Welt von Ungerechtigkeit, Krankheit und Leid für die Kultivierung der Natur im Kleinen, die das paradiesische Vorbild nicht verleugnet und zugleich auf utopische Ziele verzichtet: „pflegen wir unseren Garten" lautet die Losung am Ende von *Candide* („il faut cultiver notre jardin").

Faszinierend und vielfältig fallen die Versuche der Schmerzbekämpfung in den Naturwissenschaften und der Medizin im Verlaufe der Neuzeit aus. Als ausschlaggebend für die moderne Beschäftigung mit dem Schmerz erweist sich die Trennung von Leib und Seele in der Philosophie von Descartes. Der Philosoph setzt sich mit der Entstehung des Schmerzes auseinander, hebt die Schutz- und Abwehrfunktion des Schmerzes hervor, entwickelt eine Begründung auch für den Phantomschmerz, der bereits 1552 von dem französischen Chirurg Ambroise Paré beschrieben wurde. Das Nervensystem gilt nach Descartes für die Schmerzwahrnehmung als fundamental, die mit der nervösen Weiterleitung des Schmerzreizes aber noch keineswegs vollständig erklärt sei. Über den Schmerz lernt die Seele, sich vor Gefahr und Verletzung zu schützen. Das cartesianische Verständnis von Leib und Seele gibt den Forschungen der Physiologen Albrecht von Haller (1708 bis 1777), François Magendie (1783–1855), Johannes Müller, Emil Du Bois-Reymond und vielen anderen Wissenschaftlern des 19. und 20. Jahrhunderts die theoretische Basis, stimuliert auch zu therapeutischen Versuchen der Schmerzbekämpfung. Die Bindung an das körperliche Substrat läßt den Mediziner Felix Platter zu Beginn des 17. Jahrhunderts siebzehn in der Lokalisation abweichende Schmerzarten unterscheiden. Zugleich treten in dieser Zeit die Phänomene des hysterischen Schmerzes oder des simulierten Schmerzes in das Blickfeld. Im literarischen Bereich hat Molière diese Formen in seinen Theaterstücken aufgegriffen, beispielsweise in *Le malade imaginaire* (1673). Du Bois-Reymonds Feststellung über die Kluft zwischen Leib und Seele als unüberwindbarer *Grenze des Naturerkennens* (1872) ist bis heute für die Naturwissenschaften und Medizin gültig geblieben. An der moralischen oder anthropologischen Seite des Schmerzes halten aber auch Medizinern fest, die zu seiner physiologischen Erfahrung beitragen, so zum Beispiel Albrecht von Haller, für den Gott dem Menschen den Schmerz als gläubigen Wächter gibt, ihn immer wieder an die hinfällige Natur des Leibes zu erinnern („Dolorem Deus homini fidelem custodem dedit, qui de causa corporis destructrice moneat“, Bd. 5, 1763, S. 575).

Der Schmerz besitzt eine positive Funktion zur Selbsterhaltung des Organismus und gilt in der Medizin als ein Indikator von Krankheiten. Das Urteil über die Gut- oder Bösartigkeit des Krebses wird im 18. Jahrhundert vom Schmerz abhängig gemacht. Die begrenzten therapeutischen Möglichkeiten jener Zeit sind heute nur noch schwer vorstellbar. Wie sehr sich Frauen mit einer Krebserkrankung vor der Entwicklung wirklicher Schmerzmittel nach dem Tode gesehnt haben, wird wiederholt aus ärztlicher Sicht beschrieben. Diese Frauen von ihren furchtbaren Schmerzen nicht befreien zu können, wird von den Ärzten selbst als ein Schmerz empfunden; ihre Therapie kann oft nur in dem Versuch bestehen – wie es in einer Wendung der Zeit heißt –, „dem Kranken Trost und Zerstreuung zu bieten“ („consoler et amuser le malade“). Diese Grenzen schränken auch die Möglichkeiten der Chirurgie ein und lassen Krebspatienten spät oder oft zu spät in entsprechende Eingriffe einwilligen. Die Autonomie des Kranken soll aber auch in dieser Situation respektiert werden; zu schmerzhaften Operationen soll niemand gezwungen werden: „Wer also lieber sterben als sich verstümmeln oder aufschneiden lassen will, dem steht es frei, so lang' er sich nur in der Lage befindet, einen freien Willen äußern zu können“, heißt es in Krugs *Allgemeinem Handwörterbuch der philosophischen Wissenschaften* von 1830 (S. 627).

Die ästhetischen, philosophischen und theologischen Interpretationen des Schmerzes im Zeitalter des Idealismus und der Romantik um 1800 gehen über die Perspektive der Naturwissenschaften und Medizin, über physische Symptomatologie, Ätiologie und Therapie weit hinaus und sind auf Natur und Kultur, Biologie und Anthropologie gleichermaßen bezogen. Romantik und Idealismus setzen sich noch einmal für eine ganzheitliche Sichtweise des Schmerzes ein und lehnen die sich während der Neuzeit ausbreitenden biologisch-mechanischen Ansätze als zu begrenzt ab; Schmerz soll vielmehr wie Krankheit eine objektive und subjektive, individuelle und soziale, für viele Anhänger dieser Bewegung auch eine physische und metaphysische Erscheinung darstellen.

Kant gewinnt aus der stoischen Philosophie Kräfte im Kampf gegen die Schmerzen seines Gichtleidens. In besonderer Differenziertheit werden von dem Philosophen Zusammenhänge zwischen körperlichen Gefühlen und geistigen Empfindungen erörtert sowie die anthropologische Dimension des Schmerzes betont: „Der Schmerz ist der Stachel der Tätigkeit und in dieser fühlen wir alle erst unser Leben“ (Kant, n. 1983, S. 551). Schmerz und Leben gehören nach Kant zusammen, Schmerz ist Einschränkung und Anregung zugleich. Der philosophierende Göttinger Physiker Lichtenberg (1742–1799) notiert sich die beachtenswerte Einsicht: „Man klagt so sehr bei jedem Schmerz und freut sich so selten, wenn man keinen fühlt".

Für Goethe soll Kunst, „wenn sie sich mit dem Schmerz verbindet, denselben nur aufregen, um ihn zu mildern und in höhere tröstliche Gefühle aufzulösen" (an J. F. Cotta, 1. 6. 1805). Schmerz und Freude gehören wie die Atmung in ihrem doppelten Aspekt gleichermaßen zum Leben: „Im Atemholen sind zweierlei Gnaden: Die Luft einziehn, sich ihrer entladen; Jenes bedrängt, dieses erfrischt; So wunderbar ist das Leben gemischt. Du danke Gott, wenn er dich preßt, Und dank' ihm, wenn er dich wieder entläßt" (*West-östlicher Divan*). Der Schmerz hat nach Goethe auch eine soziale Seite: „Uns lehrt eigener Schmerz, der andern Schmerzen zu teilen" (*Antiker Form sich nähernd* – Unglück bildet ...). In zeitlicher Distanz können Schmerzen sogar Lustqualitäten entwickeln: „Die Erinnerung überstandner Schmerzen ist Vergnügen" (an E. Behrisch, 11. 11. 1767). Anteilnahme im realen Leben heißt für Goethe aber, was schon Zeitgenossen irritiert bemerkt haben, weniger die konkrete Anteilnahme am Leiden des Anderen oder eine existentielle Gemeinsamkeit im Sinne des Philosophen Karl Jaspers: „ich weiche dem Anderen gegenüber dem Leiden aus, indem ich mich fernhalte, mich von einem Menschen rechtzeitig zurückziehe, wenn sein Elend unheilbar wird" (Jaspers, *Philosophie*, Bd. 2, 1932, S. 231).

Schelling und Hegel verleihen dem Schmerz einen naturphilosophischen wie auch geistphilosophischen oder anthropologischen Sinn. Schmerz erklärt Hegel zum „Vorrecht lebendiger Naturen" (*Logik*, n. ⁴1964, S. 257) oder noch genauer zum „Vorrecht höherer Naturen" (*Naturphilosophie*, n. 1965, S. 632); bei der Zerstörung von Steinen könne von Schmerz im eigentlichen Sinn nicht gesprochen werden. In seinem Verständnis der Natur als dem dialektischen Zusichkommen der „Idee aus ihrem Anderssein" in der Entwicklung von der Materie bis zum Organismus könnte Hegel aber auch Schellings naturphilosophischer Metapher vom „Schreien der Steine gegen den Himmel" zustimmen; auch in der anorganischen Natur, noch viel mehr in Pflanzen und Tieren ist Idee vorhanden, die zu ihrer Manifestation als Geist drängt. Tränen sind nach Hegel „nicht bloß die Äußerung, sondern zugleich die Entäußerung des Schmerzes" (*Philosophie des Geistes*, n. [4]1965, S. 145). Am Schmerz lassen sich der Unterschied wie der Zusammenhang von Naturphilosophie und Naturanthropologie nachvollziehen: „Der Schmerz ist aber überhaupt der Verlauf der Endlichkeit und subjectiv die Zerknirschung des Gemüths" (*Vorlesungen über die Philosophie der Religion*, Bd. 1, n. [4]1965, S. 434).

Novalis vertritt im *Heinrich von Ofterdingen* (1802) in der Deutung des Schmerzes eine transzendente Verknüpfung von Kosmologie und Anthropologie: „Aus Schmerzen wird die neue Welt geboren, und in Thränen wird die Asche zum Trank des ewigen Lebens aufgelöst" (Novalis, Bd. 1, S. 312). Nach Jean Paul lassen sich „die Schmerzen weit mehr erhöhen sowie ins kleine vervielfältigen als die Freuden". Hölderlin lebt in dem Bewußtsein, daß die Götter den peinigen, den sie lieben; ihn selbst hat, wie er im Herbst 1802 nach der Rückkehr von Bordeaux und zu Beginn seiner geistigen Erkrankung an seinen Freund Casimir Ulrich Böhlendorff (1775–1825) schreibt, „Apollo geschlagen".

Kultur und Lebenswelt bieten zahlreiche Darstellungen und konkrete Beispiele der Schmerzwahrnehmung und Schmerzbewältigung. Beschreibung und Deutung des Schmerzes sind in jenen Zeiten noch begrenzter Linderungs- oder Beträubungsmöglichkeiten von besonderer Vielfalt gekennzeichnet. Der subjektiven Dimension des Schmerzes wird neben seiner physischen Objektivität in diesen Zeugnissen besondere Aufmerksamkeit geschenkt. Von einer Brustamputation wird in der Erzählung *Krebs* (1830) des englischen Schriftstellers Samuel Warren (1807–1877) berichtet. Ihren Schmerz besänftigt Madam St. in diesem literarischen Text bei dem radikalen Eingriff durch die Lektüre eines liebevollen Briefes, den ihr abwesender Mann, der von der Operation auf ihren Wunsch hin nicht unterrichtet wurde, ihr geschrieben hat: „Ihre Augen blieben unausgesetzt mit einem Hinblicke glühender Zärtlichkeit auf die teuren Schriftzüge ihres Gatten geheftet; sie bewegte während der ganzen schmerzhaften, sich lange hinzögernden Operation kein Glied, und nur ein leises Seufzen wurde zuweilen von ihr vernommen". Die Schmerzen der an ihm durchgeführten Fußamputation erlebt der Arzt George Wilson um 1790 in einem Spektrum von Physik, Psychologie und Metaphysik: „Von den Todesqualen, die ich erlebte, will ich nichts sagen. Leiden von der Art kann nicht in Worte gepreßt werden und glücklicherweise ist es nicht in vollem Umfang erinnerbar. Die einzelnen Schritte sind jetzt vergessen, aber der schwarze Wirbelwind der Emotionen, der Furcht und Verdunkelung, vor allem das Gefühl der Verlassenheit von Gott und die daraus resultierende Verzweiflung ertränkte meinen Geist und erdrückte mein Herz“ (n. Livingston 1983, S. 405). Einen klassischen Bericht über Kausalgie (= Schmerzen nach peripheren Nervenverletzungen) gewinnt der Arzt Silas Weir Mitchell (1829–1914) aus den Mitteilungen des während des Amerikanischen Bürgerkrieges verwundeten Josef H. Corliss: „Es ist, als ob eine rauhe Eisenstange in den Knochen hin- und hergerieben, ein rot glühendes Eisen am Übergang von der Handfläche zum Daumen befestigt, diesem ein schweres Gewicht angehängt und die Haut von den Fingerspitzen heruntergeraspelt würde“ (Mitchell 1864, n. 1989, S. 111).

Im Geburtsschmerz stoßen nach Honoré de Balzac Natur und Kultur, Psychologie und Religion zusammen. Renée de l'Estorade fühlt sich, wie sie ihrer Freundin Marie de Macumer in dem Briefroman *Memoiren zweier Jungvermählter* (1841/42) berichtet, bei der Geburt ihres Sohnes zerrissen und zugleich in die Einheit des Kosmos aufgehoben: „Ich habe mich als in zwei Bestandteile zerlegt gefühlt: eine mit Zangen gepeinigte, zerrissene, gefolterte Hülle und eine willfährige Seele. In diesem absonderlichen Zustand hat der Schmerz über meinem Kopf geblüht wie ein Kranz. Mir war, als entwachse meinem Schädel eine riesige Rose, werde immer größer und hülle mich ein. Der rote Farbton dieser blutigen Blume war in der Luft. Ich sah alles rot. So gelangte ich zu dem Punkte, wo die Trennung zwischen Leib und Seele sich vollziehen zu wollen schien, und da brach ein Schmerz aus, der mich an den unmittelbar bevorstehenden Tod glauben ließ. Ich habe grausige Schmerzen ausgestanden und habe neue Kräfte gegen die Schmerzen gebraucht. Dieses furchtbare Konzert von Klagerufen ist in meinem Inneren plötzlich von dem köstlichen Gesang silbrigen Wimmerns des kleinen Wesens überdeckt worden. Nein, nichts vermag Dir diesen Augenblick zu schildern: mir war als schreie die ganze Welt mit mir, als sei alles Schmerz und Klageruf, und als sei das alles darin ausgelöscht worden durch den schwachen Schrei des Kindes“.

Aus den physikalisch-physiologischen Fortschritten des 19. Jahrhunderts gewinnt die Therapie des Schmerzes wesentliche neue Impulse. Naturwissenschaftliche Medizin, Anästhesie und Positivismus haben eine gemeinsame Grundlage in der Suche nach einem angenehmen, leidlosen und unbegrenzten Leben. Chemiker des ausgehenden 18. und beginnenden 19. Jahrhunderts stoßen auf schmerzlindernde Möglichkeiten des Lachgases. Paracelsus hatte bereits im 16. Jahrhundert die entsprechende Wirkung des Äthers bemerkt. 1803 gelingt dem Apotheker Friedrich Wilhelm Sertürner (1783–1841) aus dem Opium die Isolation des Morphins, das seit 1844 als Schmerzmittel Anwendung findet. Mit der Anästhesie des 19. Jahrhunderts beginnt dann ein wahrhaft neues Zeitalter der Schmerzbekämpfung in der Medizin. Operationen verlangen von den Betroffenen nun nicht mehr nahezu übermenschliche Kräfte der Selbstbeherrschung, und die Geschwindigkeit des Chirurgen verliert ihre existentielle Bedeutung für den Kranken. Am 16. Oktober 1846 führt William Green Morton (1819–1868) die erste Zahnextraktion unter Äthernarkose durch; am 19. Januar 1847 leitet James Young Simpson (1811–1870) die erste Geburt unter Narkose ein.

Das Wissen um die psychischen Möglichkeiten der Überwindung des physischen Schmerzes wird ebenfalls praktisch genutzt. Die Hypnose des Mediziners Anton Mesmer ist der physischen Anästhesie mit geistig-seelischen Methoden im ausgehenden 18. Jahrhundert vorangegangen und hat selbst wieder zu unterschiedlichen Fortsetzungen geführt, die sich zwischen Parapsychologie und Psychoanalyse ausspannen (Schott 1985). Auch bei Operationen wird im 19. Jahrhundert die Hypnose eingesetzt. Die Resonanz von Mesmer in der Zeit und besonders bei romantischen Ärzten und Dichtern ist groß. In literarischen Texten wird seine Methode vor allem auf Nervenkrankheiten oder psychische Leiden angewendet (Barkhoff 1995). Der mögliche Machtmißbrauch des Magnetiseurs wird wiederholt in romantischen Erzählungen aufgegriffen – vor allem bei E.T.A. Hoffmann (*Ignaz Denner, Der Magnetiseur*) – und ist ein Thema auch noch in Thomas Manns Erzählung *Mario und der Zauberer* (1930).

In der Natur- und Kulturgeschichte des Schmerzes zeigen sich Zusammenhänge, die auch für die Gegenwart bedeutsam sind. Die Reaktionen auf den Schmerz und die Möglichkeiten seiner

Betäubung oder Überwindung hängen bei Naturwissenschaftlern auch des 19. Jahrhunderts von außerwissenschaftlichen Faktoren ab. François Magendie, der zur naturwissenschaftlichen Erforschung des Schmerzes wesentlich beigetragen hat und die philanthropischen Motive der Versuche der Schmerzaufhebung durch Äther keineswegs abstreitet, sondern vielmehr ausdrücklich anerkennt („but philantropique"), kritisiert 1847 bei einem Vortrag vor der Pariser ‚Académie des Sciences' jene Ärzte, die „ihre Patienten soweit vergifteten, daß sie einen leichenähnlichen Zustand erreichten, um dann mit Herzenslust herum schneiden und -schaben zu können, ohne daß Schmerz empfunden wird". Emphatisch ruft er – ganz auf der Linie von Kant – bei dieser Gelegenheit aus: „Schmerz ist eine Hauptantriebskraft des Lebens. Ich für meinen Teil würde niemals erlauben, daß einem Chirurgen mein Körper in einem solchen widerstandslosen Zustand übergeben wird". Schmerztherapie erscheint dem französischen Physiologen als Vergewaltigung, medizinischer Fortschritt als Beitrag zum Sittenverfall. Die Ätherbetäubung sei abzulehnen, da Kriminelle diesen Zustand ausnutzen könnten; selbst Frauen stünden dann in der Gefahr, ihre Haltung zu verlieren: „In dieser Art berauschte Frauen haben sich auf den Chirurgen geworfen mit solch ausdrucksvollen Gebärden und Haltungen, daß bei einer solchen einzig ungewohnten Situation eine Gefahr nicht für den Patienten, sondern für den Chirurgen besteht" (Magendie 1847, dt., S. 136).

Der Schmerzüberwindung stehen viele Menschen des vergangenen Jahrhunderts distanziert gegenüber, sie wird keineswegs nur für segensreich gehalten. Gegen die Ätherbenutzung bei der Geburt wenden sich Frauen aber auch Gynäkologen in Erinnerung an das biblische Wort „Du sollst in Schmerzen Kinder gebären". Der Chirurg Johann Friedrich Dieffenbach (1792–1847) klagt über die „traurige Isolierung" durch die moderne Anästhesie: „Der Betäubte weiß bei der Operation nichts von seinem Arzte, und der Arzt nichts von seinem Kranken. Das Band der wechselseitigen Mittheilung ist zerissen, der ihn selbst hebende, milde Zuspruch wird nicht vernommen, die Frage nicht beantwortet, es herrscht eine grausige Einsamkeit". Mit Begeisterung und Sorge zugleich wird in die Zukunft geschaut: „Wohin wird, oder wohin kann diese große Entdeckung noch führen?" (Dieffenbach 1847, S. 5 u. 1). Diese Zusammenhänge – allerdings in entgegengesetzter Bewertung – hat auch Du Bois-Reymond im Sinn, wenn er 1878 in einem Vortrag über *Kulturgeschichte und Naturwissenschaft* die Fortschritte der Naturwissenschaften, die nach ihm den Fortschritten der Geisteswissenschaften weit überlegen sind, enthusiastisch preist: „Die Würgengel Pocken, Pest, Scorbut sind gefesselt. Lister's Verband wehrt den schleichmörderischen Sonnenstäubchen den Zutritt zu den Wunden des Kriegers. Das Chloral breitet die Fittige des Schlafgottes über die gequälteste Seele, ja das Chloroform spottet, wenn wir wollen, des biblischen Fluches des Weibes" (Du Bois-Reymond 1878, n. ²1912, S. 599).

Die Haltung gegenüber der Schmerzbekämpfung bleibt auch im 20. Jahrhundert ambivalent. Das Sterben von Caroline Benn, der Frau des Pastors Gustav Benn und Mutter des Dichters Gottfried Benn (1886–1956), im Jahr 1912 an Brustkrebs steht ebenfalls unter dem Diktat der Anästhesieablehnung aus religiösen Gründen: „Die qualvoll Dahinsterbende blickte erwartungsvoll auf ihren Ältesten, den frischgebackenen Arzt, und der wußte natürlich, daß es hier nur noch Schmerzen zu lindern galt, also Morphium zu geben, wie es in Berlin sogar bei den ärmsten Spitalinsassen in solchen Fällen ein Gebot der Menschlichkeit war. Aber er hatte nicht mit der halsstarrigen Buchstabengläubigkeit seines Vaters, dem Pastor gerechnet. Nein, sagte dieser, kein Linderungsmittel, auch die Schmerzen sind von Gott geschickt, und wir haben sie demütig hinzunehmen. So mußte also der Sohn und Arzt hilflos zusehen, wie seine Mutter unter Qualen starb" (Lennig 1962, S. 28).

Im 19. und 20. Jahrhundert kommt es zu einer Fülle neuer naturwissenschaftlicher und speziell medizinischer Interpretationen des Schmerzes. Institutionen zur Schmerzerforschung werden gegründet; der Einrichtung der ‚International Association for the Study of Pain' im Jahre 1973 folgen zahlreiche nationale Tochtergesellschaften. Der Schmerz wird in den wissenschaftlichen Studien auf der physiologischen wie psychologischen Ebene erforscht, der Schmerz soll kontrolliert werden und doch immer wieder therapeutisch nicht überwunden werden können. Dem Schmerz wird in seiner Bedeutung für die Entwicklung des Individuums wie des Menschengeschlechts nachgegangen, er wird in seinen positiven wie negativen Funktionen erörtert. Verschiedene theoretische Ansätze (Spezifitätstheorie, Impulstheorie, Intensitätstheorie und Mustertheorie) stehen sich gegenüber oder werden zu integrieren versucht – wie etwa von den Medizinern Ronald Melzack und Patrick D. Wall mit ihrer auch für die Therapie bedeutsamen „Gate-Control-Theorie", das heißt der Auffassung, „daß ein Nervenmechanismus in den Hinterhörnern des Rückenmarks wie ein ‚Tor' funktioniert, das den Strom der Nervenimpulse von den peripheren Fasern zum Zentralnervensystem entweder verstärken oder abschwächen kann" (Melzack 1978, S. 151f.). Melzack betont aber selbst, daß mit den neuen wissenschaftlichen Entdekkungen sich schon wieder neue Schmerztheorien als notwendig erwiesen hätten. „No one who has worked on the problem of pain has ever been able to define pain to the satisfaction of all his colleagues" (Melzack 1961, S. 41). Neueste Fortschritte der Chemie und Biochemie (Encephaline, Endorphine, körpereigene Opioide) scheinen eine Zukunft möglich zu machen, in der die Schmerzempfindung aufgehoben ist und zugleich das Bewußtsein erhalten bleibt. Der kulturelle Umgang mit dem Schmerz wie die Einstellung zur Natur und vor allem zum eigenen Körper wird von diesen neuen Einsichten und Behandlungsformen tiefgreifend geprägt. Schmerzüberwindung bringt nicht nur eine neue Naturwahrnehmung hervor, mit der veränderten Naturwahrnehmung verändert sich auch die Kultur des Leidens, der Umgang mit Geburt und mit Sterben. Mit den neuen Möglichkeiten der Medizin hängen zahlreiche ethische oder juristische Fragen zusammen. Die Palliativmedizin der Gegenwart (pallium = Mantel) steht für Versuche, die physischen Schmerzen zu lindern und kranken wie sterbenden Menschen in Leid und Verzweiflung beizustehen.

Auch im 20. Jahrhundert kommt es außerhalb der Naturwissenschaften und Medizin weiterhin zu literarischen, theologischen und philosophischen Darstellungen und Deutungen des Schmerzes, die für sein Verständnis und seine normative Beurteilung, für die praktisch-theoretischen Versuche der Medizin, für die sozialen und staatlichen Reaktionen für den Umgang des einzelnen Menschen von großer Bedeutung sind. Wiederholt wird vor dem Ideal einer Welt ohne Schmerzen und Leiden gewarnt. Rilke weist aus eigenem Erleben auf die anonyme und unmenschliche Welt des Schmerzes hin („ce plan insituable et si peu humain"). Ebenso erhellend wie bewegend sind die Briefe des Dichters aus den letzten Monaten, Wochen und Tagen der Leukämieerkrankung: „Das Schwerste, das Langwierigste: abzudanken, der ‚Kranke' zu werden. Der kranke Hund ist noch immer Hund. Wir, sind wir von einem bestimmten Grade unsinniger Schmerzen an noch wir? Man muß der Kranke werden, muß dieses absurde Metier unter den Augen der Ärzte lernen. Das ist langwierig! Und ich werde niemals geschickt genug sein, daraus einen Nutzen zu ziehen! In dieser Angelegenheit verliere ich" (8. 12. 1926). Auf die vom medizinischen Fortschritt erzielte Schmerzlinderung reagieren die krebskranken Männer in Thomas Wolfes (1900–1938) Roman *Von Zeit und Strom* (1935) mit Ablehnung und Haß: „Man erlebte einen Tod ohne die uralten Qualen des Menschen, ohne das alte, hagere Siechen, einen Tod, der des uralten Schreckens und der strengen Würde des Sterbens bar ward, einen verschämt-lautlosen, narkotisch-dumpfen Übergang in die Vergessenheit mit dem Geschmack von Chemikalien im letzten Atemzug. Und die Vorstellung eines solchen Todes erfüllte einen mit Haß".

Ein abschreckendes Bild einer von moderner Naturwissenschaft und Medizin geprägten Welt mit einem reduzierten oder künstlichen Natur- und Leibverhältnis entwirft Aldous Huxley (1894–1963) in seinem utopischen Roman *Schöne neue Welt* (1932). Medizin ist verstaatlicht, Ärzte sind zu Funktionären des Staates geworden. Die Natur wird bekämpft und für negativ gehalten. Eine statische und hochzentralisierte Gesellschaft mit scharf unterschiedenen Kasten ist entstanden und hat Geschichte, Familie und Individualität untergehen lassen. „Nur die Blume des Jetzt blühte rosig" – „jedermann ist seines Nächsten Eigentum". Natürliche Geburt ist durch Züchtung ersetzt, der „Bereich bloßer sklavischer Nachahmung der Natur" überschritten; physische und psychische Eigenschaften werden total geplant, einschließlich der subjektiven Zufriedenheit mit der sozialen Lage und Persönlichkeit eines Alpha-, Delta- oder Epsilonmenschen. Genetische Züchtung und postnatale Konditionierung, ständige Propaganda, auch im Schlaf (Hypnopädie), und vollkommene Befriedigung aller Bedürfnisse (Fühlkino, Sexualhormonkaugummi, Duft- und Farbenorgel, Vibrovakuumsmassage) sichern diesen Zustand. Der Mensch dieser technisierten und naturfernen Welt kennt keinen Schmerz. Leidenschaft ist ihm ebenso fremd wie Mut, Scham, Kummer und Einsamkeit. Die Medizin hat nahezu alle physischen und psychischen Krankheiten überwunden, sie schenkt Jugend und Vitalität bis zum Tod, der wie das Ereignis der Geburt aus dem Leben verdrängt ist. Sterben erscheint als ein Vorgang wie jeder andere physiologische Prozeß; Angst, Reue und Trauer sind ihm gegenüber unangebracht – „als ob der Tod etwas Schreckliches und ein Menschenleben der Rede wert wäre". Schon den Kindern wird durch Besuch von Moribundenkliniken die Begegnung mit dem Tod zu einem angenehmen Erlebnis: „Dort gibt es die erstklassigsten Spielsachen und an Sterbetagen Schokoladencreme". Soma wird zum tröstenden Heilmittel bei allen Belastungen, es läßt Raum und Zeit vergessen, ist eine Droge ohne Nebenwirkungen. Die Menschen werden „weder von Kopfschmerzen noch Mythologie geplagt". Soma wird vom Staat nicht nur zugelassen, sondern als ein wesentliches Instrument der Unterdrückung bewußt eingesetzt; Psychotherapie tritt der Diktatur zur Seite. Auf die brutalen Mittel älterer Diktaturen wie Verfolgung und Folter kann verzichtet werden, sanfte Mittel werden von der Diktatur der Moderne angewandt: „Sie holt sich ihre Inspiration nicht beim Inquisitor oder beim SS-Mann, sondern beim Physiologen und seinen methodisch-konditionierten Versuchstieren". In diese Welt gerät John, ein „Wilder" aus einem Reservat, in dem sich die Verhältnisse der „Zeit vor Ford" mit alten Sprachen und Kunst, mit Mystik, Aberglauben und Religion, mit Schmutz, Krankheit und Alter erhalten haben. Der Wilde ist selbst ein Fremder im Reservat, da seine Mutter Linda aus der zivilisierten Welt stammt; er hat mit Shakespeare (1564–1616) „Zeit und Tod und Gott entdeckt". Von den „Errungenschaften" der Zivilisation ist er enttäuscht, er lehnt Soma ab, fühlt sich von der normierten Gleichheit der Menschen angewidert, bedauert, daß Kunst durch Nachschlagewerke und Fühlkino ersetzt wurde. Die Menschen, die ihm begegnen, sind unfähig, ihn zu begreifen, die triviale Liebeserwartung von Lenina Crowne kann und will er nicht erfüllen. Johns Aufstand gegen Soma und für die Freiheit mißlingt; Wahnsinn und Freitod sind sein Ende. Die „Schöne neue Welt", nicht frei von konstruierten und satirisch überspitzten Zügen, läßt ein grundsätzliches Dilemma des Fortschritts erkennbar werden: Moderne Zivilisation führt zunehmend in eine materialistische Welt der Unfreiheit, zugleich kann die Alternative

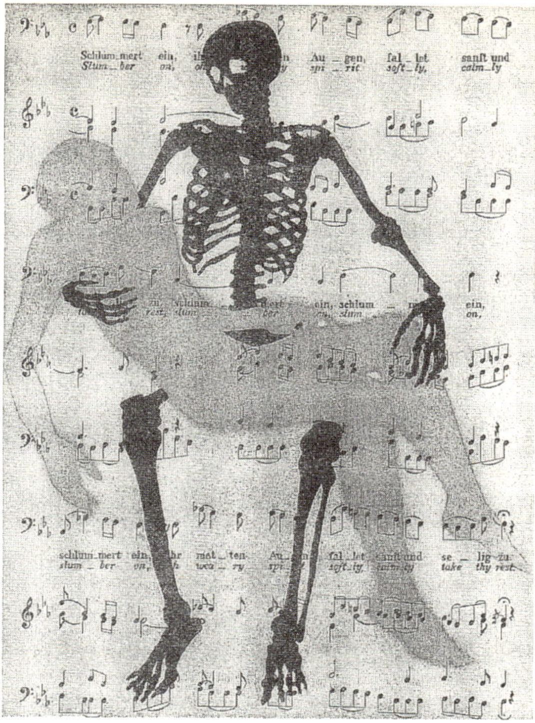

Abb. 16: Rune Mields, „Schlummert ein …“. Bach-Kantate Nr. 82.

eines primitiven Naturzustandes nicht überzeugen. Gibt es einen dritten Weg, jenseits von Zivilisation und Barbarei? Die 1959 von Huxley veröffentlichte Nachschrift *Dreißig Jahre danach* zeugt nicht von Optimismus: „Der Alptraum totaler Organisation, den ich ins 7. Jahrhundert n.F. verlegt hatte, ist aus der ungefährlich fernen Zukunft herausgetreten und erwartet uns nun unmittelbar vor unserer Tür“.

Der Umgang mit dem Schmerz ist ein Ausdruck der Beziehung zur Natur, zum Verhältnis von Leib und Seele. Ernst Jünger (1895 bis 1998) setzt 1934 in seinem Essay *Über den Schmerz* modernes Leibpathos und medizinische Schmerzvermeidung in eine innere Beziehung: „Das Geheimnis der modernen Empfindsamkeit beruht nun darin, daß sie einer Welt entspricht, in der der Leib mit dem Werte selbst identisch ist. Aus dieser Feststellung erkärt sich das Verhältnis dieser Welt zum Schmerz als zu einer vor allem zu vermeidenden Macht, denn hier trifft der Schmerz den Leib nicht etwa als einen Vorposten, sondern er trifft ihn als die Hauptmacht und als wesentlichen Kern des Lebens selbst" (Jünger, n. 1960, S. 165). Folgerichtig heißt es dann weiter: „Nenne mir Dein Verhältnis zum Schmerz, und ich will Dir sagen, wer Du bist!" (Jünger, ebd., S. 151); analog könnte hinzugesetzt werden: „und welches Verhältnis Du hast zur Natur".

Von Malern wie Ferdinand Hodler (1853–1918), Edvard Munch (1863–1944) und Frida Kahlo (1907–1954) wird im 20. Jahrhundert auf besonders eindrucksvolle Weise der Schmerz zwischen Natur und Geist, zwischen Empirie und Transzendenz dargestellt. In Hodlers Zyklus von Zeichnungen und Gemälden über die Krankheit und das Sterben seiner Geliebten Valentine Godé-Darel (1873–1915) aus den Jahren 1913 bis 1915 manifestiert sich die Kraft der Kunst zur Wiedergabe und Bewältigung der Endlichkeit des Menschen. Hodler trägt am 14. November 1914 in seinem Tagebuch die Beobachtung ein: „So kommt der Tod auf uns zu, jede Sekunde unseres Lebens ist es eine schöne ruhige Bewegung und eine Gegenbewegung. Wenn du ihn aufnimmst in dein Wissen, in deinen Willen: das schafft die großen Werke! Und du hast nur dieses eine Leben, um etwas zu leisten. Das gliedert unser ganzes Leben, es gibt ihm einen vollkommen anderen Rhythmus. Das zu wissen, verwandelt den Todesgedanken in eine gewaltige Kraft" (Brüschweiler, 1976, S. 33).

Die Kulturgeschichte der Natur erweist sich auch beim Schmerz als ein Dialog zwischen den verschiedenen Wissenschaften und Künsten mit der Biologie. Interpretationen der Maler und Dichter, Philosophen und Theologen werden auch von der Medizin beachtet und prägen das allgemeine wie individuelle Bewußtsein. Nach Max Scheler verführt ein Dasein ohne Schmerz zu „metaphysischem Leichtsinn" (Scheler 1914, S. 23). Der Übergang von der Welt der primitiven Völker in die Welt der Kulturvölker sei mit einer Zunahme der Schmerzsensibilität verbunden: „Die *Leidensfähigkeit* an *denselben* Schmerzempfindungen ist zweifellos geringer und steigt mit der Zivilisation" (Scheler, n. ²1963, S. 49). Der Mensch könne gleichzeitig positive und negative Gefühle empfinden, so wie es in Luthers Bericht nach dem Tode

Abb.17: Die sieben Lebensalter des Weibes, um 1544, Hans Baldung gen. Grien. Basel, Kunstmuseum

seiner Tochter Magdalene zum Ausdruck komme: „Ich bin ja fröhlich im Geist, aber nach dem Fleisch bin ich sehr traurig. Ein Wunderding ist's, wissen, daß sie gewiß im Frieden und ihr wohl ist und doch noch so traurig sein" (Scheler, n. ^{2}1963, S. 70). Man könne selig sein und zugleich körperliche Schmerzen leiden, für den Märtyrer liege gerade im Schmerzerleben Seligkeit, das Umgekehrte sei ebenfalls möglich: „man kann andererseits, in tiefster Seele verzweifelt, jegliche sinnliche Lust erleben, ja sogar ichzentriert genießen" (Scheler, n. 1954, S. 333). Für die Bewertung von Schmerz und Leid ist nach Scheler der Wechsel von der Antike in die christliche Welt fundamental gewesen: „Der Eudaimonist sucht die Lust. Er findet – Tränen. Der Jünger Christi *besitzt* die

Seligkeit. Er sucht den Schmerz, um dieser Seligkeit (als fortdauernd über die Schwankungen der peripheren Glücksgefühle) immer tiefer und klarer bewußt zu werden. Für den antiken Menschen, der im Grunde Eudaimonist bleibt, war die äußere Welt heiter und lustig. Aber ihr *Kern* war ihm tief traurig und dunkel. Hinter dieser fröhlichen Publizität und Oberfläche der Welt, die man die ‚heitere Antike' nennt, gähnt ‚Moira' und ‚Zufall'. Für den Christen ist die äußere Welt dunkel, nächtlich und voll Leid. Aber ihr *Kern* ist nichts als lauter Seligkeit und Entzücken" (Scheler, n. ²1963, S. 71).

Körperlicher Schmerz ist nach Jean-Paul Sartre ein spezifischer Zustand des Leibes als Für-sich-Sein, der ebenso seelisch ist wie der Leib als Für-Andere-Sein: „es gibt nichts hinter dem Leib, sondern der Leib ist ganz und gar ‚seelisch'", heißt es in *Das Sein und das Nichts* (n. 1987, S. 401). Martin Heidegger sieht im Schmerz eine besondere Weise des In-der-Welt-Seins (*Sein und Zeit*, 1927). Karl Jaspers interpretiert in der *Allgemeinen Psychopathologie* den körperlichen wie den seelischen Schmerz als wesentliche Erscheinungsweisen des Lebens. Utopisches Denken in Wissenschaft und Politik erkläre Schmerz wie Leid für überwindbar: „Wenn nur Biologie und Medizin erst ihren Gipfel und die politische Kunst vollendete Gerechtigkeit erreicht haben, werden sie alle Schmerzen und Krankheit und alle beengende Abhängigkeit zu vermeiden lehren; der Tod wird wie das schmerzlose, weder ersehnte noch gefürchtete Erlöschen eines Lichtes sein" (n. ⁹1973, S. 230). Die täuschende Haltung des „Daseins" müsse in die wahre Haltung der „Existenz" übergehen, die allein der sozialen Anteilnahme und mitleidenden Weltverbundenheit den Rahmen oder das Fundament geben könne: „Wird so das Leiden im Ursprung selbst gebunden, gewinnt es einen nichtbegriffenen Sinn, da es eingesenkt ist in das Absolute. Mein Leid ist nicht mehr zufällig das Verhängnis meiner Verlassenheit, sondern Daseinserscheinung der Existenz. Jetzt kann der transzendierende Ausdruck in dem Gedanken gesucht werden, daß, wenn ich andere leiden sehe, es ist, als ob sie in Vertretung für mich leiden, und als ob die Forderung an Existenz gehe, das Leid der Welt als ihr eigenes Leid zu tragen" (ebd., S. 232f.).

Im Kampf gegen das Schicksal erkennt Ernst Bloch eine Verwandtschaft zwischen medizinischer und sozialer Utopie; das

‚Prinzip Hoffnung' stehe auch über der Medizin: „Der Leib wurde bisher nur auf begrenzte, auch fragwürdige Arten von Gesundheit orientiert, auch hat die Gesellschaft eine Menge Krankheiten möglich gemacht (venerische, tuberkulöse, neurotische), von denen die Tierwelt wenig oder gar nichts weiß. Dafür aber meinte der organische Wunschtraum mindestens einen Leib, auf dem *nur Lust, nicht Schmerz* serviert wird und dessen Alter *nicht Hinfälligkeit, als Schicksal,* ist" (Bloch, n. 1959, S. 541). Wesentliche Anregungen der Gegenwart stellen die Analysen des Schmerzes durch den Philosophen Hermann Schmitz dar, die grundsätzlich der „Leibvergessenheit", die bereits in der Antike eingesetzt habe, entgegenwirken sollen: „Die Entwicklung der dominanten Denk- und Willensrichtungen in Europa hat dem spürbaren Leib schon zwischen Homer und Alexander die Beachtung als zentrales Thema des Selbst- und Weltverständnisses entzogen" (Schmitz 1987, S. 270; vgl. a. Schmitz 1966 und 1967).

Schmerzüberwindung trägt zur Lebensfreude bei und kann die Angst vor dem Sterben mindern. Zugleich verliert der Mensch mit diesen Möglichkeiten das Verständnis für den Sinn des Schmerzes wie allgemein der Krankheit. Metaphysische oder naturphilosophische Ebenen werden im Verlauf der neuzeitlichen Entwicklung der Medizin zunehmend für unwesentlich erklärt: „Das Vordringen zu den letzten metaphysischen und ersten physischen Ursachen, Elemente, Formen, Ursprung der Bewegung ist für den Arzt weder notwendig, noch nützlich, noch möglich", stellt bereits der Mediziner Hermann Boerhaave (1668–1738) in seinen *Institutiones medicae* aus dem Jahre 1708 (S. 6f.) fest. Mit der cartesianischen Trennung von Körper und Seele konnte der Schmerz zunehmend als beseitigbar verstanden werden, tritt er dennoch auf, so muß das als unnötige Belastung erscheinen, die auch auf Kosten der Gesundheit zu überwinden ist – mit Medikament und Operation und weniger durch Veränderung der Lebensweise und Einstellung. 1956 stellt der Vatikan fest, daß eine schmerzlose Geburt dem Schöpfungsbericht nicht widerspreche, daß die modernen Möglichkeiten der Anästhesiologie hier wie auch in anderen Fällen angewendet werden dürften.

Die Beiträge der anthropologischen Mediziner des 20. Jahrhunderts sind dagegen den Analysen und Traditionen der Philosophie und Theologie verpflichtet, haben ihrerseits Philosophen und Theologen in ihren Beschreibungen und Untersuchungen angeregt. Viktor von Weizsäcker entwickelt in seiner *Pathosophie* (1956) eine anthropologische Betrachtung des Schmerzes und seiner Unterschiede wie den Versuch seiner Linderung oder Beseitigung (v. Weizsäcker 1967, S. 297ff.). Am „Ariadnefaden der Schmerzen" soll sich das „Gefüge der Lebensordnungen" demonstrieren lassen. Man könne beim Schmerz von einem Organdialekt sprechen. Erwin Straus (1891–1975) ordnet den Schmerz in das Spektrum des Sinns ein: „Am einen Ende der Skala findet sich das gemeinsame Mitteilbare und die Mitteilung im geformten Wortlaut und Schrift, am anderen Ende die Einsamkeit des Schmerzes, der sich zuletzt nur noch im ungeformten Klagelaut und Schrei äußern kann" (Straus [2]1956, S. 403). Viktor Emil von Gebsattel interpretiert den Schmerz in seinen *Prolegomena einer medizinischen Anthropologie* (1954) im Blick auf die Trennung von Ich und Leib. Herbert Plügge geht in seinen Analysen besonderes auf den Herzschmerz ein (1962). Alfred von Auersperg (1899–1969) plädiert für eine Relativierung des parallelistischen Ansatzes der medizinischen Schmerzdeutung, der auf den cartesianischen Dualismus zurückgehe und bis in die Gegenwart gültig geblieben sei. „Der Schmerz zeigt eine zweifache Natur: Die Schmerzempfindung und das Schmerzgefühl (Dallenbach). Empfindung ist ein Element der Wahrnehmung. Sie bedeutet eine objektiv zutreffende oder objektiv unzutreffende Abbildung einer Reizbegegnung und ermöglicht im Falle der zutreffenden Abbildung den geordneten Vollzug der aktiven Bewältigung der uns begegnenden Reize. Gefühl dagegen ist eine den psychischen Zustand des Subjekts bezeichnende Erlebnisweise, welche jeweils das Gesamtverhalten des Individuums und damit auch sein Verhalten gegenüber den ihm begegnenden Reizen bestimmt". Von großer Bedeutung sei die Differenz zwischen dem „exterozeptiven" Oberflächenschmerz und dem „interoceptiven" Eingeweideschmerz, die in ihrem biologischen Sinn voneinander abwichen. „Schützt der exteroceptive Schmerz das betroffene Individuum als eine zutreffende warnende Meldung, so macht im Gegensatz dazu der interoceptive Schmerz das kranke Individuum zur leichten Beute und läßt auf diese Weise das Abgelebte und Kranke verschwinden, um das Gesunde, das Bild der natürlichen Ordnung, bestimmen zu lassen" (v. Auersperg 1963, S. 31).

Der anthropologische Mediziner F. J. J. Buytendijk sieht im Schmerz eine körperliche Erscheinung, die vom Menschen wahrgenommen, bewertet und beantwortet wird; stets zeige sich zugleich der Leidende in seinen Reaktionen geprägt von Gesellschaft und Kultur, andererseits sei die naturale Basis nicht zu vernachlässigen; bereits in der leiblichen Ebene besitze der Schmerz Sinn oder Bedeutung: „Der Mensch, der Schmerz leidet, hat einen anderen Körper und ist ein anderer Mensch". Und in noch allgemeinerer Wendung: „Die normale Beziehung zum Körper, welche die Möglichkeit eines Schmerzerlebnisses bedingt, ist gekennzeichnet durch eine Zweideutigkeit, die wir in der Aussage andeuten, daß man einen Körper *hat* und sein Leib *ist*. Wir können uns nie von unserem leiblichen Sein völlig unterscheiden, aber auch unser persönliches Sein nicht mit dem Sein unseres Leibes identifizieren" (Buytendijk 1955/56, S. 441 u. 443). Für den von Heidegger beeinflußten Mediziner Medard Boss kann es grundsätzlich keine naturwissenschaftlichen Schmerztheorien geben, „da sie nur von Bedingungen seines Auftretens, nicht aber von ihm selbst handelten"; über diese Grenze könnten sich auch die modernen Schmerzbeiträge nicht hinwesetzen: „Die eben erwähnten spezifischen, unspezifischen und Kontrollsystem-Theorien der modernen Neuro-Physiologie tragen den Namen von Schmerztheorien vielmehr ganz zu Unrecht. Sie sind gar keine Schmerztheorien, weil sie von etwas völlig anderem als von Schmerzen handeln. Sie sprechen bestenfalls von gewissen Bedingungen für das Vorkommenkönnen von Schmerzen" (Boss 1975, S. 124).

Gegenwart

Wahrnehmung, Ausdruck, Bewertung, Verhalten und Behandlung sind die entscheidenden Dimensionen für die Analyse des Schmerzes in historischer wie systematischer Hinsicht. Die von der Schmerzforschung des 20. Jahrhunderts behandelten Themen und vorgetragenen Theorien sind insgesamt überaus detailliert und weitgespannt (Handwerker u. Brune 1987, Kössler 1987, Zimmermann 1984). Dem Schmerz wird in seiner Bedeutung für die Entwicklung des Individuums wie des Menschengeschlechts nachgegangen, und er wird in seiner positiven wie negativen

Funktion diskutiert. Er wird mit anderen Sinnesreizen verglichen, ihn charakterisiert zum Beispiel mangelnde Adaptation.

Ebenso vielfältig sind die von individuellen Wertorientierungen und kulturellen Normen beeinflußten Auffassungen über die Anwendung von Schmerzmitteln – unterschiedlich nach Art und Stadium der Krankheit, abhängig von den Verhältnissen der Klinik, der Praxis oder Hausbehandlung, beeinflußt von der Einschätzung der Suchtgefahr, der Beurteilung des reduzierten Bewußtseins oder möglichen Verkürzung des Lebens, geprägt schließlich auch von den sozialkulturellen Verhältnissen einzelner Länder oder spezifischer Regionen.

Die Sprache des Schmerzes ist vielfältig – für den Mediziner und für den Laien, in den Wissenschaften und in den Künsten, für die körperlichen und seelischen Schmerzen, die selbst wieder überaus abweichende Anforderungen stellen: der Zahnschmerz, der Kolikschmerz, der Verbrennungsschmerz, der Migräneschmerz, der Herzschmerz, die Angst, die Melancholie, die Depression. Immer wieder stößt die Kommunikation zwischen Arzt und Patient an die Grenzen der Sprache in der Wiedergabe des Schmerzes. In Werner Helwigs *Totenklage* (1984) über den Tod seiner Frau heißt es über diese Grenze: „Der Schmerz ist eine der Ingredienzien in der großen Alchemie. Das Unerträgliche, die Qualen, das Abscheuliche haben ihren Bewegungswert im Fortgang des Gesamtgeschehens. Aber im einzelnen und für den einzelnen ist es jedesmal ein ganzer Untergang. Und die Worte, mit denen wir es uns zu erklären suchen, reichen nicht aus, sind wie Sand im Wüstensturm".

Entscheidend für Diagnose und Therapie ist die Beschreibung des Schmerzes durch den Patienten nach den Kategorien des Ortes, der Zeit, der Quantität und Qualität. Nach einem verbreiteten Fragebogen (McGill) geben Patienten ihren Schmerz in den drei Grunddimensionen der Sensibilität („sensory"), Affektivität („affective") und Bewertung („evaluative") wieder, die sich selbst wieder in weitere Unterdimensionen gliedern lassen (Melzack 1983, S. 41–47). Schmerzwahrnehmung oder zumindest Schmerzausdruck zeigt nach empirischen Untersuchungen neben sozialen und individuellen Abweichungen auch kulturelle und ethnische Unterschiede. Beispielsweise äußern Iren ihren Schmerz zurückhaltender als Italiener (Zborowski 1952). Ob der unterschiedlichen

Abb. 18: Baum der Hoffnung, bleibe stark. 1946.
Frida Kahlo, Mexico, Institut Nacional de Bellas Artes.

Äußerung auch eine unterschiedliche Empfindung entspricht, wird sich schwer entscheiden lassen. Mögliche Zusammenhänge zwischen Schmerzwahrnehmung, Schmerzartikulation, Schmerzbewertung, Schmerzverhalten und Schmerzbehandlung stellen zentrale Fragen für die zukünftige Forschung dar.

Im Schmerz des Menschen verbinden sich Natur und Kultur, treten körperliche, soziale, seelische und geistige Dimensionen auf komplexe Weise in einen Zusammenhang. Schmerz ist physisches und seelisches Leiden des Menschen und löst soziale Reaktionen aus. Der Schmerz wird wahrgenommen und zu überwinden gesucht. Der Schmerz kann von keiner Wissenschaft allein umfassend beschrieben und erklärt werden. Mit seiner Deutung sind Wissenschaft, Kunst, Philosophie und Religion gleichermaßen befaßt.

Humanmedizin, die mehr als Heiltechnik sein will, die als anthropologische Disziplin Naturwissenschaft und Geisteswissenschaft zu verbinden sucht, wird im Umgang mit dem Schmerz dem weiten Spektrum zwischen Natur und Kultur gerecht zu werden haben, wird sich um Linderung von Schmerz und Leiden bemühen und zugleich die kosmologisch-anthropologischen Dimensionen berücksichtigen. Der Schmerz muß keineswegs nur negativ beurteilt werden, ihm kann auch ein positiver Sinn abgewonnen werden.

Die letzten Ursachen des Schmerzes liegen in der Trennung von Organismus und anorganischer Natur, von Bewußtsein und Leib, von Schöpfungsursache und Welt. In Thomas Manns *Bekenntnissen des Hochstaplers Felix Krull* (1954) ist von drei Urzeugungen die Rede: „Das Entspringen des Seins aus dem Nichts, die Erwekkung des Lebens aus dem Sein und die Geburt des Menschen". Im Schmerz manifestieren sich, wie sich auch sagen läßt, Einheit und Zwiespalt der Natur im Geist ebenso wie Einheit und Zwiespalt des Geistes in der Natur. Der Schmerz hat viele Gesichter, Ursachen und Auswirkungen, er hat zu zahlreichen Versuchen der Sinngebung und Überwindung geführt und ist doch weitgehend ein Rätsel oder Geheimnis geblieben.

IV.

Lebenskunst im Spektrum von Diätetik und Diät

Auf Krankheit und Schmerz wird nicht nur theoretisch, sondern auch praktisch reagiert – vom einzelnen Menschen und der Gesellschaft, von den Naturwissenschaften und vor allem der Medizin. Kulturgeschichte der Natur ist deshalb stets auch Naturpraxis. Ein zentraler Bereich ist in diesem Zusammenhang wegen der elementaren Verbindung von Natur und Kultur die Diätetik als Lebenskunst oder bewußte Lebensweise, als ganzheitlicher Umgang mit Gesundheit und Krankheit (Ackerknecht 1970, Berg 1962, v. Engelhardt 1993, Niebyl 1971, Rather 1968, Schipperges 1968).

Medizinische Therapie besteht im Prinzip aus drei Ansätzen: Diätetik, Medikament und Operation. In der Geschichte der Medizin kommt es zu einem Wechsel der Akzente. Auch in der Gegenwart gehen die Auffassungen über den Wert dieser unterschiedlichen Interventionsmöglichkeiten auseinander; hinzu kommen abweichende Einschätzungen der Bedeutung von Prävention und Rehabilitation gegenüber der zur Zeit im Zentrum stehenden Behandlung bereits eingetretener Krankheiten. Mit den Therapieformen sind im Medium des eigenen Körpers jeweils unterschiedliche Weisen der Naturwahrnehmung und des Naturumganges verbunden, die stets zugleich kulturell geprägt sind, wie ihnen auch unterschiedliche Formen der Arzt-Patienten-Beziehung entsprechen. Im Vergleich zur medikamentösen Behandlung und noch mehr zum chirurgischen Eingriff bedeutet Diätetik größere Nähe zur Natur. Zugleich sind die Unterschiede dieser Therapieformen nicht absolut und starr; Verbindungen sind möglich und bestimmen den Alltag. Ein dem medikamentösen oder operativen Vorgehen vergleichbares Verhalten kann bereits bei Tieren beobachtet werden, Diätetik ihrerseits heißt im Prinzip kultivierte Biologie.

Diätetik wird in der Medizin der Antike und des Mittelalters der medikamentösen Therapie und dem chirurgischen Eingriff übergeordnet. Die Göttinnen Hygieia und Panakeia stehen im hippokratischen Eid für Diätetik und medikamentöse Therapie: „Ich schwöre und rufe Apollon den Arzt und Asklepios und Hygieia und Panakeia und alle Götter und Göttinnen zu Zeugen an, daß ich diesen Eid und Vertrag nach meiner Fähigkeit und nach meiner Einsicht erfüllen werde". Der Steinschnitt (Chirurgie) wird in diesem pythagoräisch beeinflußten Eid der Ärzte aus dem 5.–4. vorchristlichen Jahrhundert ausdrücklich abgelehnt oder einer besonderen Berufsgruppe zugewiesen, zugleich wird Diätetik mit Moralität oder Gerechtigkeit in eine innere Verbindung gebracht: „Die diätetischen Maßnahmen werde ich treffen zum Nutzen der Leidenden nach meinem Vermögen und Urteil, Schädigungen und Unrecht aber von ihnen abwehren" (n. Lichtenthäler 1984, S. 19).

Die antike naturphilosophisch begründete Zusammensetzung des Kosmos aus den vier Elementen, Qualitäten und Säften soll für den Organismus des Menschen wie für die Natur insgesamt Geltung besitzen; Mikrokosmos Mensch und Makrokosmos Welt sind nach diesem Viererschema immanent aufeinander bezogen (Schöner 1964). Was die Natur aufbaut, liegt auch dem menschlichen Körper zugrunde. Bei Galen, dem großen Eklektiker der antiken Medizin, findet sich das Viererschema in seiner Grundstruktur ausgearbeitet. Auf der Basis dieses Schemas werden die therapeutischen und diätetischen Anweisungen und Ratschläge entwickelt. Gesundheit, Krankheit und Therapie gewinnen in dieser Sicht einen ökologischen Sinn. Selbstgefühl und Naturwahrnehmung werden in einen Zusammenhang gebracht, der auch von vielen Dichtern aller Zeiten immer wieder dargestellt und ebenfalls von den Menschen in ihrem Leben unmittelbar empfunden und aufgegriffen wird. In diesem Sinn gerät auch die trojanische Prophetin Kassandra bei Schiller (*Kassandra,* 1803) durch die Dissonanz des eigenen Inneren zugleich in einen Zwiespalt auch zur Natur: „Fröhlich seh ich die Gespielen, alles um mich lebt und liebt in der Jugend Lustgefühlen, mir nur ist das

Herz getrübt. Mir erscheint der Lenz vergebens, der die Erde festlich schmückt: Wer erfreute sich des Lebens, der in seine Tiefen blickt!"

Diätetik gilt nicht nur und auch nicht vorwiegend als ein Instrument der Medizin, sie stellt vielmehr eine Aufgabe für jeden Menschen dar, ist Lebensweise oder Lebenskunst. Diätetik heißt in der Antike im übrigen keineswegs nur der Umgang mit Essen und Trinken, antike Diätetik bringt Essen und Trinken vielmehr stets mit allen Bereichen des menschlichen Lebens auf der Grundlage der kosmologischen Aufeinanderbeziehung von Welt und Mensch in einen Zusammenhang; Diätetik verbindet Natur und Kultur, ist Naturphilosophie und Anthropologie, ist Teil einer umfassenden Kunst des Lebens (‚ars vivendi') wie Kunst des Sterbens (‚ars moriendi'). Diätetik verlangt genaue Naturbeobachtung und Selbstbeobachtung. Diätetik ist zugleich Stilisierung und Beherrschung unmittelbarer Neigungen. Einheit und Differenz von Natur und Kultur sind konstitutiv für Diätetik in diesem umfassenden Sinn. Der Umgang mit Getränken und Speisen – als eines Teilbereiches der Diätetik – muß mit den Jahres- und Tageszeiten wie auch der Lebensphase und dem Temperament abgestimmt werden: bei cholerischem Temperament wird von scharfen Speisen abgeraten, empfohlen werden kalte Speisen, Phlegmatiker in höherem Alter sollen wärmende Nahrung zu sich nehmen, auch bei Kindern sollen warme und trockene Speisen besonders günstig sein.

In der antik-mittelalterlichen Gliederung der Medizin steht Diätetik („res non naturales") neben Physiologie („res naturales") und Pathologie („res contra naturam"). Galen bringt die Diätetik in eine Ordnung von klassischer Klarheit und überzeitlicher Gültigkeit: in die Ordnung der sogenannten sechs nicht natürlichen Bereiche („sex res non naturales"). Als „nicht natürlich" gelten diese Bereiche, weil sie zwar Natur sind, sich aber nicht wie Atmung oder Kreislauf von selbst verstehen, sondern vom Menschen in die Hand genommen und geregelt werden müssen oder Kultur im Umgang mit Natur sind. Sechs Grundbereiche der Diätetik werden in der Antike als fundamental für den Umgang mit Gesundheit und Krankheit unterschieden: Licht und Luft (‚aer'), Essen und Trinken (‚cibus et potus'), Bewegung und Ruhe (‚motus et quies'), Schlafen und Wachen (‚somnus et vigilia'), Ausscheidungen („secreta et excreta'), Affekte („affectus animi'). Alle Bereiche hängen miteinander zusammen, wirken aufeinander ein, können sich stören oder auch sinnvoll ergänzen.

Diätetik steht in der antik-europäischen Kulturgeschichte mit den Künsten, der Philosophie und Theologie in Verbindung. Nahrung und Ethik oder Nahrung und Glaube werden in der Vergangenheit immer wieder aufeinander bezogen. In stoischer Sicht dürfen Essen und Trinken nicht übertrieben werden, sie gehören nicht zu den entscheidenden, sondern zu den ablenkenden, den sogenannten indifferenten oder gleichgültigen Dingen. Für diese philosophische Bewegung gilt die Einsicht oder Warnung: „festliche Gelage können zu Begräbnissen werden" („saturnalia sunt funeralia"). Das Mittelalter führt die antike Diätetiktradition fort, das kosmologisch-anthropologische Verständnis wird um die religiöse Dimension erweitert. Diätetik steht weiterhin unter den therapeutischen Verfahren der Medizin an oberster Stelle; diese Hierarchie findet in der mittelalterlichen Devise ihren angemessenen Ausdruck: „zuerst das Wort, dann das Medikament und zuletzt der Schnitt" („in verbis, in herbis, in lapidibus"). Für die Distanz der mittelalterlichen Medizin gegenüber der Chirurgie ist auch die theologische Wendung aus jener Zeit bezeichnend: „Die Kirche verabscheut das Blutvergießen" („ecclesia abhorret a sanguine", Konzil 1163).

Diätetik erscheint auch im christlichen Konzept der „Werke der Barmherzigkeit". Zu den körperlichen Werken der Barmherzigkeit zählt nach dem Matthäusevangelium ebenfalls die Gabe von Speise und Trank: „Denn ich bin hungrig gewesen, und ihr habt mir zu essen gegeben. Ich bin durstig gewesen, und ihr habt mir zu trinken gegeben" (Matthäus 25,35). In den geistigen Werken der Barmherzigkeit spielen die Affekte als der sechste Bereich der Diätetik eine zentrale Rolle: Traurige trösten, Zweifelnde beraten, Beleidigern vergeben, Lästige und Schwierige ertragen, Unwissende belehren, Sünder bessern und für alle Menschen beten, wie es in der Zusammenstellung bei Thomas von Aquin heißt. Körper und Seele unterscheiden sich, hängen zugleich zusammen, befinden sich in Wechselbeziehungen. Obwohl die geistigen Werke den körperlichen Werken übergeordnet sind, „so ist doch, wenn es darauf ankommt, ein leibliches Almosen von (höherem) und vorzüglicherem Wert". Anlaß und Motivation lassen nach Thomas von Aquin auch von den körperlichen Werken der Barmherzigkeit „eine geistige Frucht" erwarten (n. [3]1985, Bd. 3, S. 161).

In den Klöstern werden Essen und Trinken ebenso in die Einheit oder den Zusammenhang von Immanenz und Transzendenz eingefügt wie die anderen Bereiche der Diätetik oder grundsätzlich das praktische Engagement der Menschen auf der Erde und die theoretische Beschäftigung mit den Wissenschaften. Franz von Assisi nimmt aus Barmherzigkeit an den Mahlzeiten mit Mönchen teil, die aus Scham über ihre sinnlichen Neigungen auf die Nahrungsaufnahme verzichten wollen; aus dem gleichen Grund ißt er auch mit Aussätzigen aus einer Schüssel: „Und als sich der selige Franziskus mit dem Aussätzigen und mit den anderen Brüdern zu Tisch gesetzt hatte, wurde eine einzige Schüssel zwischen den seligen Franziskus und den Aussätzigen gestellt. Dieser war aber ganz mit Geschwüren bedeckt und ekelhaft anzusehen; er hatte zusammengekrümmte und blutende Finger; und so oft er die Speise aus der Schüssel nahm, floß Blut und Eiter aus den Fingern in die Schüssel" (Franz von Assisi, n. 1953, S. 105).

Besondere Aufmerksamkeit verdient in der Perspektive der Diätetik auch der Umgang mit dem Wasser – stets im Blick auf das Zusammenspiel von Natur und Kultur. Nach dem Verfall der römischen Badekultur ist im späten Mittelalter ein Wiederaufleben der Badekultur zu beobachten. In zahlreichen Städten werden Bäder gebaut, wohlhabende Bürger richten in ihren Privathäusern Baderäume ein, in denen in diätetischer Ganzheitlichkeit die Befriedigung aller Sinne verfolgt wird. Zur Fortführung der antiken Badekultur kommt es auch in Byzanz und in der Welt des Islam. Die Araber halten am Heißluftbad fest, geben die Bassins und die Gymnastik aber auf. An verschiedenen Orten in Südeuropa – vor allem in Spanien – sind noch heute arabische Badeanlagen zu besichtigen, in Osteuropa haben sich Badeanlagen aus türkischer Zeit bis in die Gegenwart erhalten. Die Stiftung von Bädern gilt wie die Einrichtung und Unterstützung von Hospitälern als ein christlicher Akt der Wohltätigkeit. Als besonderer Beweis karitativer Tätigkeit gilt das Waschen des Aussätzigen. In der Augustinerregel, die seit dem Ende des 11. Jahrhunderts zunächst für die Kanonikerstifte, dann für die christlichen Hospitäler insgesamt bestimmend wird, erhält das Baden ebenfalls einen prominenten

Platz. Es heißt dort, ganz der benediktinischen Tradition der Sorge um den Körper (‚cura corporis') verpflichtet: „Auch dem Körper soll man Bäder nicht versagen, wenn seine Schwächlichkeit sie notwendig macht. Sie sollten auf das Gutachten der Heilkunde (‚consilio medicinae') ohne Widerrede genommen werden".

In der arabischen Medizin spielt das Konzept der „sex res non naturales" ebenfalls eine zentrale Rolle, so zum Beispiel im *Canon Medicinae* des Avicenna (980–1037). Essen und Trinken besitzen für den gläubigen Moslem einen sakralen Charakter und sind auf Jahreszeiten, Tageszeiten und Lebensphasen wie Bewegung und Ruhe, Ausscheidungen und Affekte abzustimmen. Die Nahrung soll nach dem Vorbild Mohammeds (570–632) mit der rechten Hand aufgenommen werden, da die linke Hand der Reinigung nach der Verrichtung der Notdurft dient; fromme Moslems berühren auch heute noch die Speisen nicht mit der linken Hand. Der Prophet, der auch als Arzt („tabib") und Freund („habib") bezeichnet wird, da Propheten als Ärzte der Seele gelten (Prophetenmedizin, „tibb an-nabawi"), hatte eine Vorliebe für Lamm, Milch, Datteln und Honig, mochte weder Zwiebeln noch Knoblauch, hielt regelmäßig Fastenzeiten ein und soll sich nie sattgegessen haben. Überliefert ist das diätetisch-ganzheitliche Wort des Propheten: „Ich faste und ich esse, ich wache und ich schlafe, ich lebe in der Ehe. Und wer meiner Sunna nicht folgt, der ist nicht von mir" (Andrae, n. 1975, S. 148).

Über die Übersetzungen arabischer Medizintexte in die lateinische Sprache kommt es im ausgehenden Mittelalter zur Einführung des Diätetikkonzeptes der „sex res non naturales" in Westeuropa. Die lateinische Version der arabischen *Isagoge* des Johannitius aus dem 9. Jahrhundert verwendet für die Diätetik den Ausdruck der „nicht natürlichen Dinge" („res non-naturales"); bei anderen Autoren finden sich auch andere Bezeichnungen und andere Unterteilungen. Transzendenz schließt Lebenskunst und Gesundheitserziehung nicht aus; auch nach mittelalterlichem Denken soll der Körper bei aller Unterordnung unter den Geist als Gefäß der Seele gepflegt werden. Hildegard von Bingen verurteilt eine übertriebene Enthaltsamkeit vom Trinken; die Folge sei eine „Schwerfälligkeit (gravitas) an Leib und Geist". In antiker Tradition beachtete Friedrich II. (1194–1250) beim Essen die Konstellation der Sterne. Zahlreiche Gesundheitsschriften werden in jener Zeit verfaßt, differenziert nach beiden Geschlechtern, den unterschiedlichen Ständen, Berufen, Altersstufen und Lebenssituationen (Schmitt 1973). Eine Grundschrift der Diätetik aus dem Mittelalter stammt aus der Medizinschule von Salerno.

Das *Regimen Sanitatis Salernitanum* aus dem 11. Jahrhundert ist auf das antike kosmologische Viererschema der Elemente, Qualitäten und Säfte wie auf das anthropologische Konzept der „sex res non naturales“ bezogen. Viele Wendungen haben sich in zahlreichen Sprachen und im Laiendenken bis heute erhalten, so zum Beispiel die diätetische Aufforderung: „nach dem Essen sollst du ruhn oder 1000 Schritte tun“. Wie sehr Physiologie auch in diesem Text immer zugleich Psychologie oder Philosophie meint, wird in der Grundforderung des salernitanischen Gedichtes manifest: „Besser als ein Arzt sei die dreifache Regel: Ruhe, Heiterkeit, Mäßigkeit“ („Si tibi deficiant medici, medici tibi fiant haec tria; mens laeta, requies, moderata diaeta“). In seinem Eßverhalten soll der Mensch grundsätzlich auf die folgenden sechs Kriterien achten: „wie, was, wann, wieviel, wie oft und wo“ („quale, quid, quando, quantum, quoties et ubi dando“). Doch soll Mäßigkeit nicht zu weit getrieben und nicht mit Hungern verwechselt werden; Diätetik setzt ausreichende Lebensmittel voraus.

Die Säkularisierung der Neuzeit wirkt sich auch auf das Konzept der Diätetik aus, der ganzheitliche Zusammenhang verliert sich über die Jahrhunderte, das Körperliche tritt in den Vordergrund. Der therapeutische Schwerpunkt verlagert sich insgesamt von der Diätetik zum Medikament und zur Operation. Diätetische Texte werden zunächst aber noch weiterhin veröffentlicht, die Unterschiede in ihrer Weite und Differenziertheit sind groß. In den Gesundheitsratgebern in der Tradition des *Tacuinum Sanitatis* für Laien auf der Basis der sechs nicht natürlichen, aber lebensnotwendigen Dinge, bestehen Verbindungen zwischen Mittelalter und früher Neuzeit. Auch Paracelsus hält noch an dieser Tradition fest, zum Beispiel an der moralischen und religiösen Bedeutung der Nahrungsaufnahme mit seiner Mahnung: „Drum esse und trinke ein jeglicher so, daß er am Jüngsten Tage seine Völle zu verantworten wisse“. Viele Schriften von Medizinern aus jener Zeit stehen in dieser Tradition der Diätetik. In Thomas Elyots (um 1490–1546) *Schloß der Gesundheit* (1541) werden die

„things not natural" ebenso aufgeführt wie in Jean Fernels (1497 bis 1558) *Medicina* von 1554 oder in der Studie von Johann Katzsch (1538–1598) über die Erhaltung der Gesundheit (*De gubernanda sanitate, secundum sex res non naturales*, 1570). Robert Burton (1577–1640) erklärt in seiner *Anatomy of Melancholy* (1621) seinerseits die „six non-natural things" zu den wesentlichen Krankheitsursachen, den „causes of our infirmities", speziell auch der Melancholie (Burton, n. 1992, S. 88).

Über den diätetischen Umgang mit Gesundheit und Krankheit werden nicht allein von Naturwissenschaftlern und Medizinern Veröffentlichungen vorgelegt; Philosophen und Künstler entwikkeln ihrerseits diätetische Konzepte und konkrete Vorschläge, die auch heute noch Beachtung verdienen. So gibt der Renaissancephilosoph Marsilio Ficino (1433–1499) diätetische Empfehlungen für Gelehrte: nicht zuviel Speise und Trank, Zurückhaltung in der Sexualität, keine Arbeit während der Nacht, Verzicht auf Schlaf am Tage und vor allem Erfrischungen der inneren wie äußeren Sinne: Ausflüge mit dem Wagen, dem Boot oder zu Pferde, edle Düfte, wohlklingende Musik, rote und grüne Farben, glitzerndes Wasser, Umgang mit sympathischen Menschen, anregende Gespräche (*Liber de vita*, 1489).

Die Psychophysiologie des Alterns wie der diätetische Umgang mit den Veränderungen dieser Lebensphase werden wiederholt in der gedoppelt kosmologisch-anthropologischen und religiösen Dimension interpretiert und entworfen. Langes Leben setzt nach Cervantes (1547–1616), wie es im *Don Quijote* heißt, „gute Konstitution und wenig Sorgen" voraus. Ein Leben in Mäßigkeit führt in John Miltons (1608–1674) *Paradise Lost* (1667) zu einem sanften Tod („Euthanasie"), einem Verlust an physischen und geistigen Kräften ganz im Sinne der antiken Humoralpathologie: „Alt wirst du so; doch überlebst du dann auch deine Jugend, Kraft und Schönheit; welk und schwach und grau, an allen Sinnen stumpf, mußt du verzichten auf Genuß und Reiz; statt heitrer, hoffnungsreicher Jugendlust schleicht trübe Schwermut durch die Adern dir, drückt kalt und trocken deinen Geist danieder und zehrt zuletzt den Lebensbalsam auf". Caesar sehnt sich bei Shakespeare nach „wohlbeleibten Männern" mit „glatten Köpfen und die nachts gut schlafen! Der Cassius dort hat einen hohlen Blick: Er denkt zuviel! Die Leute sind gefährlich!" (Akt 1, Szene 2).

Liebeskummer führt ebenso zu seelischer Störung wie exzessive Beschäftigung mit den Wissenschaften und Künsten. Der törichte Doktor ohne Bart in Johann Beers (1655–1700) *Narrenspital* (1681) hat seinen Verstand über den drei Galgenvögeln Hoffart, Stolz und Ehrgeiz verloren. Seine therapeutischen Vorschläge für die unterschiedlichsten Leiden versieht dieser närrische Arzt – in Anspielung auf den hippokratischen Aphorismus „Ars longa, vita brevis" – mit dem Satz: „Das Jahr ist lang, der Tage sind viel, der Stunden sind noch mehr, was heute nicht geschieht, das kann morgen geschehen". Jupiter bedroht Springinsfeld im Roman *Simplizissimus* (1668) des Grimmelshausen (1622–1676) mit der „Plag Erysichthonis", das heißt mit einem nie zu stillenden Hunger.

Die verschiedenen Berufe wirken sich abweichend auf Körper und Seele aus und verlangen nach unterschiedlicher Diätetik oder Lebenskunst; vom besonderen Persönlichkeitstyp hängt aber bereits die Wahl des Berufes ab. Wie alle Berufe müssen auch die Künste nach ihren diätetischen Anforderungen differenziert werden. Die geringere körperliche Anstrengung der Malerei im Verhältnis zur Bildhauerei soll nach Paolo Pini (16. Jh., *Dialogo di pittura*, 1548) Melancholie mit einer Hinwendung zur Welt der Ideen nahelegen: „die Malerei verlangt keine körperliche Anstrengung, sondern macht den Menschen seßhaft und melancholisch, heftet seine natürlichen Fähigkeiten auf die Idee" (n. Pontormo 1988, S. 22). Zeugnisse der Alltagswelt belegen die Lebendigkeit dieser antik-diätetischen Tradition. Bei dem Maler Jacopo Pontormo, der ein *Tacuinum sanitatis* verfaßt und auch eine *Szene aus dem Spitalleben* (1514) gemalt hat, verbinden sich medizinische und ästhetische Anthropologie oder Diätetik und Artistik. Der autobiographische *Libro mio* bietet mit seinen Aufzeichnungen der Jahre 1554–1556 ein faszinierendes Zeugnis, auf welche Weise Pontormo sein Leben in einen Einklang mit den Jahreszeiten und insgesamt mit der Natur, die es nach ihm selbst wieder zu prägen und zu kultivieren gilt, zu bringen versucht: „Dergestalt, daß es dich in wenigen Tagen umbringen oder dir schaden kann, wenn es dich außerhalb der Regeln antrifft in Bewegung, Gewand oder Beischlaf oder unmäßig im Essen; drum sei auf der Hut, im Juni, Juli und August und bis Mitte September, und sollst nur mäßig schwitzen und vor allem hüte dich vor dem

Wind nach Bewegungen; du mußt dich vorsehen beim Essen und Trinken, wenn dir warm ist. Sodann rüste dich für den Herbst, ab Mitte September, wo mit den kürzeren Tagen das feuchte Wetter beginnt, und so du im Leib noch überflüssige Feuchtigkeit vom vielen Trinken im Sommer hast, mußt du mit Fasten, wenig Trinken und langem Wachen und Bewegung dich rüsten, damit dir die Winterfröste nichts anhaben können" (Pontormo, n. 1988, S. 29). Die detaillierten Notizen über Essen und Trinken, Wachen und Schlafen, Bewegung und Ruhe, Licht und Luft, Ausscheidungen und Affekte werden von dem italienischen Maler durchgängig mit Mitteilungen über den Gang der Arbeit am *Jüngsten Gericht* im Chor von San Lorenzo in Florenz verbunden: „Den 3. April, das Bein gemacht, vom Knie aus nach unten: hatte viel Mühe mit Dunkelheit, Wind und Verputz; zum Abendessen 14 Unzen Brot, Zichorie und Eier" (ebd., S. 49).

Seit Hippokrates, im gesamten Mittelalter und die Neuzeit hindurch werden im Geist der Diätetik Fastenvorschriften entwikkelt. Alle Religionen kennen das Fasten und bestimmte Fastenzeiten. Vor Übertreibungen wird aber ebenfalls immer wieder gewarnt. Jeder Mensch soll in dieser Hinsicht nach Franz von Assisi seiner eigenen Natur folgen: „Denn wenn auch einige von euch mit weniger Nahrung auskommen, als die andern, so will ich doch nicht, daß der, welcher mehr braucht, sich nach jenem richte, denn jeder soll auf seine Natur achten und seinem Leibe geben, was er braucht, damit er fähig sei, dem Geiste zu dienen" (*Der Spiegel der Vollkommenheit*, S. 59f.). Thomas von Aquin schränkt das Fasten im Blick auf die Natur ein: „Freilich entzieht die rechte Vernunft nicht so viel Speise, daß die Natur sich nicht zu erhalten vermöchte; denn wie Hieronymus sagt, ‚macht es keinen Unterschied, ob du dich in langer oder kurzer Zeit umbringst', und ‚von einem Raub bringt das Opfer dar, wer mit allzu großer Dürftigkeit der Nahrung oder mit Mangel an Essen oder Schlaf den Leib übermäßig schwächt' ... Ähnlich entzieht die rechte Vernunft auch nicht so viel Speise, daß der Mensch unfähig zur Verrichtung der schuldigen Werke wird; weshalb Hieronymus sagt: ‚Der vernunftbegabte Mensch verliert seine Würde, wenn er das Fasten vorzieht der Liebe oder die Nachtwachen einem unversehrten Sinnesleben'" (n. ^{3}1985, Bd. 3, S. 489). Künstler und Wissenschaftler setzen sich ihrerseits für das Fasten ein. Der Renaissancemaler Pontormo stellt die Verbindung zu religiösen Vorschriften her: „wenig essen oder fasten und die vier Mal im Jahre das Fasten Gebot einhalten, denn ich weiß, mach ich's nicht, muß ich's bereuen, und noch mehr geschieht es, daß man sich manches Mal wie genudelt fühlt, schwer von Schlaf und Speisen, so daß ich mir aufgedunsen vorkomme: da heißt es auf der Hut sein, denn dies ist unnötige Kraft" (Pontormo, n. 1988, S. 31 u. 33). Im 18. Jahrhundert empfehlen die Mediziner Hermann Boerhaave und Gerard van Swieten (1700–1772) Durstkuren. Von der Naturheilkundebewegung des 19. Jahrhunderts gehen neue Impulse aus; großen Zulauf von Personen aus allen Schichten erhält zum Beispiel Johann Schroth (1800–1856) mit seinen Hunger- und Durstkuren.

Die Beiträge medizinischer Autoren zur Diätetik brechen im 17. und 18. Jahrhundert nicht ab. Hermann Boerhaave führt in den *Institutiones medicae* die sechs nicht natürlichen Bereiche ausdrücklich an und leitet ihre Bezeichnung von ihren schädigenden oder wohltuenden Wirkungen ab (Boerhaave 1746, S. 106f.). Der Mediziner Friedrich Hoffmann (1660–1742) sieht in den Bereichen der Diätetik die entfernten und weniger die unmittelbaren Ursachen der Krankheiten (Hoffmann 1703, S. 152). Der Arzt Anthony Florian Madinger Willich (18.–19. Jh.) stellt in seinen Vorlesungen zur Diät und Gesundheitsbewahrung ausdrücklich die Verbindung zum antiken Verständnis der Diätetik her: „Dietetics include the whole of what the Ancients understood by the singular name of the six Non-Naturals; namely Air, Aliment, Exercise and Rest, Passions and Affections of the Mind, Wakefulness and Sleep, Repletion and Evacuation" (Willich 1799, S. 151). Der französische Mediziner Etienne Tourtelle (1756–1801) greift in seinen *Elémens d'hygiène* (1797) seinerseits das diätetische Grundschema auf. 1806 erscheint in New York eine Studie des Arztes Shadrach Ricketson (18.–19. Jh.) mit dem diätetischen Titel *Means of preserving health, and preventing disease: founded principally on an attention to air and climate, drink, food, sleep, exercise, clothing, passions of the mind, and retentions and excretions.* Wie sehr sich im 18. Jahrhundert der ursprüngliche Sinn der antik-mittelalterlichen Diätetik im allgemeinen Denken noch erhalten hat, zeigt die entsprechende Definition in der *Oekonomisch-technologischen Encyklopädie* aus dem Jahre 1785: „eine vernünftige Ordnung im Essen und Trinken, zur Erhaltung der menschlichen Gesundheit. Sie besteht darin, daß man solche Speisen erwählet, die dem Leibe nicht schädlich, sondern zuträglich, und gute Nahrung zu geben dienlich sind, daß sie in rechter Maße, nach der Eigenschaft einer jeden Speise, und wie man derselben gewohnt ist oder nicht, zu gehöriger Zeit des Jahres, des Tages und des Alters, genommen werden. Ferner gehört zum guten Diäthalten der rechte Gebrauch der Luft, der Bewegung und Ruhe, der Gemüthsbewegungen, des Schlafens und Wachens, auch der Dinge, welche man zur Gesundheit entweder von sich geben, oder behalten muß" (S. 173).

Die einzelnen Bereiche der Diätetik werden verschiedentlich auch für sich behandelt. So kommt es vor, daß im Blick auf die Theologie und weniger aus medizinischen oder physiologischen Gründen an spezifischen Getränken Anstoß genommen wird. Der Kardinal Francesco Maria Brancaccio (1592–1675) wendet in seiner Dissertation über die Schokolade von 1664 den Satz „Flüssiges bricht Fasten nicht" auch auf dieses Getränk an; Bischöfe und selbst Ärzte sind zu seiner Zeit und auch noch später allerdings anderer Ansicht. Johannes Franz Rauch (gest. ca. 1750), Professor der Medizin in Wien, verurteilt in einer Schrift *De potulentis* aus dem Jahre 1724 das Kakaotrinken der Mönche, weil es die Sinnlichkeit zu sehr errege. Rauch sieht sich wegen dieser und ähnlicher anderer Schriften Verfolgungen des Klerus ausgesetzt. Deswegen rühmt Brillat-Savarin (1755–1826) in seiner *Physiologie du goût* (1826) den Pater Antonio de Escobar (1589–1669) ausdrücklich wegen seiner Kakaotoleranz: Die Metaphysik des spanischen Jesuiten sei ebenso fein gewesen wie seine Moral schmiegsam (Brillat-Savarin, n. 1984, S. 134).

Essen und Trinken – wie Diätetik allgemein – werden mit der Gesellschaft und den unterschiedlichen Schichten sowie mit Gefühl und Verstand in Zusammenhang gebracht (Wierlacher 1987). Die Kartoffel gilt als Massennahrungsmittel, der Kaffee als Getränk des Bürgers, der Adel trinkt Kakao. Der Philosoph Leibniz ist der Auffassung, daß die Kartoffel den Menschen verdumme. In Goethes *Wilhelm Meisters Wanderjahren* (1821) ist ebenfalls vom „unseligen Kartoffelgenuß" die Rede. Die unterschiedlichen Gerichte und Grundnahrungsstoffe sollen sich in spezifischer Weise auf Seele und Geist auswirken. Auf die Differenz der psychischen

Folgen des Kaffee- und Teetrinkens wird seit jeher hingewiesen: „Der Kaffee macht feurige Araber, der Tee zeremonielle Chinesen“, lautet eine bekannte Wendung. Die Chinesen sind jedenfalls der Meinung, daß der Teegenuß eine gleichmäßige Stimmung garantiert. Lessing läßt dagegen Franziska zu Minna von Barnhelm (1767) vom „lieben melancholischen Kaffee“ sprechen.

Im Zeitalter der Aufklärung werden im Sinne der umfassenden Diätetik zahlreiche Gesundheitsschriften publiziert. Die Beiträge der Mediziner Simon André Tissot (1728–1797), Johann August Unzer (1727–1799), Johann Georg Zimmermann (1728–1795), Franz Anton Mai (1742–1814), Bernhard Christoph Faust (1755–1824) und Hufeland setzen sich in dieser Orientierung ausdrücklich für Prävention wie Rehabilitation ein; ihre Resonanz in der Zeit ist groß. Goethe erinnert sich in seinem autobiographischen Rückblick *Dichtung und Wahrheit* (1811–33) an die Wirkung dieser Werke: „Nach dem Vorgange eines Ausländers, Tissot, fingen nunmehr auch die Ärzte mit Eifer an, auf die allgemeine Bildung zu wirken. Sehr großen Einfluß hatten Haller, Unzer, Zimmermann“ (Werke, Bd. 9, 1955, S. 277). Mai entwickelt spezifische Vorschläge des Gesundheitsverhaltens in seinen *Medizinischen Fastenpredigten oder Vorlesungen über Körper- und Seelendiätetik* von 1793/94. Der in viele Sprachen übersetzte *Gesundheits-Katechismus* (1794) von Faust richtet sich keineswegs hauptsächlich an die medizinischen Kollegen, sondern vor allem an die Bevölkerung, an die er auch verteilt wird; die hier gegebene Definition der Gesundheit läßt ohne weiteres das klassische kosmologisch-anthropologische Diätetikschema in allen seinen Dimensionen zwischen Physis und Psyche erkennen: „Der Gesunde fühlt sich stark, voll Leben und Kraft; es schmeckt ihm Essen und Trinken, er kann Wind und Wetter ertragen, die Bewegung oder die Arbeit wird ihm nicht sauer, und es ist ihm gar wohl“ (Faust 1794, n. 1830 S. 9). Hufelands *Makrobiotik oder die Kunst, das menschliche Leben zu verlängern* (1796), vielbeachtet mit zahlreichen Übersetzungen und mehrfachen Auflagen, überschreitet ausdrücklich den Rahmen der Medizin und wird in allen spezifischen Ratschlägen von der allgemeinen Einsicht geleitet, „daß schon das Physische im Menschen auf seine höhere moralische Bestimmung berechnet ist, daß dieses einen wesentlichen Unterschied der menschlichen Natur von der tierischen macht, und daß ohne moralische Kultur der Mensch unaufhörlich mit seiner eigenen Natur im Widerspruch steht, so wie er hingegen durch sie auch physisch erst der vollkommenste Mensch wird“ (Hufeland 1797, S. XIIf.,). In dem Werk werden viele konkrete Vorschriften entwickelt; immer wieder wird der Blick auf das Allgemeine gelenkt: „Nehmt dem Menschen Hoffnung und Schlaf, und er ist das unglücklichste Geschöpf auf Erden“ (ebd., S. 546). Auch in Hufelands Alterswerk *Enchiridion medicum* (1836) finden sich wichtige Beobachtungen und Anregungen zur Diätetik. Programmatisch ist der Eingangssatz: „Alle Krankheitsheilungen werden durch die Natur bewirkt; die Kunst ist nur ihr Gehülfe und heilt nur durch sie“ (Hufeland 1836, S. 1). Entsprechend wird die Rolle des Arztes bestimmt – vor allem im Verhältnis zur Natur: „Der Arzt soll nicht magister, sondern minister naturae sein, ihr Diener, oder vielmehr ihr Gehilfe, Alliierter, Freund. Hand in Hand mit ihr soll er gehen und das große Werk vollbringen, nie vergessend, daß nicht Er, sondern Sie es ist, die es tut, sie achtend, immer im Auge habend, um am wenigsten störend in sie eingreifend“ (ebd., S. 6). Besonders in chronischen Krankheiten muß der Arzt abwarten können und das Gesetz der Zeit beachten: „gewöhne Dir Geduld an, und wisse die Zeit abzuwarten. Denn sie sind zu einer Zeit heilbar, zu einer andern nicht, und hier wird durch Stürmen nichts ausgerichtet, ja oft gar viel geschadet; und die nicht gestörte Natur wirkt oft im Stillen unvermerkt fort und bewirkt Besserung, ja Heilung, oder verwandelt die Form der Krankheit in eine andere, die heilbar ist“ (ebd., S. 81).

Dichter und Philosophen greifen diese Schriften der Mediziner auf und entwickeln ihrerseits eigene Vorstellungen zur Diätetik oder umfassenden Lebenskunst. Kant geht im *Streit der Fakultäten* (1798) ausdrücklich auf Hufelands *Makrobiotik* ein und versteht unter Diätetik die „Macht des Gemüts des Menschen, über seine krankhaften Gefühle durch den bloßen festen Vorsatz Meister zu sein“ (Kant n. 1983, S. 372). Moralisch-praktische Philosophie gebe eine „Universalmedizin“ ab, „die zwar nicht allen für alles hilft, aber doch in keinem Rezepte mangeln darf“ (ebd.). Ungesunde Lebensweise erfordert nach Kant „Diät im Denken“, Maß und Regelmäßigkeit sind notwendig, intellektuelle Anspannung und Nahrungsaufnahme wie körperliche Bewegung sollten getrennt werden: „Aber beim Essen oder Gehen sich zugleich angestrengt mit einem bestimmten Gedanken beschäftigen, Kopf und Magen, oder Kopf und Füße mit zwei Arbeiten zugleich belästigen, davon bringt das eine Hypochondrie, das andere Schwindel hervor“ (Kant 1798, S. 385). Makrobiotik allein unter das Ziel der Lebensverlängerung zu stellen, nur an Essen, Schlafen und Bewegung zu denken, überzeugt den Philosophen allerdings nicht; die animalische Existenz könne auf diese Weise wohl im Zustand der Gesundheit erhalten werden, die bürgerliche Existenz sinke dagegen auf das Niveau der Invalidität: „Dahin führt die Kunst, das menschliche Leben zu verlängern: daß man endlich unter den Lebenden nur so geduldet wird, welches eben nicht die ergötzlichste Lage ist“ (ebd., S. 391).

Auch in der französischen *Encyclopédie* des 18. Jahrhunderts finden sich mehrfach diätetische Hinweise im umfassenden Sinn der Vergangenheit. Der Umgang mit der Natur kann die Gesundheit erhalten, kann aber auch zur Entwicklung spezifischer Krankheiten beitragen. Feinschmeckerei und müßiges Leben („gourmandise“, „vie oisive“) sollen die Hysterie fördern, Einschränkung der Essensgenüsse und Arbeit ihr dagegen entgegenwirken können (Artikel ‚Vapeurs‘); Krebs soll bei Frauen von übertriebenem Gebrauch von Salz und anderen Gewürzen sowie exzessiven nächtlichen Vergnügungen mitbedingt sein; Schwangeren wird vor allem frische Luft, gute Nahrung, angemessene Bewegung, ausgewogenes Verhältnis von Schlafen und Wachen sowie Beherrschung der Affekte empfohlen; was Frauen denken und fühlen, soll nicht ohne Folgen für die Neugeborenen bleiben.

Auf den Zusammenhang von Zivilisation und Krankheit und damit auf das Verhältnis von Natur und Kultur wird in jener Zeit nicht nur von Rousseau und anderen Philosophen, sondern wiederholt auch von Medizinern hingewiesen. Hufeland diagnostiziert eine Zunahme nervöser Leiden in Abhängigkeit von der Entwicklung der Moderne. Der englische Arzt George Cheyne (1671–1743) leitet Hysterie und Melancholie (= english malady) in seinem mehrfach aufgelegten und in verschiedene Sprachen übersetzten *Essay of Health and Long Life* (1724), der nicht zuletzt auf eigenen Erfahrungen basiert und in der Zeit innerhalb wie außerhalb der Medizin Zustimmung findet, vom Luxus im Essen bei mangelnder Bewegung und naturfernem Leben in Großstädten ab. Als Vegetarier kann Cheyne dem Verzehr von Tierfleisch nur mit der dialektischen Überlegung zustimmen, daß die auf diesem Wege vermehrten Krankheiten und Leiden zur moralischen Vervollkommnung des Menschen beitrügen.

Daß der Mensch seinen Widerwillen gegen bestimmte Getränke und Speisen überwinden kann, wird in literarischen Texten beschrieben und durch biographische Erfahrungen bestätigt. Der legendäre Arzt der Goethezeit Ernst Ludwig Heim (1747–1834) hört als Knabe von seinem Vater, daß, wer Arzt werden wolle, alles essen können müsse; mit einem Butterbrot, belegt mit Kreuzspinnen, beweist er daraufhin seine Begabung für den medizinischen Beruf. Jean Pauls Forscherarzt *Dr. Katzenberger* (1809) kennt ebenfalls keinerlei kulinarische Hemmungen. In Wirtschaften sucht er nach fetten Spinnen und Kankern, um sie genußvoll vor den Augen der Gäste zu verspeisen. Die Mahlzeiten begleitet er mit physiologischen und anatomischen Erläuterungen und mit drastischen Details, nicht immer zum Vergnügen der Anwesenden. „‚Vortrefflicher Herr', versetzte eine ältliche Dame, ‚Ihr Diskurs ist gewiß über alles gelehrt, aber unter dem Essen macht er wie desparat'".

Im Gegensatz zur allgemeinen medizinischen wie kulturellen Entwicklung in Europa mit ihrer Tendenz zur Spezialisierung und Trennung von Körper und Seele vertritt das Zeitalter der Klassik und Romantik in Medizin, Philosophie und Kunst noch einmal ein umfassendes und auch metaphysisches Verständnis der Diätetik. Die Naturphilosophen und Naturforscher und Mediziner der Epoche um 1800 entwerfen Interpretationen der verschiedenen Bereiche der Diätetik, die sich als Spiritualisierung der Natur und Naturalisierung der Kultur beschreiben lassen.

Goethe notiert sich auf der *Italienischen Reise* (1786–88): „Ich lebe sehr diät und halte mich ruhig, damit die Gegenstände keine erhöhte Seele finden, sondern die Seele erhöhn" (Werke, Bd. 3, S. 651). Diät beeinflußt Leib und Seele, Diät wirkt sich auf die Wahrnehmung der Natur und im Umgang mit den Menschen aus; eine Aufnahme der Objekte, die deren Wesen angemessen ist, verlangt ein entsprechendes Subjekt. Einstellung und Verhalten hängen mit Diätetik zusammen. Goethe greift diese ganzheitliche Sicht der Diätetik auch in seinen Romanen auf. In den *Wahlverwandtschaften* (1809) stirbt Ottilie, die schon als junges Mädchen an „Kopfweh auf der linken Seite" leidet, „ihre Sachen sehr reinlich und gut“ hält und „große Mäßigkeit im Essen und Trinken“ zeigt, unter Verzicht auf Speise, Trank und Kommunikation an innerer wie äußerer Auszehrung nach ihrer als schuldhaft empfundenen Liebe zu Eduard, der seinerseits auf diese Weise seinen Tod aktiv herbeiführt: „Der Trank scheint ihm von nun an zu widerstehen; er scheint sich mit Vorsatz der Speise, des Gesprächs zu enthalten“. Heute wird in Medizin und Psychologie bei diesem Verhalten von Anorexie oder Magersucht gesprochen. Auch Werther wird in seiner Entwicklung zum Selbstmord in seinem diätetischen Lebensnerv und nicht zuletzt, wie Lotte mit Recht bemerkt, in seiner Freude am Essen zentral getroffen: „Werther, Sie sind sehr krank, Ihre Lieblingsspeisen widerstehen Ihnen“. Die ganzheitliche Neigung läßt Wilhelm Meister Unbehagen an der sezierenden Anatomie mit ihrem „wissenschaftlichen Hunger“ empfinden und einen Ausweg in der plastischen Anatomie finden: „Der Chirurg besonders, wenn er sich zum plastischen Begriff erhebt, wird der ewig fortbildenden Natur bei jeder Verletzung gewiß am besten zu Hülfe kommen; den Arzt selbst würde ein solcher Begriff bei seinen Funktionen erheben. Doch lassen Sie uns nicht viel Worte machen! Sie sollen in kurzem erfahren, daß Aufbauen mehr belehrt als Einreißen, Verbindung mehr als Trennen, Totes beleben mehr als das Getötete noch weiter töten“.

Diätetik erscheint ebenfalls bei Novalis noch einmal in der antik-mittelalterlichen Weite von Kosmologie und Anthropologie, von Natur und Kultur. Neben allgemeinen Reflexionen – „Der Rausch und das Fasten (Hunger und Durst) sind populare Phaenomène für den Arzt“ (Novalis, Bd. 3, S. 323) – werden zahlreiche spezifische Vorschläge zur Praxis gemacht. „Bergsteigen – Scharfes Gehn, und Reiten ist gewiß schwachen Lungen sehr heilsam“ (ebd., S. 360); Lachen kann Hypochondrie überwinden: „Aus vielen Lachen und Witzelei kann aber auch Hypochondrie entstehen“ (S. 288). Therapie muß auf die Konstitution Rücksicht nehmen, antike Typisierungen werden fortgeführt. Temperamente sind mit jeweils besondenen Beziehungen zu Raum, Zeit, Leib und Geist verbunden. „Der Mel(ancholiker) hat antiken – d(er) Sanguin(iker) modernen Geist – Jener sieht und lebt in der Vergangenheit – dieser in d(er) Zukunft“ (S. 323). Biographische Erfahrungen gehen in diese Beobachtungen ein. Diätetisch ganzheitlich wird der Umgang mit der eigenen Krankheit geplant und geordnet (S. 436). In der Perspektive der Affekteinwirkung versucht Novalis seinen Bruder Erasmus vor zeitgenössischen „gespannten, fantasiereichen, individuelleren“ Romanen zu warnen und zur Lektüre beruhigender Werke des 18. Jahrhunderts zu bewegen (Novalis, Bd. 4, S. 117f.). Novalis ist mit vielen anderen Dichtern von der therapeutischen Kraft der Kunst und ihrer vielfältigen Verbindung mit der Medizin überzeugt. Medizin wird von der Dichtung aufgenommen und wird ihrerseits von Dichtung geprägt, ärztliches Handeln verlangt künstlerische Fähigkeit, Heilung kommt einem Kunstwerke gleich: „Poesie ist die große Kunst der Konstruktion der transzendentalen Gesundheit“. Der Poet erscheint als der „transzendentale Arzt“. Romantik will die Trennung von Wissenschaft, Kunst und Leben überwinden, will die Natur kultivieren und die Kultur naturalisieren: „Die Natur soll moralisch werden; wir sind ihre Erzieher“. Mediziner und Laie, Arzt und Patient sollen ihre gemeinsame Basis erkennen, die Medizin soll zur „Elementarwissenschaft jedes Menschen“ werden. Wissenschaften und Künste sollen sich in jedem Menschen vereinigen lassen: „Der allgemeinen Forderung der Vernunft zufolge sollten alle Menschen Ärzte, Dichter und so fort sein“. Ebenso grundlegend muß sich Medizin umwandeln, muß über Krankheit hinaus wieder für Gesundheit zuständig sein, muß Natur und Kultur in einen Zusammenhang bringen: „Die Medizin muß ganz anders werden: Lebenskunstlehre und Lebensnaturlehre“ (Novalis, Bd. 3, S. 371). Lebenskunst bei Novalis unterscheidet sich von Hufelands Verständnis: „Kunst zu leben – gegen die Makrobiotik“ (Novalis, Bd. 2, S. 642), heißt es kritisch bei dem Dichter. Qualität und nicht Quantität soll das entscheidende Kriterium sein. „Das verdünnteste Leben ist das längste Leben“ (Novalis, Bd. 3, S. 322) wird Hufeland ironisch kommentiert. Distanz besteht ebenso zu Kants diätetischem Ansatz. Entscheidend für die medizinische Therapie und vor allem die Diätetik ist die Frage der Beziehung von Körper und Seele. Für Novalis ist die Wechselwirkung unbezweifelbar: „Seele und Körper wirken galvanisch aufeinander – wenigstens auf eine analoge Art – deren Gesetze aber in einer höhern Religion liegen“. Der Mensch verfügt über Willenstätigkeiten, die er „den Kranckheiten entgegensetzen kann“ (ebd., S. 274). Wie weit Novalis tatsächlich eine Beeinflussung des Körpers durch den Geist für möglich hält, wie sehr entsprechende Sätze als poetische Visionen oder konkrete Utopien im Sinne der Vorwegnahme kommender Entwicklungen aufzufassen sind, ist schwer zu entscheiden. Plastische Chirurgie und Gentherapie der Gegenwart, die nach ideellen Konzepten und Normen Körperlichkeit umwandeln und hervorbringen, lassen sich ohne weiteres in die „magische" Perspektive des Novalis stellen: „dann wird der Mensch erst wahrhaft unabhängig von der Natur, vielleicht im Stande sogar seyn verlorne Glieder zu restauriren, sich blos durch seinen Willen zu tödten, und dadurch erst wahre Aufschlüsse über Körper – Seele – Welt, Leben – Tod und Geisterwelt zu erlangen" (Novalis, Bd. 2, S. 583).

Hunger hat nicht nur eine physiologische oder soziale Bedeutung, sondern besitzt für die idealistischen Philosophen jener Zeit auch einen metaphysischen oder naturphilosophischen Sinn. Hunger ist nach Hegel ein Grundmerkmal des Organismus, in seiner Befriedigung offenbart sich die im Wesen des Anorganischen liegende Beziehung auf das Organische: „denn Essen und Trinken macht die unorganischen Dinge zu dem, was sie an sich sind" (*Naturphilosophie*, n. [4]1965, S. 648); diese Stoffe sind dem Organischen untergeordnet, ihre Aufnahme und Umwandlung dient der Erhaltung und Fortpflanzung des Lebens. Eine material-ideale Begriffsdynamik steuert die Entwicklung der Natur in ihren verschiedenen Stufen von der Materie bis zum Leben, bis zur Genese der Idee aus ihrer Form des Andersseins in der Natur zu ihrem Für-Sich-Sein in der Welt des Geistes, im Menschen und seiner Wirklichkeit. An Hunger und Durst zeigt sich in naturphilosophischer Sicht das Wesen des Organischen: „Nur ein Lebendiges fühlt Mangel; denn nur es ist in der Natur der Begriff, der die Einheit seiner selbst und seines bestimmten Entgegengesetzten ist" (ebd., S. 628). In der dialektischen Unterscheidung und Synthese der Nah- und Fernsinne lassen sich Zusammenhänge erkennen, die auch für die Diätetik des Essens und Trinkens Beachtung verdienen; Hypochondrie interpretiert Hegel als spezifische Ablehnung der Natur, als Ekel vor der Wirklichkeit: „In dieser krankhaften Stimmung will der Mensch seine Subjectivität nicht aufgeben, vermag den Widerwillen gegen die Wirklichkeit nicht zu überwinden" (*Philosophie des Geistes*, n. [4]1965, S. 105).

Zu einer einschneidenden Zensur in der Geschichte der Diätetik kommt es im 19. Jahrhundert. Die antike klassische Gliederung der „sex res non naturales" wird im Zuge der naturwissenschaftlichen Grundlegung der Medizin und disziplinären Spezialisierung aufgegeben. Diätetik reduziert sich auf Diät im Sinne von Haferschleim und Kamillentee oder in den Worten des Arztes Grabow in Thomas Manns Roman *Buddenbrooks* (1901): „Ein wenig Taube, ein wenig Franzbrot". In spezifischen Schriften der Hygiene und Diät trifft man im 19. Jahrhundert aber noch gelegentlich auf den Begriff der „sechs nicht natürlichen Dinge" mit den klassischen Unterteilungen. Zugleich fallen in dieses positivistische Jahrhundert und in Übereinstimmung mit der Spezialisierung und Physikalisierung der Zeit eine Reihe bedeutender Fortschritte im Bereich der Ernährung, die allerdings keineswegs frei von Übertreibungen oder Einseitigkeiten sind. Die ersten Lebensmittelgesetze werden erlassen und wirkungsvolle Konservierungsverfahren entwickelt. Justus von Liebig (1803–1873) bietet seinen „Fleischextrakt" an, Julius Maggi (1846–1912) seine „Suppenwürfel", Louis Pasteur (1822–1895) macht die Milch haltbar. Das Pathos der Naturwissenschaftler des 19. Jahrhunderts beruht auf diesen praktischen Leistungen; die Naturwissenschaft gilt, wie Du Bois-Reymond in seiner Rede *Kulturgeschichte und Naturwissenschaft* (1877) ausführt, als „das absolute Organ der Cultur, und die Geschichte der Naturwissenschaft die eigentliche Geschichte der Menschheit" (1877, n. ²1912, S. 596). Entsprechend engagiert fällt das Plädoyer vieler Naturforscher und Mediziner für einen naturwissenschaftlich geprägten Bildungsbegriff und die Aufnahme von Naturkenntnissen in den Schulunterricht aus.

Nicht selten wird das Ungenügen der naturwissenschaftlichen Perspektive – wie zum Beispiel in den Analysen des Essens und Trinkens – von den zeitgenössischen Wissenschaftlern aber auch selbst empfunden und bedauert. Nach Rudolf Virchow konnte eine „streng wissenschaftliche Diätetik" (1868, S. 40), noch nicht entwickelt werden. Im gleichen Sinn erklärt der Chirurg und Maler Carl Ludwig Schleich (1859–1922) die Ernährungsfrage für ein „großes Wunder", das für den Naturforscher mit den letzten Lebensrätseln verbunden sei: „Denn die Ernährung enthält ein Mysterium: die Erzeugung neuer Zellen. Sie wärmt nicht nur und schafft Arbeit, sie baut uns in sprühender Zellsaat auf den zertrümmerten Bausteinen des Lebens immer wieder neue auf, sie vermittelt die Regeneration, die Wundheilung, den Ersatz des

Verlorenen durch rhythmischen Zellkontakt, durch Zellkonjugation aus den verschiedenen Gebieten des Lebendigen. Sie ist Zeugung“ (Schleich, 1925, S. 34f.).

Es gibt zwar auch weiterhin Stimmen, die auf den umfassenderen Sinn von Diätetik aufmerksam machen, sie stammen aber meist nicht aus den Naturwissenschaften und der Medizin. Brillat-Savarin setzt sich in seiner „Physiologie des Geschmacks“ (1826) immer wieder für den Zusammenhang von Physiologie, Psychologie, Philosophie und Theologie im Verständnis des Essens und Trinkens ein: „Die Gastronomie beherrscht das ganze Leben, denn die Tränen des Neugeborenen verlangen die Brust seiner Amme und der Sterbende schlürft noch hoffnungsvoll den letzten Trank, den er, ach! nicht mehr verdauen soll“ (Brillat-Savarin, n. 1984, S. 68). Die als materialistische Polemik aufgefaßte Verkürzung von Ludwig Feuerbachs (1804–1872) vielzitierter Sentenz: „Der Mensch ist, was er ißt“ wird von dem Philosophen selbst in der Studie *Das Geheimnis des Opfers* (1866) durch die Einordnung in den weiten Zusammenhang von Natur und Kultur, Physik und Metaphysik wieder korrigiert: „Nur der Barbar, sei's nun ein studierter oder unstudierter, weiß nichts von dieser Vermittelung und findet daher den Sinn von dem Satze: ‚Der Mensch ist, was er ißt‘, nur im förmlichen, eigentlichen Menschenfraß und Menschenopfer. Sowie sich aber der Mensch auf den Standpunkt der Kultur erhebt, so verwandelt er ebenso auf dem Tische als dem Altare – die Momente ausgenommen, wo er aus Aberglaube, aus Furcht oder Haß wieder in die alte Barbarei zurücksinkt – Menschenfleisch in Brot und tierisches Fleisch, Menschenblut in das ‚Blut des Weinstocks, des Ölbaums‘, in Wasser, Milch und Honig oder noch andere Säfte, weil er nun, wenn auch nicht aus Vernunft, doch aus der Empfindung von ihren Wirkungen weiß, daß er auch in dem pflanzlichen und tierischen Eiweiß und den übrigen zum menschlichen Wohlsein unentbehrlichen Nahrungsstoffen Menschenfleisch und Menschenblut genießt und seinen Göttern zur Versöhnung darbringt“ (Feuerbach 1972, S. 48f.). Aus Enttäuschung über „die Dummheit in der Küche“ entwirft Nietzsche eine *Rede an höhere Töchter*. Selbsterfahrung liegt einer Notiz des Philosophen in der Spätschrift *Götzendämmerung* (1889) über die Lebensweise von Caesar zugrunde: „Noch ein Problem der Diät. Die Mittel, mit denen Julius Cäsar sich gegen Kopfschmerz und Kränklichkeit verteidigte: ungeheure Märsche, einfachste Lebensweise, ununterbrochener Aufenthalt im Freien, beständige Strapazen, sind die Erhaltungs- und Schutzmaßnahmen überhaupt gegen extreme Verletzlichkeit seiner Maschine, welche Genie heißt".

Auch in der Literatur des 19. und 20. Jahrhunderts wird die Tradition einer ganzheitlichen Diätetik fortgeführt. Die Landärzte Bénassis in Balzacs *Landarzt* (1833), Augustin in Stifters *Die Mappe meines Urgroßvaters* (1841/42–64) wie Doktor Pascal in Zolas (1840–1902) gleichnamigem Roman (1893) plädieren für eine Stilistik des Lebens im Sinne der antiken Diätetik. Zola läßt den Arzt und medizinischen Forscher Pascal das diätetische Schema der sex res non naturales insgesamt aufgreifen und in seinen einzelnen Dimensionen vertiefen. Aufgrund seiner ärztlichen Erfahrung ist Pascal von dem wohltuenden Einfluß eines arbeitsamen und ausgeglichenen Lebens auf dem Lande mit seinem Licht und seiner Luft überzeugt: „Er verfluchte die Städte. Gesund und glücklich konnte man nur in den grossen Weiten, im hellen Sonnenlicht sein unter der Bedingung, dass man auf Reichtum und Ehrgeiz und sogar auf die hochmütigen Ausschweifungen geistiger Tätigkeit verzichtete. Nichts tun als leben und lieber seinen Acker bestellen und schöne Kinder hervorbringen". Das Übermaß an Arbeit soll ebenso schädlich sein wie völlige Untätigkeit, da die äußeren Sinneseindrücke sich nicht in Gedanken und Handlungen umsetzen könnten und es zu einer Art Stauung käme, zu einer „Störung des Gleichgewichts, die Unbehagen erzeugt". Die günstige Wirkung der Tätigkeit will Pascal an sich selbst erfahren haben: „Er pflegte seine Arbeit mit einer Balancierstange zu vergleichen, die ihn inmitten der täglichen kleinen Ärgernisse, Schwächen und Fehlleistungen im Gleichgewicht hielt". Dem Gleichgewicht der Kräfte liege „das Gleichgewicht zwischen körperlicher und geistiger Arbeit, zwischen Gefühl und Vernunft" zu Grunde; der Fortpflanzungsfunktion müßte ebenso Rechnung getragen werden wie der Denkfunktion. Mit diesen umfassenden Überlegungen zur Medizin versteht sich Pascal als „ein philosophischer Arzt".

Die klassischen Grunddimensionen der Diätetik finden sich auch in den Romanen von Thomas Mann. Dr. Grabows vielzitierte diätetische Wendung in den *Buddenbrooks* (1901) – „Ein wenig

Taube, ein wenig Franzbrot" – hält Tony Buddenbrook für zu ängstlich oder zurückhaltend: „da gibt es ganz andere Ärzte". Der Arzt schätzt seinen Einfluß selbst als begrenzt ein – auch wegen seiner eigenen Neigungen: „Er, Friedrich Grabow, war nicht derjenige, welcher die Lebensgewohnheiten aller dieser braven, wohlhabenden Kaufmannsfamilien umstürzen würde ... Er, Friedrich Grabow, war selbst nicht derjenige, der die gefüllten Puter verschmähte". Übertriebene Körperpflege kann auch zum Ausdruck gefährdeter Gesundheit werden. Das Bedürfnis des Konsuls Thomas Buddenbrook, mehrmals am Tage die Kleidung zu wechseln und sich körperlich frisch zu machen, entspringt keineswegs nur seiner Eitelkeit, sondern hat vielmehr physiologische Ursachen und bedeutet, „obgleich Thomas Buddenbrook kaum siebenunddreißig Jahre zählte, ganz einfach ein Nachlassen seiner Spannung, eine raschere Abnützbarkeit". Entscheidend für die Therapie der Lungentuberkulose sind im *Zauberberg* (1924) die Sonnen- und Liegekuren als spezifischer Verbindung von Licht, Luft und Ruhe. Das Essen spielt im Sanatorium ‚Berghof' eine herausragende Rolle; ebenso wichtig sind die Affekte. Dr. Krokowski verspricht den Schwindsüchtigen Erlösung durch die Psychoanalyse; „er pries die Durchleuchtung des Unbewußten, lehrte die Wiederverwandlung der Krankheit in den bewußt gemachten Affekt". Bewegung und Wanderungen werden den Kranken ausdrücklich empfohlen. Castorps Aufstieg in die Schneeregion läßt ihn die moralisch-religiöse Einsicht gewinnen: „um der Liebe und Humanität willen soll der Mensch dem Tod keine Herrschaft einräumen über das Leben".

Sanatorium und Kurort sind die klassischen Versuche der Medizin, Luft und Licht in die Therapie einzubeziehen. Neben Thomas Manns *Zauberberg* (1904), Maupassants *Mont Oriol* (1886/87) thematisieren viele weitere Romane und Erzählungen diese Ansätze und Institutionen. Denken und Fühlen zeigen sich in diesen Werken von der Witterung abhängig; selbst der Prozeß des Alterns scheint, wie es in Werner Bergengruens (1892–1964) Roman *Der Grosstyrann und das Gericht* (1935) beschrieben wird, vom Wetter beschleunigt zu werden: „Mit dem Umschlagen des Wetters war die überreizte Lebendigkeit von Monna Mafalda gewichen und es war plötzlich ein Zusammensinken der Erschlaffung über sie gekommen. Sie erschien mit einem Schlage gealtert, und wer sie sah, mochte meinen, daß ihr Tod nicht mehr weit sei". Bei den Kranken wirkt sich die Wetteränderung unterschiedlich oder sogar entgegengesetzt aus: „Auch auf das Befinden der Kranken äußerte das Wetter seinen Einfluß. In einigen erzeugte es ein sprunggleiches Anschwellen der widerständigen Gesundungskräfte, während bei anderen die furchtbare Last der vom Winde vergifteten Luft Schwäche und Verschlimmerung heraufführte".

Die literarischen Gestalten Gargantua und Pantagruel (1532/64) kennen in ihrem Genußsinn keine Grenzen; Rabelais (1494 bis 1553), ihr Schöpfer und zugleich selbst Arzt, befürchtet keine erheblichen Nachteile für die Gesundheit. Pyecrafts Kur in H. G. Wells' (1866–1946) gleichnamiger Erzählung aus dem Jahre 1903 besteht in der Einnahme einer Hindumedizin, die ihn Gewicht, aber nicht Fett verlieren läßt; er schwebt in der Luft und kann essen, soviel er will: „Und kein Mensch auf der ganzen Welt, außer mir und seiner Häushälterin, weiß, daß er tatsächlich nichts wiegt. Nichts! Daß er nichts ist als eine bloße widerliche Masse von aufgeschwemmtem Stoff, eine substanzlose Wolke, die irgendwie in einem modernen Anzug steckt, niente, nefas, der unbedeutendste aller Menschen". Die affektiv-sozialen Dimensionen des Essens sind ein zentrales Thema der Romane Fontanes (1819–1898). Die Symbolik der Körperteile und Organe der Tiere stellt ein jeweils spezifisches Verhältnis zur Transzendenz her, wie Herr von Czako im *Stechlin* (1897) ausführt: „In Brust und Flügel schlummert, wie mir scheinen will, ein großartiger Gegensatz von hüben und drüben; es gibt nichts Diesseitigeres als Brust und es gibt nichts Jenseitigeres als Flügel". Der kränkliche Ästhet Des Esseintes in dem Roman *Gegen den Strich* (1884) von Joris Karl Huysmans (1848–1907) hat alle Abwegigkeiten und Verfeinerungen der Kultur wie des Essens und Trinkens genossen und sich auf diesem Weg immer tiefer in seine neurotischen Störungen verloren, die ihn von der Natur wie der sozialen Gemeinschaft entfernen; seine Therapie wird deshalb von einem somatopsychischen Diätetikschema bestimmt.

An Schlafstörungen wie an übertriebener Schlaflust leiden ebenfalls Figuren in literarischen Texten. Der junge und fette Diener Joe in Charles Dickens *Pickwickier* (1837) schläft bei allen Tätigkeiten ein, die er für seinen Herrn Wardle zu erfüllen hat; dieser will aber keinesfalls auf ihn verzichten, denn „er ist eine ganz natürliche Kuriosität". Bei Oblomov in Gončarovs (1812–1891) gleichnamigem Roman von 1859 steigert sich das Bedürfnis nach Ruhe und Schlaf ins Übermaß: immer weniger wird es ihm möglich, das Bett zu verlassen und einer Tätigkeit nachzugehen, entsprechend größer wird sein Schlafbedürfnis. „Dann war allmählich an Stelle des lebendigen Schmerzes stumme Gleichgültigkeit getreten. Ilja Iljitsch konnte stundenlang zusehen, wie es schneite, und wie sich der Schnee auf dem Hof und auf der Straße türmte, wie er den Brennholzstapel, das Hühnerhaus, das Vorgärtchen, die Gemüsebeete bedeckte, wie die Zaunpfosten zu Pyramiden wurden, wie alles erstarb und sich in ein Leichentuch hüllte". Schnee wird zur Metapher des Todes, den Oblomov in seiner zunehmenden Gleichgültigkeit immer mehr akzeptiert. Diese literarische Gestalt hat in der Medizin das Modell für eine neue Krankheitsbeschreibung abgegeben: das ‚Oblomovsyndrom'.

Der bei schwangeren Frauen anzutreffende Zustand von Appetitlosigkeit und gleichzeitigem Heißhunger auf eigenartige Speisen wird auch von der Literatur aufgegriffen. Durch Diät läßt sich nach Überzeugung früherer Zeit das Geschlecht des Kindes beeinflussen; so sollen Frauen, die wenig trinken, eher Jungen als Mädchen zur Welt bringen. Im *Don Quijote* (1605/15) von Cervantes wird von einer Krankheit berichtet, von der „manche Frauen öfter befallen sind, die da Gelüste haben, Erde, Gips, Kohlen zu essen, ja andere, noch ärgere Dinge, die zu ekelhaft sind, um sie nur anzusehen, geschweige sie zu essen". Die Gräfin de l'Estorade in Balzacs Briefroman *Memoiren zweier Jungvermählter* (1841/42) verlangt es im Zustand ihrer Schwangerschaft nach verdorbenen, fast fauligen Orangen: „ihr bläulicher oder grünlicher Schimmel schimmert für meine Augen wie Diamanten: ich erblicke darin Blumen, ich bin mir ihres Kadavergeruchs nicht bewußt und finde ihren Saft aufreizend; er ist von einer weinigen Wärme, ein köstlicher Geschmack". Schwangerschaft verleiht der sterbenden Natur noch einmal Lebenskraft, läßt den Tod zur Auferstehung werden. Verweste Früchte scheinen der Gräfin aus dem Paradies zu stammen, sie fühlt sich an eine düstere und tiefe Wendung aus Pivert de Sénancours (1770–1846) Roman *Oberman* (1804) erinnert: „Die Wurzeln trinken aus stinkendem Wasser". Heißhunger nach besonderen Speisen verspüren Frauen auch im Märchen. Rapunzels Mutter, nach langer Zeit endlich schwanger geworden, erblickt im Garten einer Fee, den sie nicht betreten darf, „wunderschöne Rapunzeln auf einem Beet und wurde so lüstern darnach und wußte doch, daß sie keine bekommen konnte, daß sie ganz abfiel und elend wurde". Ihr Mann verhilft ihr zu diesem Genuß, indem er die ersehnten Pflanzen aus dem Garten holt: „Die Frau machte sich sogleich Salat daraus, und aß sie in vollem Heißhunger auf. Sie hatten ihr aber so gut geschmeckt, daß sie den andern Tag noch dreimal so viel Lust bekam".

Wie sehr Diätetik und speziell Essen und Trinken stets auf den Umgang mit der Natur wie Kultur oder Ethik bezogen werden können, läßt sich den Ermahnungen Professor Lindners an seinen Sohn in Robert Musils Roman *Der Mann ohne Eigenschaften* (1930–43) entnehmen: „aber als der Mittelgang abgetragen wurde und die Nachspeise auf den Tisch kam, begann er nachdenklich und behutsam: ‚Sieh, gerade in den Jahren des größten Appetits kann man die folgenreichsten Siege über sich gewinnen, und zwar nicht etwa durch ungesundes Hungern, sondern nach ausreichender Ernährung durch gelegentlichen Verzicht auf ein Lieblingsgericht!' Peter schwieg und zeigte kein Verständnis dafür, aber sein Kopf bedeckte sich wieder bis über die Ohren mit lebhaftem Rot. ‚Es wäre verfehlt', fuhr sein Vater bekümmert fort, ‚wenn ich dich für dieses Ungenügend strafen wollte, denn da du überdies kindisch lügst, liegt noch ein solcher Mangel an sittlichem Ehrbegriff vor, daß man den Boden erst urbar machen muß, auf dem die Strafe wirken kann. Ich verlange darum von dir nichts, als daß du das selbst einsiehst, und bin sicher, daß du dich dann auch selbst bestrafen wirst!' Dies war der Augenblick, wo Peter lebhaft auf seine schwache Gesundheit hinwies wie auch auf seine Überarbeitung, die in letzter Zeit sein Versagen in der Schule verursacht haben könnten und ihn außerstand setzten, seinen Charakter durch Verzicht auf den letzten Gang zu stählen. ‚Der französische Philosoph Comte', erwiderte Professor Lindner darauf gelassen, ‚pflegte nach dem Essen an Stelle des Desserts auch ohne besonderen Anlaß ein Stück trockenen Brots zu kauen, bloß um dabei an diejenigen zu denken, die nicht einmal trockenes Brot haben. Es ist ein feiner Zug, der uns daran erinnert, daß jede Übung in der Enthaltsamkeit und Einfachheit eine tiefe soziale Bedeutung haben!' Peter hatte schon längst eine äußerst unvorteilhafte Vorstellung von der Philosophie, aber auch die Dichtkunst brachte ihm sein Vater nun in üble Erinnerung, denn er fuhr fort: ‚Auch der Dichter Tolstoi sagt, die Enthaltsamkeit sei die erste Stufe zur Freiheit. Der Mensch hat viele knechtische Begierden, und damit der Kampf gegen alle erfolgreich sei, muß man bei den elementarsten beginnen: der Eßsucht, dem Müßiggang und der Sinnenlust.'"

Lesen und Schreiben als Heilmittel und Lebenshilfe besitzen traditionell ihren Platz im System der Diätetik; ihre Wirkung entfalten sie im Bereich der Affekte. Kunst kann zur Therapie werden, Therapie ist selbst eine Kunst. Alle Künste können in der Medizin und der Lebenskunst genutzt werden. Während die anderen kunsttherapeutischen Richtungen bereits relativ etabliert sind, hat Bibliotherapie eine entsprechende Aufnahme und Anerkennung noch nicht gefunden (v. Engelhardt 1987). In Romanen und Erzählungen wird in der diätetischen Perspektive die therapeutische Kraft der Kunst selbst zum Thema gemacht.

Bibliotherapie soll als Begriff 1916 von Samuel McChord Crothers geprägt worden sein; die Anwendung in der Medizin – das zeigt auch ihre Behandlung in der Literatur – ist aber so alt wie die Medizin und wird seit der Antike beachtet. Die Bibel ist in allen Zeiten ein bibliotherapeutischer Text gewesen. Aristoteles verspricht sich vom Besuch der Tragödien eine kathartische Wirkung. Schreiben gilt im Mittelalter ebenfalls als eine Hilfe in Krankheit und Leid („scribendo solari"). Das Erzählen von Geschichten rettet in *Tausendundeiner Nacht* der Königin Schahrazad das Leben: „Schahrazad hatte Bücher und Abhandlungen studiert, Weisheitssprüche und medizinische Werke, sie kannte Dichtung auswendig, hatte Geschichtswerke gelesen und die Redensarten der einfachen Leute und die Sentenzen der Weisen und Könige gelernt. Sie war klug, scharfsinnig, weise und wohlerzogen". 1705 veröffentlicht der Theologe Georg Heinrich Götze eine *Krancken-Bibliothec*. Im 20. Jahrhundert und vor allem seit dem Zweiten Weltkrieg gibt es in Theorie und Praxis neue Initiativen.

Nach den Erfahrungen aus Vergangenheit und Gegenwart wird Bibliotherapie in der Anwendung vor allem die folgenden sechs Ebenen zu beachten haben: 1) Lesen in Gesundheit und Krankheit, 2) Einfluß der unterschiedlichen Krankheitsarten, 3) Abhängigkeit von der Therapieform, 4) Persönlichkeit des Kranken,

5) Vermittlung des Textes, 6) Berufsbild des Bibliotherapeuten. Zentral unter diesen Bedingungen der Lesewirkung ist und bleibt die Persönlichkeit des Kranken, seine affektiven Anlagen und intellektuellen Möglichkeiten, das Niveau und die Weite seiner Bildung und seiner Interessen. Von der Individualität des Kranken und seiner konkreten Lebenssituation muß die Wahl des literarischen Textes abhängig gemacht werden. Dem Patienten können nicht nur Bibliothekskataloge in die Hand gedrückt und Bücherwagen an das Bett geschoben werden, Bücher lassen sich nicht wie ein Medikament verschreiben. Unzulänglich ist auch das Vorgehen nach dem Analogieprinzip, das heißt die Auswahl des Textes nach der thematischen Übereinstimmung von Krankheit und Buch. Ausschlaggebend wird immer die Begleitung des Kranken in seiner Lektüre sein; das setzt den unmittelbaren Kontakt und die Bereitschaft zum Gespräch ebenso voraus wie die inhaltliche Kenntnis der Weltliteratur und ein Vertrautsein mit den formalen Dimensionen der Kunstwerke (Reim, Rhythmus, Verteilung von Vokalen und Konsonanten etc.).

Auch Schreiben (Graphotherapie) kann Erleichterung verschaffen und zu einem diagnostischen Instrument oder Indikator des Heilungsprozesses werden. Der Arzt Antoine Thibault in Roger Martin Du Gards Roman *Die Thibaults* (1922–40) beginnt, als er schwer erkrankt ist, ein Tagebuch zu schreiben: „Im Kopf eines Kranken, eines Schlaflosen, wird alles zur Plage. Schreibt er es auf, so befreit er sich davon. Und außerdem hilft die Ablenkung, Zeit zu töten". Außerdem hält Dr. Thibault den Verlauf der eigenen Erkrankung in seinem Notizbuch fest. Schreiben als Heilung oder Dokument der Freiheit ist die Perspektive zahlreicher Selbsterfahrungsberichte der Gegenwart. Diese Möglichkeit hat auch Caroline Muhr in ihrer Depression empfunden und aufgegriffen: „In dieser Stunde spinne ich den dünnen Faden, der mich mit einer Wirklichkeit verbindet, die ich noch selbst bestimme, indem ich Worte aussuche, zusammenfüge, Buchstaben setze, so wie ich es will und nicht wie meine Krankheit es will oder wie die Schwestern es wollen oder wie Dr. Hartmann es will" (Muhr 1978, S. 67).

Die literarischen Beispiele lassen Momente sichtbar werden, die von der realen Anwendung in der Medizin mit Gewinn beachtet werden können. Schriftsteller haben die Wirkung des Wortes an sich selbst oder auch bei anderen erlebt und in ihren Werken diese Erfahrungen beschrieben. Diätetik wird von ihnen auf die Erhaltung der Gesundheit wie die Überwindung der Krankheit bezogen. Exakte Kausalbeziehungen werden im literarischen Medium relativiert. Zu Unrecht soll zum Beispiel auch der Arzt Doktor Pascal bei Zola annehmen, daß „der Müßigang, in dem er seit Wochen lebte, die einzige Ursache der Herzbeschwerden sei, die ihn jetzt hier und da bedrängten". Welche Grenzen sich in der Medizin aus der ausschließlichen Fixierung auf die naturwissenschaftliche Kausalität ergeben, zeigt sich besonders deutlich in der therapeutischen Funktion des Lesens und Schreibens.

Das Buch kann die medizinische Therapie nicht ersetzen, wohl aber in der diagnostischen wie therapeutischen Ebene oft sinnvoll ergänzen. Literatur wirkt als Ablenkung oder Hinlenkung, dient der Verallgemeinerung oder Konkretisierung, läßt Schmerzen und Langeweile erträglicher werden, bereitet auf die Rückkehr aus dem Krankenhaus in die normale Alltagswelt vor, verleiht Leiden und Krankheit einen Sinn, vermag auch im Sterben für den Betroffenen und seine Angehörigen zu einer Hilfe zu werden. Literatur übersteigt aber auch alle therapeutischen Ziele, ist ein Bildungsmittel, das zum allgemeinen Verständnis des Menschen und seiner Wirklichkeit beiträgt. Das Buch ist nach Romano Guardini (1885–1968) eine „Urgestalt" (1952, S. 37). Kunst geht in Therapie nicht auf; in diesem Sinne heißt es bei Kafka (1883–1924) in einer Wendung, die selbst wieder metaphorisch einen Bereich oder Zustand der Natur in der Seele des Menschen aufgreift: Ein Buch soll wie die „Axt sein für das gefrorene Meer in uns" (an Pollak 1904).

Zu Beginn des 20. Jahrhunderts versucht die Anthropologische Medizin der Diätetik noch einmal eine größere Bedeutung zu verleihen; der Erfolg ist bislang recht gering geblieben. Der Biologismus des 19. Jahrhunderts hat nach Viktor von Weizsäcker Ernährung wie Geschlechtlichkeit unangemessen auf die physiologische Seite reduziert: „Aber nicht nur der religionshafte, sakrale und rituale Charakter von Essen, Trinken, Schlaf und Beischlaf geht dahin verloren; auch die Naturseite selbst wird dabei eingeengt und schließlich verfälscht dargestellt" (v. Weizsäcker ²1967, S. 94).

Im ausgehenden 20. Jahrhundert kommt es verschiedentlich zu neuen Versuchen, zur Diätetik im ursprünglichen Sinn zurückzukehren. Ganzheitlichkeit ist ein Schlagwort der Gegenwart, überzeugend in der Intention, nicht selten aber auch problematisch in der Ausführung. In der wissenschaftlichen Medizin dominiert allerdings weltweit eine andere Logik. Statt eines umfassenden Diätetikkonzeptes herrscht Spezialisierung vor, der zugleich zahlreiche neue Erkenntnisse über Zusammenhänge von Krankheit und Ernährung mit einer Fülle wichtiger Folgerungen für die Praxis zu verdanken sind. Erwähnt seien nur die Diabetesbehandlung mit Fleischdiät, Vitamin D gegen Rachitis, Zitrusfrüchte gegen Skorbut, gekochte und noch wirkungsvoller rohe Leber bei perniziöser Anämie, daneben die Rohkostbewegung, der Vegetarismus sowie das Wissen um allergische Reaktionen (Asthma, Hautausschläge, Erkältungen) bei bestimmten Speisen und Getränken. Auch das Fasten wird wieder als ein Mittel der Diätetik oder gesunden Lebensweise praktiziert.

Diätetik muß nicht nur ein Nebeneinander verschiedener Bereiche und Dimensionen heißen. Im ganzheitlichen Sinne der Vergangenheit können diese Bereiche der Diätetik vielmehr miteinander verbunden werden, jeder Einzelbereich kann für sich in einen Zusammenhang mit den anderen Bereichen gebracht werden. Für die Integration im Bereich der Kunsttherapie hat schon Goethe in *Wilhelm Meisters Wanderjahre* (1821) ein ebenso eindrucksvolles wie stimulierendes Beispiel entworfen. Flavio verlangt es in der Phase der beginnenden Genesung nach dem Schreiben von Gedichten: „Hier nun konnte die edle Dichtkunst abermals ihre heilenden Kräfte erweisen. Innig verschmolzen mit Musik, heilt sie alle Seelenleiden aus dem Grunde, indem sie solche gewaltig anregt, hervorruft und in auslösenden Schmerzen verflüchtigt". Aktivität und Passivität, Produktion und Rezeption lassen sich kombinieren, gehen ineinander über. Hilarie möchte nämlich auf die Verse Flavios mit eigenen Versen antworten, „sie saß am Flügel und versuchte die Zeilen des Leidenden mit Melodie zu begleiten. Es gelang ihr nicht, in ihrer Seele klang nichts zu so tiefen Schmerzen; doch bei diesem Versuch schmeichelten

Rhythmus und Reim sich dergestalt an ihre Gesinnungen an, daß sie jenem Gedicht mit lindernder Heiterkeit entgegnete". Das Gedicht ist Antwort und Hilfe, greift auf und führt zugleich weiter. Medium dieser therapeutischen Metamorphose ist die Musik, die Aufsicht behält jedoch der Arzt: „Der ärztliche Hausfreund übernahm die Botschaft, sie gelang, schon erwiderte der Jüngling gemäßigt; Hilarie fuhr mildernd fort, und so schien man nach und nach wieder einem heitern Tag, einem freien Boden zu gewinnen".

Ebenso kann die Beziehung zu den anderen Bereichen der Diätetik im Ausgang von der Bewegung und Ruhe hergestellt werden. Denken, Fühlen und Wollen hängen mit Bewegung und Ruhe zusammen; Spannungen und Konflikte sind gleichermaßen möglich. Thomas Bernhard (1931–1989) kann dem Philosophen Kant im Urteil über die Möglichkeit, Denken und Gehen zu verbinden, nicht zustimmen. Was Kant im *Streit der Fakultäten* 1798 empfiehlt, ist nach Bernhard (*Gehen*, 1971) unmöglich; allein Denkbewegungen und Gedankengänge werden von dem österreichischen Dichter akzeptiert. Jean Pauls Dr. Katzenberger empfiehlt dagegen Professoren in den Semesterferien zur Erhöhung des Kreislaufes das Gehen auf allen Vieren in Verbindung mit häufigem Reden: „Daher erkranken wir Professoren häufig in den Ferien durch Aussetzen der Vorlesungen, mit welchen wir uns zu säueren und zu entkohlen pflegen".

Wichtige Einsichten für ein umfassendes Verständnis der Diätetik und nicht zuletzt von Essen und Trinken lassen sich im übrigen immer wieder aus der Beobachtung des realen Lebens gewinnen. Die Psychosomatik der Fettsucht (Adipositas), des Heißhungers (Bulimie) und der Magersucht (Anorexia nervosa) weist auf komplexe Zusammenhänge zwischen Eßstörung und psychischen wie sozialen Faktoren hin. Fettsucht hängt darüberhinaus mit kulturhistorischen Hintergründen zusammen, die auch für die schichtspezifische Verteilung dieses Leidens verantwortlich sind.

Das Spektrum der Verbindungen zwischen den verschiedenen diätetischen Grundbereichen ist groß, Standpunkte und Auffassungen in der Medizin und Alltagswelt werden keineswegs immer übereinstimmen. Vielfältig sind etwa die Zusammenhänge des Essens und Trinkens mit dem Sprechen. Man kann essen und sprechen oder nur jeweils das eine oder das andere tun. Das Schweigen der Karthäuser galt auch für die Mahlzeiten; um sich dennoch verständigen zu können, haben diese Mönche eine Zeichensprache entwickelt, die eine Vorform der Taubstummensprache darstellt.

Essen und Trinken stehen für sich selbst in einer Beziehung, die physiologisch zwar anregt, aber nicht zwingend festgelegt werden kann und insofern auf diätetische oder kulturelle Stilisierung angewiesen ist. Appetit richtet sich auf Trinken wie Essen und unterscheidet sich dem Grade nach vom Hunger, ist schließlich von psychischen Faktoren abhängig und damit beeinflußbar; Hunger und Appetit gehen ineinander über, Tiere haben Hunger, kennen aber weniger Appetit oder Völlerei. Essen und Trinken sind stets auf die anderen Sinne angewiesen. Brillat-Savarin fühlt sich durch die Erfahrung in seiner Auffassung bestätigt, daß „vollständige Geschmacksempfindung“ auf die „Teilnahme des Geruches“ angewiesen sei (Brillat-Savarin, n. 1984, S. 54). Essen und Trinken im Sinne der kosmologisch-anthropologischen Diätetik lenken den Blick auf die Herkunft der Naturstoffe und die Zubereitung der Speisen, auf den produktiv-konsumierenden Umgang des Menschen mit Steinen, Pflanzen und Tieren sowie andererseits auf den Einsatz der Kräfte, die aus dem Genuß von Speisen und Getränken gewonnen werden (Meyer-Abich 1990, S. 94 ff.).

Die Zusammenhänge von Essen und Trinken reichen weit, sie beziehen sich auf Theologie, Philosophie und Künste. Viele Wendungen, Sprichwörter, Metaphern und Symbole geben diese Zusammenhänge wieder. „Essen und Trinken halten Leib und Leben zusammen“; „Liebe geht durch den Magen“; enttäuschte Liebe kann aber auch zu ‚Kummerspeck' führen. „Wein gibt Leben, Wein gibt Tod“ verspricht eine Grabinschrift in einer Florentiner Kirche. Von Jesus werden die Apostel zum „Salz der Erde“ erklärt und nicht zu Fett, Eiweiß oder Kohlehydraten. In der Bibel findet sich auch das Wort: „Der Mensch lebt nicht vom Brot allein“; Christen in aller Welt beten: „Unser täglich Brot gib uns heute“. Essen und Trinken sind mehr als die Befriedigung von Hunger und Durst.

Die qualitative und quantitative Reduktion der Diätetik im Laufe der Jahrhunderte der Neuzeit hat keineswegs nur innermedizinische Gründe, sondern hängt ebenso mit allgemeinen kulturellen Wandlungen zusammen, die auch für die Medizin nicht ohne Folgen geblieben sind. Diätetik ist ein Dokument des allgemeinen Wandels in der Beziehung des Menschen zu seinem Körper und zur Natur, auch des Wandels im Verhältnis von Natur und Kultur. Neue Einstellungen zu Gesundheit, Krankheit und Tod, zu den Bedürfnissen des Körpers wie der Seele sowie neue Lebensbedingungen und neue soziale Institutionen haben sich ausgewirkt. Als zentral erwies sich die moderne Säkularisierung; Transzendenz und Metaphysik verliehen den Sinnen des Menschen Tiefendimensionen, die in der naturalistischen und positivistischen Natur- und Kulturauffassung der Gegenwart vergeblich gesucht werden. Zugleich gibt es Kontinuitäten im Ideellen wie im Realen. Der Blick in die Vergangenheit kann zu Versuchen des Ausgleichs und der Korrektur in der Gegenwart beitragen.

Das Bedürfnis, Zusammenhänge der diätetischen Grundbereiche im Umgang mit Gesundheit und Krankheit gegenüber allen reduktionistischen Tendenzen der Wissenschaften und der Medizin wieder stärker zu beachten, ist heute in der Theorie wie in der Praxis zunehmend zu beobachten. Alle Bereiche der Diätetik sollten auch in der Medizin nicht allein in kurativer, sondern immer zugleich in präventiver und rehabilitativer Bedeutung eine Rolle spielen. Zugleich sollten sie in der Medizin wie allgemein in der Lebensweise der Menschen stets mit den anderen Bereichen des Lebens verbunden werden. Diätkonzepte der Gegenwart greifen die ganzheitliche Perspektive der Vergangenheit auch verschiedentlich auf – nicht zuletzt auf dem Gebiet des Essens und Trinkens. *Von der Atkins-Diät bis zur Zen-Makrobiotik* lautet der entsprechend weitgespannte Untertitel eines Buches von Stefan M. Gergely aus dem Jahre 1984. Medizinische Diätetik und etablierte Lebens- oder Eßgewohnheiten können allerdings auch in einen Konflikt geraten; die verbreitete Regel, bei den Mahlzeiten von leichten zu schweren Speisen und wieder zu leichten und von schweren zu leichten Getränken und wieder zu schweren überzugehen, wird aus medizinischer Sicht kaum Zustimmung finden können.

Jeder Mensch kann sein Leben in der diätetischen Perspektive der Vergangheit ordnen, jeder Mensch kann die verschiedenen körperlich-geistigen Bedürfnisse in einen harmonischen Ausgleich bringen oder spezifische Akzente setzen. Die Verbindung kann in der gleichmäßigen Beachtung aller Bereiche erfolgen, sie kann aber auch an jedem Bereich selbst noch einmal aufgegriffen werden. In den Umgang mit Bewegung und Ruhe können physische Genüsse und soziale Kontakte einbezogen werden, der Bereich der Gefühle läßt sich mit der Aufnahme der Natur und der beruflichen Tätigkeit verbinden. Eine „synästhetische Mahlzeit" kann alle Sinne des Menschen befriedigen; Speisen und Getränke lassen sich im Wechsel der Gänge auf Bilder, Töne und Gerüche abstimmen, können von haptischen Reizen – vom Fühlen etwa unterschiedlicher Stoffe – bereichert und mit Gesprächen und ihren sich ändernden Themen in einen inneren Zusammenhang gebracht werden. Diätetik in diesem Sinne ist Natur und Kultur, berücksichtigt Physiologie wie Psychologie, entfaltet sich im sozialen Kontext und steht zugleich in einer Verbindung mit den Künsten, der Religion und der Philosophie.

V.
Perspektiven

Die Geschichte des Gesundheits- und Krankheitsbegriffes, der Schmerzvorstellungen und des Diätetikkonzeptes ist die Geschichte von Ideen, die zugleich wesentlich auf die Natur bezogen ist, auf die Natur des Lebendigen allgemein wie auf die Natur des Menschen. Diese Ideen stehen in einem Zusammenhang mit der medizinischen Praxis und zugleich der sozialkulturellen Wirklichkeit, sind Beschreibung und Norm, sind Kulturgeschichte der Natur, gehören zur Lebenskunst in einem umfassenden Sinn.

Krankheiten sind in der geistig-kulturellen Perspektive nicht nur als Verlust und Einschränkung zu verstehen, sie können ebenso zu Herausforderungen werden, die das Selbstbewußtsein stärken und das soziale Engagement vertiefen. Krankheiten lassen die Grundstruktur des menschlichen Lebens und seine Abhängigkeit von der Natur und vor allem der biologischen Natur besonders deutlich sichtbar werden; ihr Verständnis und ihre Bewältigung sind ein wesentliches Indiz für das Niveau des Menschen, der Gesellschaft, der Kultur.

Gesundheit und Krankheit sind Erscheinungen des menschlichen Lebens, sie gehören zur Natur und Kultur und müssen in dieser naturalen und kulturellen Weite aufgefaßt, dürfen weder mechanistisch oder biologistisch, psychologistisch oder soziologistisch verkürzt werden. In ihrer kosmologisch-anthropologischen Bedeutung erinnern Krankheit und Gesundheit die Humanmedizin an ihre naturwissenschaftlich-geisteswissenschaftliche Doppelnatur. Medizin will Leben erhalten und muß dessen Endlichkeit ebenso akzeptieren wie der einzelne Mensch und die Gesellschaft.

Schmerz ist ein Kennzeichen des Lebendigen, in seiner Bewußtheit und Sprachlichkeit allerdings allein des menschlichen Organismus. Schmerz besitzt eine seelische Dimension und findet einen mimisch-gestischen Ausdruck. Schmerz wird zu einem Appell an die Umwelt, der von dieser aufgegriffen oder ignoriert werden kann. Schmerz ist schließlich als Grunderscheinung der Wirklichkeit ein geistiges Phänomen, das in den Künsten, der Theologie, der Philosophie wiederholt zu Darstellungen und Deutungen geführt hat, die auch von einzelnen Menschen empfunden und als Orientierung wie Hilfe aufgegriffen werden können.

Die Schmerzbewertung hat sich verändert, nicht oder kaum jedoch die Schmerzwahrnehmung. Kosmologie und Anthropologie beherrschen die Antike, Transzendenz das Mittelalter, Säkularisierung die Neuzeit. Auch an der Geschichte des Schmerzes lassen sich diese Übergänge beobachten wie aber ebenfalls die immer wieder von neuem auftauchenden Versuche, bei aller empirischen Objektivität die kulturellen, sozialen und geistigen Dimensionen im Verständnis des Schmerzes nicht verlorengehen zu lassen. *Den Schmerz der Welt in Hoffnung verwandeln* (dt. 1980) lautet der Titel eines Werkes von Pablo Neruda (1904–1973), *Die Erkenntnis des Schmerzes* (dt. 1963) der Titel eines Romans von Carlo E. Gadda (1893–1973). In diesen beiden Wendungen entfaltet sich überzeugend das Spektrum der zukünftigen Aufgaben in Theorie und Praxis.

Die Diätetik hat von der Antike über das Mittelalter und die Jahrhunderte der Neuzeit bis in die Gegenwart eine grundsätzliche Verkürzung auf Diät erfahren. Das weite Spektrum der physischen und psychischen Dimensionen (‚sex res non naturales‘) verkürzte sich im wesentlichen auf den Umgang mit Essen und Trinken. Die wesentliche Zäsur dieser Entwicklung liegt im 19. Jahrhundert. Die konzeptionelle Reduktion der Diätetik, die vor allem in jener Zeit erfolgte, ist zugleich mit zahlreichen theoretischen Erkenntnissen und praktischen Neuerungen verbunden, die wesentlich dazu beigetragen haben, die Krankheiten zu überwinden, die Gesundheit zu heben und das Leben zu verlängern.

Chirurgie und Medikament stehen heute im Zentrum der Medizin, Prävention und Rehabilitation sind dagegen in den Hintergrund getreten. Auf die erstaunlichen Fortschritte, die mit dieser Entwicklung in der Diagnostik und Therapie erzielt werden, wird kaum jemand verzichten wollen. Zugleich hat diese Entwicklung aber auch ihre Kehrseite; die Verlängerung des Lebens hat neue Leiden hervorgebracht, mit der Kostensteigerung haben sich

Verteilungsprobleme ergeben, es kam zu bedenklichen Eingriffen in die äußere Natur wie die Natur des Menschen, in allen Bereichen haben sich juristische Regelungen und ethische Prinzipien als notwendig erwiesen. Häufig und mit unterschiedlichen Begründungen wird heute nach Korrekturen oder sogar nach einer Alternativmedizin gerufen. Eine Alternative zur modernen Medizin ist aber weder möglich noch sinnvoll, zu denken ist vielmehr an Alternativen in der Medizin, an sozialpsychologische Ergänzungen, an anthropologisch-kosmologische Erweiterungen im Umgang mit Gesundheit und Krankheit.

Kultur besitzt therapeutische Kraft; Medizin kann zur Heilkultur werden; Leib und Seele unterscheiden sich und stehen zugleich in einem unaufhebbaren Dialog; Diätetik heißt Stilistik des Lebens, bedeutet ganzheitliche Lebenskunst, die Krankheit und Sterben umfaßt, die Natur und Kultur verbindet.

Anhang

Literaturverzeichnis

Ackerknecht, Erwin H.: Therapie von den Primitiven bis zum 20. Jahrhundert. Mit einem Anhang: Geschichte der Diät, Stuttgart 1970.

Andrae, Tor: Mohammed. Sein Leben und sein Glaube, Göttingen 1932, Nachdruck Hildesheim 1977.

Andreae, Johann Valentin: Christianopolis, lat. 1619, dt. Stuttgart 1975.

Antonovsky, Aaron: Salutogenese. Zur Entmystifizierung der Gesundheit, Tübingen 1997.

Ariès, Philippe: Geschichte des Todes, franz. 1978, dt. München 1980.

Aristoteles: Politik, griech. 4. Jh. v. Chr., dt. München [6]1986.

Auersperg, Alfred v.: Schmerz und Schmerzhaftigkeit, Berlin 1963.

Augustinus: Confessiones. Bekenntnisse, lat. ca. 400, dt. Darmstadt [4]1980.

Augustinus: Selbstgespräche von der Unsterblichkeit, lat. 386, dt. München 1986.

Bacon, Francis: De dignitate et augmentis scientiarum, 1623, Works, Bd. 1, London 1858, Nachdruck Stuttgart-Bad Cannstatt 1963.

Bacon, Francis: Über die Pflege der Gesundheit, engl. 1625, dt. in: Essays, Wiesbaden 1946, S. 146–149.

Barkhoff, Jürgen: Magnetische Fiktionen. Literarisierung des Mesmerismus in der Romantik, Stuttgart 1995.

Bauer, Axel W.: Zwischen Symbol und Symptom. Der Schmerz und seine Bedeutung in der Antike, in: Der Schmerz 10 (1996) 169–175.

Benzenhöfer, Udo (Hg.): Paracelsus, Darmstadt 1993.

Berg, Fredrik: Hygienens omfattning i äldre tider. Sex res non naturales (= The scope of hygiene in older times), in: Lychnos (1962) 91–127.

Bergdolt, Klaus: Arzt, Krankheit und Therapie bei Petrarca. Die Kritik an der Medizin und Naturwissenschaften im italienischen Frühhumanismus, Weinheim 1992.

Bergdolt, Klaus: Der Schwarze Tod in Europa. Die große Pest und das Ende des Mittelalters, München [2]1994.

Bischoff, Claus, u. Helmuth Zenz (Hg.): Patientenkonzepte von Körper und Krankheit, Bern 1989.

Bloch, Ernst: Das Prinzip Hoffnung, Frankfurt a. M. 1959.

Boerhaave, Hermann: Institutiones medicae, Leiden 1708.

Boss, Medard: Grundriß der Medizin, Bern 1975.

Boss, Medard: Anstöße Martin Heideggers für eine andere Psychiatrie, in: Hans-Helmuth Gander (Hg.): Von Heidegger her. Wirkungen in Philosophie – Kunst – Medizin, Meßkircher Vorträge 1989, Frankfurt a. M. 1991, S. 125–140.

Bousset, Wilhelm: Platons Weltseele und das Kreuz Christi, in: Zeitschrift für die Neutestamentliche Wissenschaft 14 (1913) 273–285.
Brancaccio, Francesco Maria: De chocolatis potu diatribe, Rom 1664.
Brillat-Savarin, Jean Anthelme: Physiologie des Geschmacks, franz. 1826, dt. Wien 1984.
Brüschweiler, Jura (Hg.): Ein Maler vor Liebe und Tod. Ferdinand Hodler und Valentine Godé-Darel, Zürich 1976.
Burdach, Karl Friedrich: Propädeutik zum Studium der gesammten Heilkunst, Leipzig 1800.
Burton, Robert: Anatomy of Melancholy, 1621, Oxford 1992, dt. Die Anatomie der Melancholie, Mainz ²1995.
Buytendijk, Frederik Jacobus Johannes: Über den Schmerz, holl. 1943, dt. Bern 1948.
Buytendijk, Frederik Jacobus Johannes: Über den Schmerz, in: Psyche 9 (1955/56) 436–452.
Carus, Carl Gustav: Von den Naturreichen, ihrem Leben und ihrer Verwandtschaft, in: Zeitschrift für Natur- und Heilkunde 1 (1820) 1–72.
Carus, Carl Gustav: Psyche. Zur Entwicklungsgeschichte der Seele, Pforzheim 1846, Stuttgart ²1851.
Carus, Carl Gustav: Physis. Zur Geschichte des leiblichen Lebens, Stuttgart 1851, Pforzheim ²1860.
Carus, Carl Gustav: Lebenserinnerungen, Bd. 1-4, Leipzig 1865/66.
Celsus, Aulus Cornelius: Über die Arzneiwissenschaft, lat. um 35 n. Chr., dt. Hildesheim 1967.
Cheyne, George: Essay of health and long life, London 1724.
Dallenbach, Karl M.: Pain: History and present status, in: American Journal of Psychology 52 (1939) 331–347.
Deichgräber, Karl: Professio medici. Zum Vorwort des Scribonius Largus, in: Abhandlungen der Akademie der Wissenschaften und der Literatur, Geistes- u. Sozialwiss. Klasse (1950) (9) 855–879.
Dieffenbach, Johann Friedrich: Der Aether gegen den Schmerz, Berlin 1847.
Diepgen, Paul, George B. Gruber u. Hans Schadewaldt: Der Krankheitsbegriff, seine Geschichte und Problematik, in: Handbuch der Allgemeinen Pathologie, Bd. 1, Berlin, Heidelberg u. New York 1969, S. 1–50.
Domandl, Sepp: Eschatologie und Ideologie bei Paracelsus, in: Zeitschrift für philosophische Forschung 24 (1970) 126–133.
Du Bois-Reymond, Emil: Über die Grenzen des Naturerkennens, 1872, in: Reden, Bd. 2, Leipzig ²1912, S. 441–473.
Du Bois-Reymond, Emil: Kulturgeschichte und Naturwissenschaft, 1878, in: Reden, Bd. 1, Leipzig ²1912, S. 567–629.
Ebstein, Erich (Hg.): Deutsche Ärztereden aus dem 19. Jahrhundert, Berlin 1926.
Eckermann, Johann Peter: Gespräche mit Goethe in den letzten Jahren seines Lebens, Leipzig 1968.
Elias, Norbert: Über den Prozeß der Zivilisation, Bern 1939, ⁶1969.
Engelhardt, Dietrich v.: Kausalität und Konditionalität in der modernen Medizin, in: Heinrich Schipperges (Hg.): Pathogenese. Grundzüge und Perspektiven einer Theoretischen Pathologie, Berlin 1985, S. 32–58.

Engelhardt, Dietrich v.: Mit der Krankheit leben. Grundlagen und Perspektiven der Copingstruktur des Patienten, Heidelberg 1986.
Engelhardt, Dietrich v.: Medizin in der Literatur der Neuzeit, Hürtgenwald 1991.
Engelhardt, Dietrich v.: Euthanasie in historischer Perspektive, in: Zeitschrift für Medizinische Ethik 39 (1993) 13–25.
Engelhardt, Dietrich v.: Luca Ghini (um 1490–1556) und die Botanik des 16. Jahrhunderts. Leben, Initiativen, Kontakte, Resonanz, in: Medizinhistorisches Journal 30 (1995) 3–49.
Faust, Bernhard Christoph: Gesundheits-Katechismus zum Gebrauche in den Schulen und beim häuslichen Unterricht, Leipzig 1794, [11]1830, Nachdruck Stuttgart 1954.
Feuerbach, Ludwig: Das Geheimnis des Opfers, 1866, in: Gesammelte Werke, Bd. 11, Berlin 1972, S. 27–49.
Fichtner, Gerhard: Die Euthanasiediskussion in der Zeit der Weimarer Republik, in: Albin Eser (Hg.): Suizid und Euthanasie als human- und sozialwissenschaftliches Problem, Stuttgart 1976, S. 24–40.
Ficino, Marsilio: Über das Leben, lat. 1489, engl. The book of life, Dallas, Texas, 1988.
Frank, Johann Peter: Akademische Rede vom Volkselend als der Mutter der Krankheiten, 1790, Sudhoffs Klassiker der Medizin, Bd. 34, Leipzig 1960.
Franz von Assisi: Der Spiegel der Vollkommenheit oder der Bericht über das Leben des Heiligen Franz von Assisi, München 1953.
Führkötter, Adelgundis: Das Leben der heiligen Hildegard von Bingen, Düsseldorf 1968.
Gebsattel, Viktor Emil v.: Zur Sinnstruktur der ärztlichen Handlung, in: Studium Generale 6 (1953) 461–471.
Gebsattel, Viktor Emil v.: Prolegomena einer medizinischen Anthropologie, Berlin, Göttingen u. Heidelberg 1954.
Gergely, Stefan M.: Diät – aber wie? Von der Atkins-Diät bis zur Zen-Makrobiotik, München 1984.
Götze, Georg Heinrich: Kranken-Bibliothek, Hamburg 1705 (angeb. zu: Memento mori! Todten-Bibliothec, Hamburg 1704).
Goldammer, Kurt: Paracelsus, Natur und Offenbarung, Hannover 1953.
Goltz, Dietlinde: Krankheit und Sprache, in: Sudhoffs Archiv 53 (1969) 224–269.
Granshow, Lindsay, u. Roy Porter (Hg.): The hospital in history, London 1989.
Grensemann, Herbert (Hg.): Die hippokratische Schrift „Über die heilige Krankheit“, Berlin 1968.
Gross, Rudolf, u. Markus Löffler: Prinzipien der Medizin, Berlin 1998.
Gruman, Gerald J.: An historical introduction to ideas about voluntary euthanasia: with a bibliographic survey and guide for interdisciplinary studies, in: Omega 4 (1973)(2) 87–138.
Guardini, Romano: Lob des Buches, Basel 1952.
Hahn, Alois, u. Norbert H. Platz (Hg.): Gesundheit und Krankheit (= Trierer Beiträge. Aus Forschung und Lehre an der Universität Trier, 26), Trier 1997.
Haller, Albrecht v.: Elementa physiologiae corporis humani, Bd. 1–8, Lausanne 1757–66.

Handwerker, Hermann O., u. Kay Brune (Hg.): Deutschsprachige Klassiker der Schmerzforschung, Haßfurt 1987.
Hartmann, Fritz: Krankheitsgeschichte und Krankengeschichte (naturhistorische und personale Krankheitsauffassung), in: Sitzungsberichte der Gesellschaft zur Beförderung der gesamten Naturwissenschaften zu Marburg 87 (1966)(2) 17–32.
Hartmann, Fritz: „Wir grünen für und für und haben tausenderlei Gesundheit“ – Modelle von Gesundsein und Kranksein, in: Klaus D. Hüllemann (Hg.): Wohin steuert die Medizin?, Berlin 1990, S. 118–141.
Hegel, Georg Wilhelm Friedrich: Phänomenologie des Geistes, Sämtliche Werke, Bd. 2, Stuttgart-Bad Cannstatt [4]1964.
Hegel, Georg Wilhelm Friedrich: Logik, Bd. 2, Sämtliche Werke, Bd. 5, Stuttgart-Bad Cannstatt [4]1964.
Hegel, Georg Wilhelm Friedrich: Die Naturphilosophie, Sämtliche Werke, Bd. 9, Stuttgart-Bad Cannstatt [4]1965.
Hegel, Georg Wilhelm Friedrich: Die Philosophie des Geistes, Sämtliche Werke, Bd. 10, Stuttgart-Bad Cannstatt [4]1965.
Hegel, Georg Wilhelm Friedrich: Vorlesungen über die Philosophie der Religion, Sämtliche Werke, Bd. 15, Stuttgart-Bad Cannstatt [4]1965.
Heidegger, Martin: Sein und Zeit, Halle 1927, Tübingen [15]1984.
Heim, Ernst Ludwig: Aus den Tagebüchern des alten Heims, Berlin 1901.
Heinroth, Johann Christian August: Lehrbuch der Seelenstörungen und ihrer Behandlung, Th. 1–2, Leipzig 1818–25.
Herder, Johann Gottfried: Ideen zur Philosophie der Geschichte der Menschheit, 1784–1791, Sämtliche Werke, Bd. 13 u. 14, Berlin 1887–1909, Nachdruck Hildesheim 1967.
Herodot: Historien, griech. 450–425 v. Chr., dt. Stuttgart 1971.
Hesse, Hermann: Franz von Assisi, Frankfurt a.M. 1988.
Hippocrates: Schriften, Reinbek 1962.
Homer: Ilias, griech. um 750 v. Chr., dt. München 1961.
Hoffmann, Friedrich: Fundamenta medicinae, Halle 1694, [2]1703.
Hufeland, Christoph Wilhelm: Die Kunst, das menschliche Leben zu verlängern, Jena 1796 (ab 3. Aufl. 1805 u. d. Tit. Makrobiotik), [5]1824.
Hufeland, Christoph Wilhelm: Enchiridion medicum oder Anleitung zur medicinischen Praxis, Berlin 1836.
Imhof, Arthur E.: Ars Moriendi. Die Kunst des Sterbens einst und heute, Wien 1991.
Imhof, Arthur E.: Der Mensch und sein Körper. Von der Antike bis heute, München 1983.
Illhardt, Franz Josef: Ars Moriendi – Hilfe beim Sterben. Ein historisches Modell, in: Erich Matouschek (Hg.): Arzt und Tod, Stuttgart 1989, S. 89–103.
Jaeger, Werner: Paidaia. Die Formung des griechischen Menschen, Bd. 1–3, Berlin 1934–47.
Jaspers, Karl: Allgemeine Psychopathologie, Berlin 1913, Heidelberg [9]1973.
Jaspers, Karl: Ein Beispiel: ärztliche Therapie, in: Philosophie, Bd. 1, Berlin 1932, Heidelberg [4]1973, S. 121–129.
Jaspers, Karl: Zur Kritik der Psychoanalyse, 1950, in: Jaspers: Der Arzt im technischen Zeitalter, München 1986, S,. 59–67.

Jaspers, Karl: Der Arzt im technischen Zeitalter, 1958, in: Jaspers: Der Arzt im technischen Zeitalter, München 1986, S. 39–58.
Jaspers, Karl: Schicksal und Wille. Autobiographische Schriften, München 1967.
Jaspers, Karl: Philosophische Autobiographie, München 1977, [2]1984.
Jetter, Dieter: Das europäische Hospital. Von der Spätantike bis zur Gegenwart, Köln 1986.
Jork, Klaus (Hg.): Alternativen in der Medizin, Suttgart 1993.
Jünger, Ernst: Über den Schmerz, 1934, in: Werke, Bd. 5, Berlin u. Stuttgart 1960, S. 149–198.
Jütte, Robert: Ärzte, Heiler und Patienten. Medizinischer Alltag in der frühen Neuzeit, München 1991.
Kant, Immanuel: Der Streit der Fakultäten, 1798, in: Werke, Bd. 9, Darmstadt 1983, S. 261–393.
Kant, Immanuel: Anthropologie in pragmatischer Hinsicht, in: Werke, Bd. 10, Darmstadt 1983, S. 393–690.
Kern, Ernst: Cultural-historical aspects of pain, in: Acta neurochirurgica 38 (1987) 165–181.
Kerner, Justinus: Die Seherin von Prevorst, Bd. 1–2, Stuttgart 1829.
Kössler, Henning (Hg.): Über den Schmerz. Fünf Vorträge von Kay Brune, Ulrich Fülleborn, Henning Kössler, Eberhard Lungershausen, Manfred Seitz, Erlangen 1987.
Koreff, Johannes Ferdinand: Ueber die in einigen Gegenden Italiens herrschende böse Luft, in: Magazin für die gesamte Heilkunde 9 (1821) 136–187.
Krug, Wilhelm Traugott (Hg.): Allgemeines Handwörterbuch der philosophischen Wissenschaften, Bd. 1–5, Leipzig 1827–34.
Kuhlen, Franz Joseph: Zur Geschichte der Schmerz-, Schlaf- und Betäubungsmittel in Mittelalter und früher Neuzeit, Diss. rer. nat., Marburg 1981, auch Stuttgart 1983 (= Quellen und Studien zur Geschichte der Pharmazie, Bd. 19).
Lamarck, Jean Baptiste de: Recherches sur l'organisation des corps vivans, Paris 1802.
Leibbrand, Werner: Die spekulative Medizin der Romantik, Hamburg 1956.
Leibniz, Gottfried Wilhelm: Die Theodicee, franz. 1710, dt. Hamburg 1977.
Lennig, Walter: Gottfried Benn in Selbstzeugnissen und Bilddokumenten, Reinbek 1962.
Leriche, René: Chirurgie des Schmerzes, franz. 1937, dt. Leipzig 1958.
Lessing, Gotthold Ephraim: Laokoon, 1776, in: Werke, Bd. 2, München 1974, S. 7–187.
Levasti, Arrigo: Katharina von Siena, ital. 1947, dt. Regensburg 1952.
Lichtenthäler, Charles: Der Eid des Hippokrates. Ursprung und Bedeutung, Köln 1984.
Lipowski, Zbigniew Jerzy: Physical illness, the individual and the coping processes, in: Psychiatry in Medicine 1 (1970) 91–102.
Livingston, Alex: The sleep of innocence, in: Michael J. Parnham u. Jacques Bruinvels (Hg.): Discoveries of pharmacology, Bd. 1 Amsterdam 1983, S. 395–422.

McCrothers, Samuel: A literary clinic, in: The Atlantic Monthly 118 (1916) 291–301.
Magendie, François: Remarques, in: Comptes Rendus de l'Académie des Sciences de Paris 24 (1847) 134–138.
Mai, Franz Anton: Medizinische Fastenpredigten oder Vorlesungen über Körper- und Seelendiätetik, Th. 1–2, Mannheim 1793/94.
Maio, Giovanni: Todesvorstellungen in Mittelalter und Neuzeit, in: Franz Haslinger (Hg.): Medizin und Tod, Wien 1998, S. 167–176.
Marquard, Odo: Über einige Beziehungen zwischen Ästhetik und Therapeutik in der Philosophie des 19. Jahrhunderts, 1963, in: Manfred Frank und Gerhard Kurz, Hg.: Materialien zu Schellings philosophischen Anfängen, Frankfurt a.M. 1975, S. 341–377.
Melzack, Ronald: The perception of pain, in: Scientific American 204 (febr. 1961) 41–49.
Melzack, Ronald: Das Rätsel Schmerz, engl. 1973, dt. Stuttgart 1978.
Melzack, Ronald (Hg.): The McGill pain questionnaire, in: Pain measurement and assessment, New York 1983.
Meyer-Abich, Klaus Michael: Aufstand für die Natur, München 1990.
Michler, Markwart: Zur Entstehung des medizinischen Schmerzbegriffes, in: Harald Thom (Hg.): Diagnose und Therapie des Schmerzes, Uelzen 1980, S. 24–27.
Mitchell, Silas Weir: Gunshot wounds and other injuries of nerves, Philadelphia 1864, Nachdruck San Francisco 1989.
Mitscherlich, Alexander, u.a. (Hg.): Der Kranke in der modernen Gesellschaft, Köln u. Berlin 1967.
Montaigne, Michel de: Essais, franz. 1580/95, dt. Zürich 1953.
Morus, Thomas: Utopia, lat. 1516, dt. in: Klaus J. Heinisch (Hg.): Der utopische Staat, Reinbek 1960.
Mühri, Walter (Hg.): Der Arzt im Altertum. Griechische und lateinische Quellenstücke, München 1938, [3]1967.
Muhr, Caroline: Depressionen. Tagebuch einer Krankheit, Frankfurt a.M. 1978.
Murken, Axel Heinrich: Vom Armenhospital zum Großklinikum. Die Geschichte des Krankenhauses vom 18. Jahrhundert bis zur Gegenwart, Köln 1988.
Naunyn, Bernhard: Aerzte und Laien, in: Deutsche Revue 30 (1905) 185–196, 343–355.
Niebyl, Peter H.: The non-naturals, in: Bulletin of the History of Medicine 45 (1971) 486–492.
Nietzsche, Friedrich: Götzen-Dämmerung oder wie man mit dem Hammer philosophiert, in: Werke, Bd. 2, München [9]1982, S. 939–1033.
Novalis: Schriften, Bd. 1–4, Darmstadt 1975–83.
Oekonomisch-technologische Encyklopädie, Bd. 9, Berlin 1785.
Oreibasios: Peri Euporiston (Über die Heilmittel), ca. 395, franz. in: Œuvres, Bd. 5, Paris 1873, S. 557–797.
Origenes: Selecta in Psalmos, XXXVII, 6, in: Jacques Paul Migne (Hg.): Patrologia Graeca, Bd. 12, Paris 1862, Sp. 1053–1686.
Pagel, Walter: Das medizinische Weltbild des Paracelsus. Seine Zusammenhänge mit Neuplatonismus und Gnosis, Wiesbaden 1962.

Paracelsus: Entwürfe und vorläufige Ausarbeitungen zur Syphilis, 1528/29, in: Sämtliche Werke, 1. Abt., Medizinische, naturwissenschaftliche und philosophische Schriften, Bd. 7, Hildesheim 1996, S. 413–454.

Paracelsus: Deutsche Kommentare Hohenheims zu den Aphorismen des Hippokrates, in: Sämtliche Werke, 1. Abt., Medizinische, naturwissenschaftliche und philosophische Schriften, Bd. 4, Hildesheim 1996, S. 491–546.

Paracelsus: Paragranum, 1530, in: Sämtliche Werke, 1. Abt., Medizinische, naturwissenschaftliche und philosophische Schriften, Bd. 8, Hildesheim 1996, S. 133–221.

Paracelsus: Von den hinfallenden Siechtagen, 1530, in: Sämtliche Werke, 1. Abt., Medizinische, naturwissenschaftliche und philosophische Schriften, Bd. 8, Hildesheim 1996, S. 261–368.

Paracelsus: Sieben Defensiones, 1537/38, in: Sämtliche Werke, 1. Abt., Medizinische, naturwissenschaftliche und philosophische Schriften, Bd. 11, Hildesheim 1996, S. 123–160.

Paré, Ambroise: Rechtfertigung und Bericht über meine Reisen an verschiedene Orte, franz. 1585, dt. Bern 1963.

Parsons, Talcott: Definition von Gesundheit und Krankheit im Lichte der Wertbegriffe und der sozialen Struktur Amerikas, engl. 1964, dt. in: Alexander Mitscherlich u. a. (Hg.): Der Kranke in der modernen Gesellschaft, Köln u. Berlin 1967, S. 57–87.

Pascal, Blaise: Œuvres complètes, Paris 1963.

Pinel, Philippe: Philosophisch-medicinische Abhandlung über Geistesverirrungen oder Manie, franz. 1801, dt. Wien 1801.

Pini, Paolo: Dialogo di pittura, 1548, Mailand 1954.

Platon: Werke, Bd. 1–8, Darmstadt 1971–83.

Plügge, Herbert: Wohlbefinden und Mißbefinden. Beiträge zu einer medizinischen Anthropologie, Tübingen 1962.

Pontormo, Jacopo da: Il libro mio. Aufzeichnungen 1554–1556, München 1988.

Rather, Lelland J.: The „six things non-natural“: A note on the origins and fate of a doctrine and a phrase, in: Clio Medica 3 (1968) 337–347.

Rau, Wolfgang Thomas: Gedanken von dem Nutzen und der Nothwendigkeit einer medicinischen Policeyordnung in einem Staat, Ulm 1764.

Rauch, Johannes Franz: De potulentis, Wien 1724.

Regimen Sanitatis Salernitanum, Basel 1981.

Reicke, Siegfried: Das deutsche Spital und sein Recht im Mittelalter, Stuttgart 1932, Neudruck Amsterdam 1961.

Reil, Johann Christian: Rhapsodieen über die Anwendung der psychischen Curmethode auf Geisteszerrüttungen, Halle 1803, ²1818.

Reuter, Lars: Dødshjælp. En etisk-teologisk analyse og vurdering af den europæiske debat om eutanasi, Kopenhagen 1996.

Ridder, Paul: Die Sprache des Schmerzes, Konstanz 1978 (= Konstanzer Universitätsreden, 129).

Riese, Walther: The conception of disease, its history, its versions and its nature, New York 1953.

Ritter, Johann Wilhelm: Die Physik als Kunst. Ein Versuch, die Tendenz der Physik aus der Geschichte zu deuten, München 1806.

Ritter, Johann Wilhelm: Fragmente aus dem Nachlasse eines jungen Physikers, Bd. 1–3, 1810, Nachdruck Leipzig u. Weimar 1984.
Roose, Theodor Georg August: Grundzüge der Lehre von der Lebenskraft, Braunschweig 1797, ²1800.
Rothschuh, Karl Eduard (Hg.): Was ist Krankheit? Erscheinung, Erklärung, Sinngebung, Darmstadt 1975.
Rothschuh, Karl Eduard: Naturheilbewegung, Reformbewegung, Alternativbewegung, Stuttgart 1983.
Rousseau, Jean Jacques: Über Kunst und Wissenschaft, 1750 – Über den Ursprung der Ungleichheit unter den Menschen, franz. 1755, dt. in: Schriften zur Kulturkritik, Hamburg ⁴1983.
Sartre, Jean-Paul: Das Sein und das Nichts, franz. 1943, dt. Reinbek 1987.
Saunders, Ciceley, u. a. (Hg.): Hospice. The living idea, London 1981.
Schadewaldt, Hans: Geschichte der Schmerzbehandlung, in: Medizinische Welt 31 (1980) 1277–1279.
Scheler, Max: Der Formalismus in der Ethik und die materiale Wertethik, in: Gesammelte Werke, Bd. 2, Bern 1954.
Scheler, Max: Tod und Fortleben, 1914, in: Schriften aus dem Nachlaß, Bd. 1, Berlin 1933.
Scheler, Max: Vom Sinn des Leides, 1916, in: Schriften zur Soziologie und Weltanschauungslehre, in: Gesammelte Werke, Bd. 6, Bern ²1963.
Schipperges, Heinrich: Geschichte und Entwicklung der Diätetik, in: Physikalische Medizin und Rehabilitation 9 (1968) 274–278.
Schipperges, Heinrich: Paracelsus. Der Mensch im Licht der Literatur, Stuttgart 1974.
Schipperges, Heinrich: Kosmos Anthropos. Entwürfe zu einer Philosophie des Leibes, Stuttgart 1981.
Schipperges, Heinrich, Eduard Seidler u. Paul U. Unschuld (Hg.): Krankheit, Heilkunst, Heilung, Freiburg 1978.
Schleich, Carl Ludwig: Ewige Alltäglichkeiten. Gesammelte Aufsätze, Berlin 1925.
Schleiermacher, Friedrich: Einleitung und Allgemeiner Teil der Vorlesungen aus dem Wintersemester 1813/14 (Manuskript), in: Pädagogische Schriften, Bd. 1, Düsseldorf 1957.
Schmidt, Peter: Gesundheit und Krankheit in der romantischen Medizin und Erzählkunst, in: Jahrbuch des Freien Deutschen Hochstifts (1966) 197–228.
Schmitt, Wolfram: Theorie der Gesundheit und ‚Regimen Sanitatis' im Mittelalter, med. Habil. Heidelberg 1973.
Schmitz, Hermann: Der Leib im Spiegel der Kunst, Bonn 1966.
Schmitz, Hermann: Der leibliche Raum, Bonn 1967.
Schmitz, Hermann: Der Gefühlsraum, Bonn 1969.
Schmitz, Hermann: Der vergessene Leib. Phänomenologische Bemerkungen zu Leib, Seele und Krankheit, in: Zeitschrift für Klinische Psychologie, Psychopathologie und Psychotherapie 35 (1987) .
Schölmerich, Paul (Hg.): „Lebensqualität" als Bewertungskriterium in der Medizin, Stuttgart 1990.
Schöner, Erich: Das Viererschema in der antiken Humoralpathologie, Wiesbaden 1964.

Schott, Heinz (Hg.): Franz Anton Mesmer und die Geschichte des Mesmerismus, Stuttgart 1985.
Schott, Heinz (Hg.): Meilensteine der Medizin, Dortmund 1996.
Schubert, Gotthilf Heinrich von: Die Symbolik des Traums, Bamberg 1814, ^{3}1840, Neudruck Eschborn 1995.
Schweninger, Ernst: Der Arzt, Dresden 1906, Radeburg ^{2}1926.
Seidler, Eduard: Geschichte der Pflege des kranken Menschen, Stuttgart 1966, ^{5}1980.
Seifert, Ernst: Der Wandel im menschlichen Schmerzerleben. Versuch eines Brückenschlags vom chirurgischen Alltag unseres Heute zurück zum Einst der Vorfahren, München 1960.
Sørensen, Villy: Seneca. Ein Humanist an Neros Hof, 1977, München 1984.
Sohni, Hans: Die Medizin der Frühromantik. Novalis Bedeutung für den Versuch einer Umwertung der Romantischen Medizin, med. Diss. Freiburg i. Br. 1973.
Spranger, Eduard: Das ethische Moment im Gesundsein und Kranksein, in: Theodor Brugsch (Hg.): Einheitsbestrebungen in der Medizin, Bd. 2, Dresden u. Leipzig 1935, S. 90–105.
Steffens, Heinrich: Ueber die Vegetation, in: Alt und Neu, Bd. 2, Breslau 1821, S. 36–109.
Straus, Erwin: Vom Sinn der Sinne, Berlin 1936, ^{2}1956.
Sudhoff, Karl: Eine Verteidigung der Heilkunde aus den Zeiten der „Mönchsmedizin", in: Sudhoffs Archiv 7 (1914) 223–237.
Tausch, Anne-Marie: Gespräche gegen die Angst. Krankheit – ein Weg zum Leben, Reinbek 1981.
Temkin, Owsei: „Health and Disease", in: Philip P. Wiener (Hg.): Dictionary of the History of Ideas, Bd. 2, New York 1973, S. 395–407.
Thomas von Aquin: Summe der Theologie, lat. 1266–73, dt. Bd. 1–3, Stuttgart ^{3}1985.
Thukydides: Geschichte des Peleponnesischen Krieges, griech. um 400 v. Chr., dt. Zürich ^{2}1976.
Toellner, R.: Die Umbewertung des Schmerzes im 17. Jahrhundert in ihren Voraussetzungen und Folgen, in: Medizinhistorisches Journal 6 (1971) (1) 36–44.
Torrey, E. Fuller, u. Robert H. Yolken: Could schizophrenia be a viral zoonosis transmitted from house cats?, in: Schizophrenia Bulletin 21 (1995) (2) 167–171.
Treviranus, Gottfried Reinhold: Biologie oder Philosophie der lebenden Natur, Bd. 1–6, Göttingen 1802–22.
Troehler, Ulrich: Pain: Historical changes in the therapeutic views and physiological explanations of a pathological symptom, in: Teizo Ogawa (Hg.): History of Pathology, Tokyo 1986, S. 185–199.
Troxler, Ignaz Paul Vitalis: Elemente der Biosophie, Leipzig 1808.
Uexküll, Thure von, u. Wolfgang Wesiack: Theorie der Humanmedizin, München 1988.
Uhland, Ludwig: Werke, Bd. 1–4, München 1980–84.
Virchow, Rudolf: Ueber Nahrungs- und Genußmittel, Hamburg 1868, ^{3}1890.

Virchow, Rudolf: Ueber die heutige Stellung der Pathologie, in: Tageblatt der 43. Versammlung Deutscher Naturforscher und Ärzte (1869) 185–195.

Vitale, Luigi: Il dolore nella vita e nella scienza, in: Rassegna di Clinica Terapia e Scienze Affini 60 (1961) 249–288.

Vogt, Josef: Caesar und Augustus im Angesicht des Todes, in: Saeculum 23 (1972) 3–14.

Weitbrecht, Hans Jörg: Depressive und manische endogene Psychosen, in: Psychiatrie der Gegenwart, Bd. 2, T. 1, Berlin 1972.

Weizsäcker, Viktor v.: Der Arzt und der Kranke, 1926, in: Gesammelte Schriften, Bd. 5, Frankfurt a. M. 1987, S. 9–26.

Weizsäcker, Viktor v.: Die Schmerzen, 1926, in: Gesammelte Schriften, Bd. 5, Frankfurt a. M. 1987, S. 27–47.

Weizsäcker, Viktor v.: Pathosophie, Göttingen 1956, [2]1967.

Wierlacher, Aloys: Vom Essen in der deutschen Literatur. Mahlzeiten in Erzähltexten von Goethe bis Grass, Stuttgart 1987.

Wiesing, Urban: Kunst oder Wissenschaft?: Konzeptionen der Medizin in der deutschen Romantik, Stuttgart-Bad Cannstatt 1995.

Willich, Anthony Florian Madinger: Lectures on diet and regimen, London 1799.

Winau, Rolf, u. Hans Peter Rosemeier (Hg.): Tod und Sterben, Berlin 1984.

Winckelmann, Johann Joachim: Gedanken über die Nachahmung der griechischen Werke in der Malerei und Bildhauerkunst, 1755, Stuttgart 1995.

Wöbkemeier, Rita: Erzählte Krankheit. Medizinische und literarische Phantasien um 1800, Stuttgart 1990.

Wolf, Jörn Henning (Hg.): Aussatz Lepra Hansen-Krankheit – ein Menschheitsproblem im Wandel, Bd. 1–2, Würzburg 1986.

Xenophon: Erinnerungen an Sokrates, griech. 370–360 v. Chr., dt. München 1962, [2]1977.

Zborowski, Mark: Cultural components in response to pain, in: Journal of Social Issues 8 (1952) 16–30; auch in: Dorrian Apple (Hg.): Sociological studies of health and sickness. A source book for health professions, New York, Toronto u. London 1960, S. 118–133.

Zimmermann, Manfred (Hg.): Schmerz: Konzepte und ärztliches Handeln, Berlin 1984.

Zimmermann-Acklin, Markus: Euthanasie. Eine theologisch-ethische Untersuchung, Freiburg Schweiz, 1997.

Bildnachweis

Abb. 16 und 18: © VG Bild-Kunst, Bonn 1999
Alle anderen Abbildungen stammen aus dem Archiv des Instituts für Medizin- und Wissenschaftsgeschichte der Medizinischen Universität Lübeck.

Personenregister

Sachregister

Buchanzeigen